UN VILLAGE
ANATOLIEN

OUVRAGES DE LA COLLECTION
TERRE HUMAINE / POCHE
DÉJÀ PARUS DANS PRESSES POCKET :

PIERRE-JAKEZ HÉLIAS — Le cheval d'orgueil
JEAN MALAURIE — Les derniers rois de Thulé
JEAN RECHER — Le grand métier
MARGARET MEAD — Mœurs et sexualité en Océanie
JACQUES SOUSTELLE — Les quatre soleils
GEORGES BALANDIER — Afrique ambiguë
VICTOR SÉGALEN — Les immémoriaux
ADÉLAÏDE BLASQUEZ — Gaston Lucas serrurier
GASTON ROUPNEL — Histoire de la campagne française
CLAUDE LÉVI-STRAUSS — Tristes tropiques
DON C. TALAYESVA — Soleil Hopi
MAHMOUT MAKAL — Un village anatolien
ANTOINE SYLVÈRE — Toinou
FRANCIS HUXLEY — Aimables sauvages
TACA USHTE/RICHARD ERDOES — De mémoire indienne
C.F. RAMUZ — La pensée remonte les fleuves
ERIC DE ROSNY — Les yeux de ma chèvre
WILFRED TESIGER — Les Arabes des marais
JACQUES LACARRIÈRE — L'été grec
PIERRE CLASTRES — Chronique des Indiens Guayaki
BRUCE JACKSON ET DIANE CHRISTIAN — Le quartier de la mort

TERRE HUMAINE/POCHE
CIVILISATIONS ET SOCIÉTÉS
COLLECTION D'ÉTUDES
ET DE TÉMOIGNAGES DIRIGÉE PAR JEAN MALAURIE

UN VILLAGE ANATOLIEN

Récit d'un instituteur paysan

MAHMOUT MAKAL

PLON

Cet ouvrage a été préparé à partir
des livres de Mahmout MAKAL
parus en langue turque sous les titres :

BIZIM KOY
HAYAL VE GERÇEK
MEMLEKETIN SAHIPLERI
KURU SEVDA
et d'un récit paru dans le quotidien ONCU

La présente édition reproduit dans son intégralité le texte original, à l'exception des illustrations hors-texte, des index et des « débats et critiques ».

L'édition complète dans TERRE HUMAINE Plon est toujours disponible. Le lecteur trouvera en fin de volume la liste des titres de la collection TERRE HUMAINE Plon.

ISBN : 2 - 266 - 03051 - 5

AVERTISSEMENT DU TRADUCTEUR

Longtemps paralysée par ses contradictions et comme nouée par son histoire, la Turquie est aujourd'hui remuée jusqu'en ses profondeurs par l'action de jeunes cadres soucieux de véritables réformes. Les statistiques, l'information indiquent à quel degré d'archaïsme est demeurée la paysannerie turque. Un village anatolien *en est la saisissante démonstration.*

Mahmout Makal, fils de paysan, est un instituteur de campagne. Son livre se veut témoignage. Rare, un tel témoignage sur le monde rural le serait déjà en soi. Il le devient tout particulièrement quand il nous est adressé de la plus déshéritée des provinces turques : l'Anatolie centrale.

Sans concessions, Makal nous décrit la vie quotidienne de son village du district d'Aksaray, les activités, les préoccupations de chacun, les luttes et les révoltes, la misère des hommes.

Le froid, la faim, la soif, les dettes sont de vivantes réalités. La pauvreté apparaît, à chaque saison, apparemment sans espoir et le texte devient une longue plainte contre l'injustice d'un réseau de privilèges qui accable. Qu'est-il advenu du mouvement kémaliste de sécularisation et de progrès? Qu'est-il advenu de ce peuple qui durant la guerre de l'Indépendance (1919-1922) a prouvé son héroïsme et son aspiration au renouvellement? Ce grand souffle de réformes n'a-t-il donc jamais touché les deux petites bourgades de Nurguz et de Demirdji?

Témoignage exceptionnel sur un monde paysan aussi inconnu qu'une terre inexplorée, ce récit est aussi un document personnel et courageux. Makal a été arrêté après la publication de ses notes par la revue Varlik *et l'effet considérable qui a suivi. Mais le jeune instituteur de vingt ans s'estime dans la lignée d'Ismail Hakki Tongoutch, comptable d'une situation tragique dont certains paraissent s'accommoder. Dans ces notes prises au jour le jour, il veut nous faire partager sa violence intérieure : violence d'un paysan sans moyen et livré à l'usure, violence d'un jeune maître avide de faire apprendre et comprendre, bafoué par les Hodjas, les Cheiks et l'opinion quand il n'est pas, comme tel de ses collègues, rossé. Violence enfin d'un patriote blessé de relever d'un archaïsme aussi indécent lorsque l'on est l'héritier d'une histoire prestigieuse.*

Soucieux d'action immédiate, de solutions concrètes, Makal est d'abord un combattant. Que l'on n'attende donc pas de ce réquisitoire une savante analyse des règles et interdits qui commandent les sociétés closes. C'est une véritable sociographie à l'état brut. Les distances ne sont pas toujours prises. Mais, en de tels textes, comme en toute expérience, les positions non pondérées se révèlent au total fertiles. Peu importent les excès et les défauts. Déjà viennent les agronomes, sociologues et économistes qui, dans les perspectives de ces matériaux vivants, procéderont à des analyses plus larges, renvoyant à des situations historiques.

Un village anatolien *est le document que l'on n'osait espérer : un village vu de l'intérieur. Il y a plus. Ce livre n'est pas seulement un appel en faveur de millions de paysans misérables, courageux et têtus accrochés à des traditions qui sont, à leurs yeux, conditions de survie. C'est aussi, au travers des réflexions de l'auteur, un texte capital sur les façons de penser d'un instituteur de ces campagnes, sur la jeune intelligentsia turque directement issue du peuple.*

Guzine DINO.

AVERTISSEMENT DE LA PRÉSENTE ÉDITION

Un village anatolien, *l'ouvrage désormais classique de Mahmout Makal, date de 1949; est-il dépassé? Les informations qu'il contient n'ont-elles plus qu'une valeur historique, celle d'une étape d'un village anatolien désormais « en voie de développement »?*

Un début de réponse à cette question a été donné par l'auteur lui-même dans le troisième chapitre de son livre. Mais depuis?

Dans ses écrits récents concernant les deux villages d'Anatolie centrale attentivement observés au fil des années, on note que la vie a changé : les retombées d'un capitalisme « sauvage » ont fait éclater la carapace traditionnelle du village en le mettant en contact avec les bourgades et les villes. La circulation de l'argent, la mécanisation de la production agricole, le développement des moyens de communication, un début d'industrialisation ont provoqué un rythme de croissance du produit national brut de 7,5 % durant les cinq dernières années. La politique d'endettement des gouvernements successifs en est responsable. Elle aboutit à un déficit de la balance des paiements qui atteint annuellement 2,8 milliards de dollars, et à un taux d'inflation dépassant 20 %.

Malgré tout, le chiffre impressionnant des devises expédiées par les ouvriers (ex-paysans) immigrés en Europe occidentale, particulièrement en Allemagne de l'Ouest, a constitué un apport déterminant pour l'économie turque; dans les villages, nombre de conceptions sont ébranlées par les idées, le matériel, les objets importés de l'Ouest.

Simultanément, et parallèlement à ces facteurs, des phénomènes politiques et sociaux régressifs s'accentuent. La religion musulmane est exploitée par les partis politiques de droite sans parler du Parti du « Mouvement national » qui est parvenu à créer des noyaux de « commandos » ne reculant devant rien pour écraser toute velléité de transformation sociale du village en faveur des plus défavorisés.

Il faut rappeler que, malgré les promesses périodiques, la fameuse réforme agraire tant attendue n'a pas connu un début d'application. D'après de récents calculs, la différenciation des revenus des couches sociales marque un écart d'échelle allant de 0 à 700!

Si les régions concernées par les premiers écrits de Makal ont subi des modifications évidentes que nous venons d'esquisser et que l'auteur nous relate dans la postface de cette édition, ces écrits restent toujours valables – oh combien – pour les régions orientales périphériques de la Turquie qui ont moins ressenti les profonds changements des dix dernières années.

G. D.

PREMIÈRE PARTIE

LE VILLAGE

CHAPITRE PREMIER

JOIES ET PEINES

Notre provision de paille s'est épuisée au milieu de l'hiver. Tant bien que mal, on a pu durer jusqu'au printemps. Alors il a fallu récolter du fourrage tous les jours, sans quoi les bêtes seraient mortes.

Avant de récolter un ballot d'herbe, il faut courir coteaux et vallons jusqu'au soir. On me dit qu'il est plus facile de ramasser de l'herbe, mais je choisis de labourer.

Le mois de juin 1948 s'écoule ainsi. Mes pieds, chaussés de sandales, se couvrent d'ampoules. Le sol est dur comme le roc; le soc n'y mord pas. Le mufle des malheureuses bêtes à la panse vide (1) écume sous l'effort. Je leur donne la moitié du pain sec que j'ai pour toute provision, mais à quoi bon? Dans les meilleurs jours, je laboure à grand-peine vingt pas (2); il arrive que je n'aille pas au-delà de cinq pas. Je n'ai pas souci de ma propre faiblesse; mon cœur saigne quand je vois les bœufs dans un

(1) Les observations consignées dans ce chapitre comme dans ceux qui suivent à l'exception du dernier chapitre du livre, valent pour les années 1947-60.

(2) Dans le langage paysan turc, « un pas » est une expression qui désigne 0 m 75 environ. Le « deunume », correspond à mille mètres carrés environ. (Toutes les notes de traducteur sont de Guzine Dino).

tel état. En deux mois, nous n'avons pas labouré grand-chose : quinze *deunume* environ.

De nouveau je me laisse aller. Je ne prends plus soin de ma personne, et je me contente de passer bien vite un peu d'eau sur mes mains et mon visage. La crasse gagne. Qu'importe? Ce qui me navre surtout, c'est de n'avoir plus le temps de lire ni d'écrire. Je suis comme ça : si je ne peux pas lire ni écrire, j'ai comme la sensation d'être engourdi. Dès que je me remets à lire, je ressuscite. J'ai gardé un livre dans ma poche pendant seize jours sans en suivre une page entière, faute de pouvoir retenir mon attention.

Je finis par me trouver assez mal en point. Un jour, en rentrant du labour, je dois me coucher. Je suis couvert de sueur, je ne peux respirer; je n'ai que deux chemises, mais en deux heures, il faut me changer peut-être dix fois. Les gens viennent me voir, oubliant pour une fois leurs propres soucis. On envoie chercher une ou deux vieilles bonnes femmes. Je me débats. Mon père et ma mère pleurent à mon chevet et les voisins sont autour de mon lit.

Le soir, j'avale deux cuillerées de soupe et bientôt m'endors. « A la bonne heure, il s'est endormi » : et les gens s'en vont, tout satisfaits.

Plus tard, j'entends une voix près de mon oreiller; j'ouvre les yeux. C'est ma mère; elle est assise, elle pleure :

– Mamid, Mamid, Mamid, réveille-toi, mon petit.

Je suis en nage. Elle essaie de découvrir ma tête.

– Qu'est-ce qu'il y a, mère? Dis-le-moi. Il ne faut pas que je prenne froid; vois comme je transpire.

– Mon petit, ce n'est pas le moment de parler de ça. Le bœuf est en train de mourir!...

Pour le coup, je me sens défaillir.

– J'ai peur de réveiller ton père. Il va s'évanouir, c'est sûr! Qu'est-ce qu'il faut faire?

Elle se frappe les genoux et les larmes tombent sur l'oreiller.

– J'ai entendu du bruit à l'étable, j'y suis allée. J'ai

allumé une torche. J'ai vu le bœuf allongé à terre, il se débattait; de ses pattes toutes raides, il frappait le sol. Il est en train de mourir... Peut-être qu'il est déjà mort. Viens, mon petit, lève-toi. Mon Dieu, qu'est-ce que nous allons faire?

Il ne manquait plus que ça! Du coup, j'oublie tout ce que j'ai souffert en labourant. Et moi qui me faisais du souci parce que je n'arrivais plus à lire. Au diable la lecture, si le bœuf pouvait être épargné!

Tout se fait sombre autour de moi; je ne sais plus que faire. Je finis par me redresser, en grelottant, et je jette sur mes épaules mon fidèle vieux pardessus. Titubant, je gagne l'étable, aidé par ma mère qui me tient le bras. Mon père et les enfants continuent à dormir.

Pattes allongées, le bœuf est couché de tout son long. L'autre, le bœuf au poil clair, tourne et retourne en fixant sur son compagnon des yeux humides. D'habitude les bœufs sont attachés, mais cette fois ma mère les a laissés libres. Je pousse le bœuf au flanc, pour le faire lever; en vain. J'ai la tête au supplice; pour un peu je m'écroulerais à terre. Qui est le plus malade, le bœuf ou moi?

Nous avons appelé mon père. Ma mère a éveillé mon oncle, ma tante, ma grand-mère, et quelques voisins qu'elle croit utiles à quelque chose; et les voilà tous à s'agiter dans l'étable. On est très pâle.

Ma transpiration a séché, et mes oreilles commencent à bourdonner. On me prend par le bras, on me traîne au lit de force. Jamais comme à ce moment je n'ai senti le besoin de ne plus penser. J'ai la tête dans un étau, et on la serre. Le monde entier pèse sur mon corps malade et l'écrase. Je gémis : « Pourvu que ce soit moi qui meure! » j'essaie aussi de me raisonner : « C'est ça ta vie! tu en auras ton compte, Mahmout; tiens bon! »

On continue de s'affairer dans l'étable. A voix basse, les voisins disent ce qu'ils peuvent pour consoler mon père. Bientôt on sort le bœuf devant la porte; pleurs et lamentations reprennent. Heureusement que les voisins sont là pour partager notre peine. Puis ils s'en retournent chez eux. Moi, dans mon lit, je me ronge les sangs. Mon esprit se refuse tout réconfort. « Si le bœuf meurt, tout le travail de la ferme s'arrête. La charrue restera dans le sillon, la moisson séchera sur pied – mais on continuera bien de vivre, ce n'est pas en se lamentant qu'on peut changer les choses. » Je me dis tout cela sans pourtant m'apaiser. Il y a un livre de Carnegie, vous savez bien, qui dit : « Cesse de gémir, et profite de la vie. » Je n'ai pas lu ce livre, mais je voudrais bien voir l'auteur à ma place, et qu'il cesse de gémir s'il en est capable. On doit tout endurer, et vivre, oui; mais si l'on ne perd pas la vie, on peut en perdre le sens.

Ma mère en larmes, réveille les autres enfants et leur annonce la mauvaise nouvelle. Ils se mettent à pleurer, et tout nus, ils accourent pour voir le bœuf.

– Comment va-t-il? dis-je à ma mère.

– Est-ce que je sais? Il chancelle, mais il tient sur ses pattes. Mon oncle dit qu'il a dû manger une mauvaise herbe, il guérira, ce n'est pas mortel.

Je respire un peu.

Le bœuf clair « appartient » à Ismet; celui qui est malade, à ma petite sœur Nevriyè. (Tout ce qui est dans la maison, les enfants en font un partage pour s'amuser, un partage imaginaire.) Tandis que dehors, Nevriyè pleure de toute son âme, Ismet rentre et se couche :

– Tu sais, mon bœuf à moi, il n'est pas malade.

Il est content que le bœuf malade soit celui de Nevriyè. A la bonne heure, celui-là s'est trouvé une consolation.

Au point du jour, on verse entre les mâchoires du bœuf un peu de yoghourt assaisonné d'ail. Il a assez de force pour se tenir sur ses pieds, mais il n'est pas encore d'aplomb.

J'avais eu hâte de voir venir le jour. Plutôt que de m'épuiser à remâcher mon souci, j'ai préféré me lever et prendre un peu d'air. En traînassant par-ci par-là, j'ai fini par me ressaisir un petit peu. Ma tête a cessé de me faire mal. J'ai feuilleté quelques livres, et j'ai même fait une petite promenade. Je me suis senti un peu soulagé.

La nuit suivante, ma mère me réveille de nouveau. Heureuse nouvelle : « L'ânesse vient de faire un petit, c'est une femelle! » Il faut dire que nous nous y attendions depuis un bon bout de temps; mais dans l'affolement de la veille, on avait oublié l'ânesse. Cette fois-ci, ma mère a commencé par éveiller mon père et les enfants. Ils sont déjà dans l'étable. Les oreilles dressées, l'ânesse lèche son ânon. Ma mère donne des détails :

– Elle a hoqueté plusieurs fois vers le milieu de la nuit. Je me suis levée, je suis venue voir avec la torche. On voyait déjà les pattes : j'ai tiré dessus et il est sorti.

Nos yeux sont brillants comme des torches. Le bœuf va un peu mieux. Le chagrin de la nuit dernière a fait place à une grande joie : « Qu'Allah en soit mille fois remercié! »

– Je donne cet ânon à Behidjè, dit mon père.

Et se tournant vers ma mère :

– Femme, grâce à Dieu, nous n'aurons pas à dépenser de l'argent pour acheter un âne. Si cette petite ânesse survit, le temps que sa mère vieillisse, elle aura grandi, et elle aura un ânon à son tour.

Quand l'ânesse a bien léché son ânon, nous lui rognons les oreilles, pour les redresser. Mon père lui souffle sur le nez et lui murmure : « Petit ânon, ne t'en va pas traîner loin derrière ta mère : les bêtes sauvages te mangeraient. » (C'est une coutume locale.) Puis il dit à ma mère :

– Vas-y, femme, dis-lui aussi d'être une bonne bête.

Ma mère s'approche et murmure à l'oreille de l'ânon. Puis ce sont les enfants, chacun à son tour. Mon père est tout ennuyé de voir que j'observe la scène; étonné, mal à l'aise. Il voudrait que je sois fou de joie comme les autres enfants, et impatient aussi de glisser mon mot à l'oreille du petit d'âne.

– Je reconnais un homme à son regard, dit-il. Comme les enfants des villes, tu ne sais pas où se trouve ton intérêt. Tu te contentes de nous lorgner de loin. Viens donc avec nous; fais comme nous.

A mon tour, je parle donc à l'oreille de l'ânon.

Au moment de sortir de l'étable, impossible d'en arracher les enfants. Jusqu'à l'aube, ma mère près de l'ânon, reste avec eux.

Avant même que je sois levé, les enfants sont partis répandre la bonne nouvelle :

– Oncle (1) Ali! l'ânesse a mis bas cette nuit. Et c'est une femelle!

– Prenez le lait, le premier lait de l'ânesse, dit l'oncle. Puisque son petit est une femelle, cela vous portera bonheur.

L'étable et la grange sont une ancienne caverne, divisée par une cloison. Autrefois, c'était notre maison. Je n'étais pas né quand mon père, qui était plus à l'aise qu'aujourd'hui, a fait bâtir la maison nouvelle en avant de l'ancienne. Nous avons quelque difficulté à ranger nos affaires dans la maison où nous vivons; nous en mettons une partie dans la grange. Ainsi, il y a de grandes jarres en bouse séchée, où l'on conserve la nourriture.

Je croyais que tout ce qui s'entassait dans la grange ne servait à rien : mais il y avait des haricots et du *boulgour* (2) dans les jarres; je l'ai seulement découvert quand la vache est venue les manger. Par la suite, j'ai fait transporter dans la maison tous les récipients qui contenaient de la nourriture. C'était trop tard! Il est très difficile de protéger efficacement toutes les denrées entreposées dans la grange, parce qu'il n'y a pas de porte. Ma mère dresse parfois la roue du chariot à l'entrée, et quand il faut remettre la roue à l'essieu, elle la remplace par une grosse bûche. Les bœufs sont résignés et se conduisent bien. Mais la vache passe son temps à rompre

(1) Oncle n'est pas nécessairement une appellation de parenté. Tous les hommes pour qui on veut témoigner du respect sont appelés « oncle » comme on appelle « tante » les femmes.

(2) Blé bouilli, séché et mondé.

sa corde; elle va dans la grange et mange tout ce qu'elle trouve. Si elle ne trouve rien, elle casse les pots.

Ce désordre me fait mal au cœur. Je me dis : « C'est à toi d'arranger tout ça. Commence par ta propre maison avant de réformer le village. Si tu ne peux pas y arriver, je me demande à quoi te servent toutes tes lectures. » J'essaie bien de mettre les choses en ordre. Mais je proteste en moi-même : « Que puis-je y faire? la création est l'affaire d'Allah. Avant tout, nous avons besoin d'un autre bâtiment, et il faut de l'argent pour cela. »

L'autre soir pendant que nous mangions, nous avons entendu du bruit : ma mère a pris une torche, et elle est descendue à l'étable. Bientôt nous l'entendons crier et pleurer :

– Que ne crèves-tu pas, sale bête, Moscovite, vache d'infidèle, l'année dernière c'était le *boulgour*, et à présent c'est le *boulgour* à soupe (1). Oh Dieu, qu'est-ce que je vais faire? Je voudrais en avoir fini avec cette maudite vie...

Posant nos cuillers, mon père et moi nous accourons. La vache a l'estomac gonflé comme une outre. Elle a cassé la jarre où se trouvait le *boulgour* à soupe et a tout éparpillé sur le sol. Il n'y en avait d'ailleurs pas plus de deux mesures. Elle en a mangé une partie, et ce qui reste est mélangé au fumier sur le sol de la grange. De plus, elle a fait ses saletés partout. Ma mère, affalée, essaie de sauver les restes. Mon père empoigne un morceau de bois et se met à taper sur la vache.

La récolte, c'est dans deux mois; et la sécheresse, cette année, a été telle que nous doutons même de voir lever les moissons (2). Quant à emprunter aux voisins, ils n'en ont pas plus que nous. Notre nourriture quotidienne, à nous autres,

(1) Le boulgour pour la soupe est constituée par les residus du boulgour mondé.

(2) Selon les données de la Météorologie nationale turque, en 1948 les précipitations max. (en mm) sont négligeables en juillet, en août de 1,1 (pour la région d'Aksaray).

c'est le *pilav* de *boulgour* le soir, la soupe le matin.

Remise de son émotion, ma mère est allée chercher un crible : elle voulait extraire du fumier ce qui pourrait encore faire de la soupe! J'avais beau lui dire : « Il ne faut pas, mère, c'est impossible! »

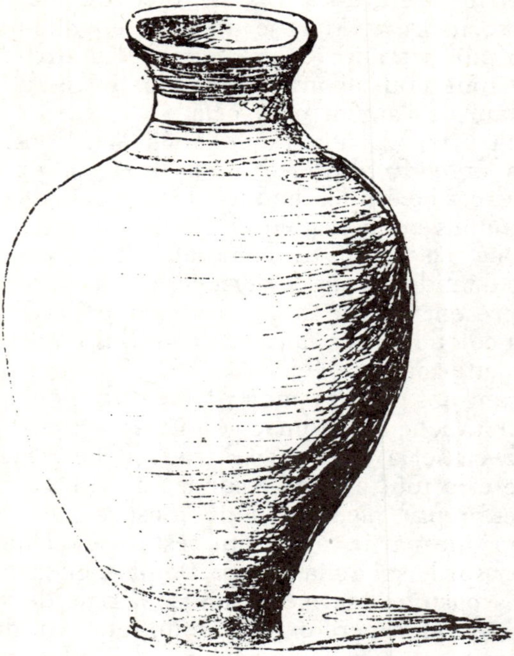

Fig. 1. – *Cruche en terre cuite.*

Elle n'y faisait pas attention et continuait son triage dans le fumier. Je l'ai prise par le bras, pour la forcer à rentrer :

– Viens, mère. Mourons de faim, puisque de toute façon nous devons mourir un jour.

Mais elle a continué de se frapper les genoux et de pleurer :

– Ah, Moscovite! sale créature! qu'est-ce que je

vais cuire demain? Qu'est-ce que je vous donnerai à manger?

Il y a des maisons qui possèdent un grenier, mais la plupart des gens ont du mal à en faire faire. Chacun en a un devant sa maison. Il consiste en un puits creusé dans le sol. Ces puits ont, en largeur et en profondeur, à peu près la taille d'un grand bidon de pétrole. Moi, j'appelle ça des puits, mais les autres les appellent « grenier ».

Une grande partie du blé, du seigle ou de l'orge est vendue après la moisson. On en moud une certaine quantité pour la farine, et le reste (très peu

Fig. 2. – *Cruches en terre cuite.*

de chose) est déposé dans cette réserve pour les semailles du printemps : ou bien, quand viennent les mauvais jours, on ouvre la réserve et l'on vend le grain. Dans certains villages, ces puits qui servent de grenier sont plâtrés. Ici, chez nous, ce n'est que de la terre. On répand de la paille dessous et dessus, et on tasse énergiquement le haut avec de la terre épaisse, jusqu'à ce qu'il soit au niveau du sol. Naturellement, la terre se mêle au grain : aussi, quand on le retire du puits, il faut le tamiser, le secouer plusieurs fois.

Quand il pleut à torrents, quand les eaux ruissellent de toutes parts, chacun est à son puits, un morceau de toile de sac sur la tête pour se garantir de l'averse, et une pelle à la main. Cette surveillance est constante. Dans ses allées et venues, chaque fois qu'il y pense (et à quoi d'autre lui faut-il penser?), le paysan s'arrête pour inspecter son puits. Malgré les rigoles, l'eau peut s'infiltrer; et la plupart des réserves seront alors gâchées.

Il arrive aussi que pour payer une note chez le boutiquier, ou une dette de jeu, des garçons du village pillent les puits. Mais comme il y a au moins un chien par maison, les vols ne sont pas fréquents. Et puis, avec ou sans chien, les habitants dorment d'une oreille...

Je me rappelle une averse terrible (1). Ce jour-là, vous pensez bien, chaque famille était penchée sur son puits. Dans des moments pareils, les gens sont à bout de patience; ils injurient, ils frappent. Il ne ferait pas bon toucher à quelqu'un. Je me décide à courir jusqu'à la salle commune. Le puits de Sâdik *agha* (2) a fait eau! C'est la panique : les innombrables femmes, filles et enfants, pantalons retroussés, pieds nus, pataugent dans l'eau. Ils ôtent le grain du puits pour le mettre à l'abri dans la maison, mais c'est un véritable mortier : paille, blé et boue.

– C'est une sale fuite d'eau, Efendi! crie Sâdik *agha*. Tant pis, je rentre tout, si ça doit pourrir, ça pourrira dedans, mais c'est une ruine...

Même agitation chez Hussein *agha*. Ils sont plusieurs à fouiller le puits, et en sortent un torchis innommable que les autres emportent à l'intérieur.

⁂

N'allez pas vous figurer une maison bien équipée, une maison de citadins. Non : la cuisine, le plateau

(1) En 1948 les précipitations max., en juin sont (en mm) de 16,9 et en septembre de 5,1 (pour la région d'Aksaray).

(2) *Agha* : maître, patron, frère aîné. Ce personnage, dans certaines régions, domine plusieurs villages (voir glossaire).

à manger (1), la salle de séjour, le lit, tout ça sent la terre et la suie. Aux murs, des morceaux de bois enfoncés, où s'accrochent des poteries ébréchées, hors d'usage, ou bien quelque petit sac couvert de suie.

– Mère, tu devrais jeter ces saletés!

– Mais de quoi je me mêle? quel fléau! tu es devenu fou ou bien quoi?...

Au milieu de l'unique pièce, il y a un trou, un trou comme on en fait pour planter les jeunes arbres. C'est le *tandir*. En hiver, on l'allume chaque matin. A première vue, on se demande comment on peut bien faire du feu dans cette espèce de puits : mais du fond part un tunnel, comme une galerie de taupe (on l'appelle *kulle*) qui s'en va passer sous le mur et qui sert au tirage. Quand le *tandir* est bien allumé, on va dehors boucher l'ouverture du tunnel, pour que l'air ne refroidisse pas le feu.

Fig. 3. – *Le « tandir », coupe verticale.*

– Mère, ce machin-là, c'est assommant, et puis c'est sale. Si nous achetions un poêle?

– Un poêle? Qu'est-ce que c'est ça encore?

Après bien des explications, elle comprend :

– Comment veux-tu te chauffer si tu ne te mets pas dans le *tandir* jusqu'à la taille? Et tout ce qu'on peut brûler dans le *tandir*, c'est la bouse séchée. C'est trop facile, de dire que c'est sale.

On explique au villageois que c'est de la folie de brûler le fumier et qu'il vaut mieux le répandre dans les champs. Il y a même des gens qui écrivent

(1) Plateau de cuivre ou de bois, le plus souvent circulaire, qui tient lieu de table.

des articles scientifiques à ce sujet. Mais vous voyez, messieurs, nous serions bien contents si nous en trouvions, de la bouse à brûler. Et puis, qu'est-ce qu'il pourrait brûler d'autre, le villageois? son péché, peut-être? Savez-vous seulement combien de villages n'ont jamais utilisé le charbon ni le bois? Bien souvent, la bouse, la paille et le foin viennent à manquer au milieu de l'hiver. C'est la détresse au village.

Le matin, les hommes rassemblent les bœufs pour les conduire au pâturage, et le soir ils les ramènent. Alors, les femmes et les jeunes filles s'en vont sur les routes avec des hottes, des seaux en fer blanc et toutes sortes de récipients, et elles sont là, dans un nuage de poussière, à ramasser ce que les animaux ont laissé tomber. Il y en a qui se contentent d'amasser la bouse dans leurs jupes. C'est à qui ira le plus vite, et quelquefois elles se disputent et se crèpent le chignon. Elles vont jusqu'à se frapper la figure avec de pleines poignées de bouse!

Rentrées chez elles, elles pétrissent tout ça et le collent sur les murs pour le sécher. Ça fait des plaques qu'on empile au fur et à mesure dans la maison. Les femmes font aussi des vases avec de la bouse sèche, et elles y conservent des denrées, hors d'atteinte de la volaille.

En été, quand vous passez dans les rues du village, c'est une épreuve. Outre l'odeur de bouse, il y a des essaims de mouches, de moustiques, et ça vous rentre dans la bouche et dans le nez.

Un soir, je revenais d'arroser les haricots; les bœufs rentraient au village; les femmes les suivaient et ramassaient la bouse à pleines mains, et chacune maudissait père et mère. Il y avait une vieille à cheveux blancs, qu'on appelle « la femme de Koul Hassane ». Manches retroussées, elle portait une grosse rondelle de bouse. Sans penser à mal, je lui crie :

– Eh, grand-mère Medjirli, en voilà un travail!

Elle ne pouvait pas me voir à cause de la poussière, mais elle m'a reconnu à la voix. Pas de chance, elle était à bout, elle avait dû s'empoigner avec une autre, et elle s'est fâchée :

– Ne me fais pas jurer si tard dans la journée! Fous le camp! C'est pas le moment de s'amuser. Tu es bien gai, toi; ton sel est au sec; il y en a qui travaillent dur et d'autres qui mangent bien, hein? Si tu étais à notre place, tu en ramasserais plutôt deux fois qu'une...

Je l'ai blessée. Et pourtant ça me faisait mal au cœur de la voir comme ça.

⁂

Pour que la bouse prenne, on se sert de paille hachée ou de chardon. Quand le *tandir* est allumé, il y a de la suie dans tous les coins. Vus du dehors, les murs ressemblent à une figure marquée de vérole; si vous entrez, vous trouverez des murs et un plafond noirs comme de la poix. Et vous ne tiendrez pas debout dans la pièce : il faut vous accroupir ou mettre le nez tout près du sol pour que la fumée s'étale au-dessus de votre tête.

Une fois que le repas est cuit, on remet le chaudron sur le *tandir* pour préparer le dîner. Alors on peut venir se réchauffer. Pour que la grande chaleur se conserve jusqu'au soir, on place au-dessus du trou un grand escabeau à quatre pieds, qu'on recouvre d'un tapis ou d'une couverture épaisse. L'hiver, des bandes d'enfants du matin au soir se pressent tout autour. Que vienne une bonne femme qui leur récite un conte de fées terrifiant, c'est sous l'escabeau que les enfants se cachent la tête.

Le soir, à l'heure du coucher, on dresse les lits autour du *tandir*, les pieds au centre, du côté de la chaleur. Sur quatre matelas ainsi étendus en croix, huit personnes peuvent se coucher et seize pieds se rôtir... Dans les familles nombreuses, trois ou quatre enfants dorment ensemble.

Les maisons n'ont que deux fenêtres – sans carreau, bien entendu. Il y a d'abord une lucarne,

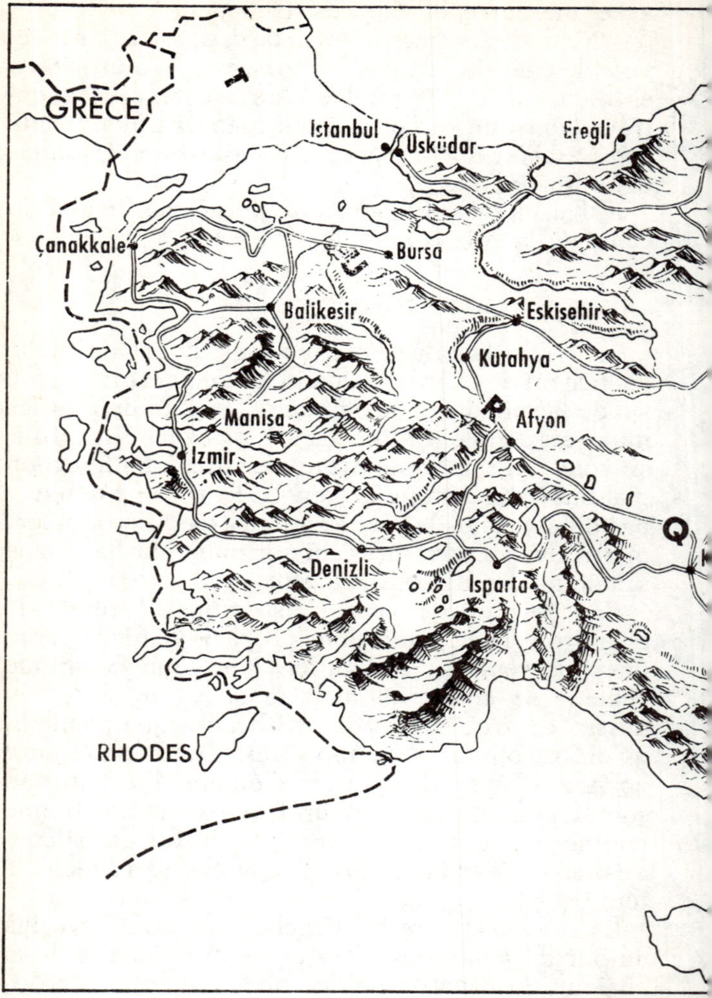

GRÈCE
T
U
R
Q
Istanbul
Üsküdar
Ereğli
Çanakkale
Bursa
Balikesir
Eskişehir
Kütahya
Afyon
Manisa
Izmir
Denizli
Isparta
RHODES

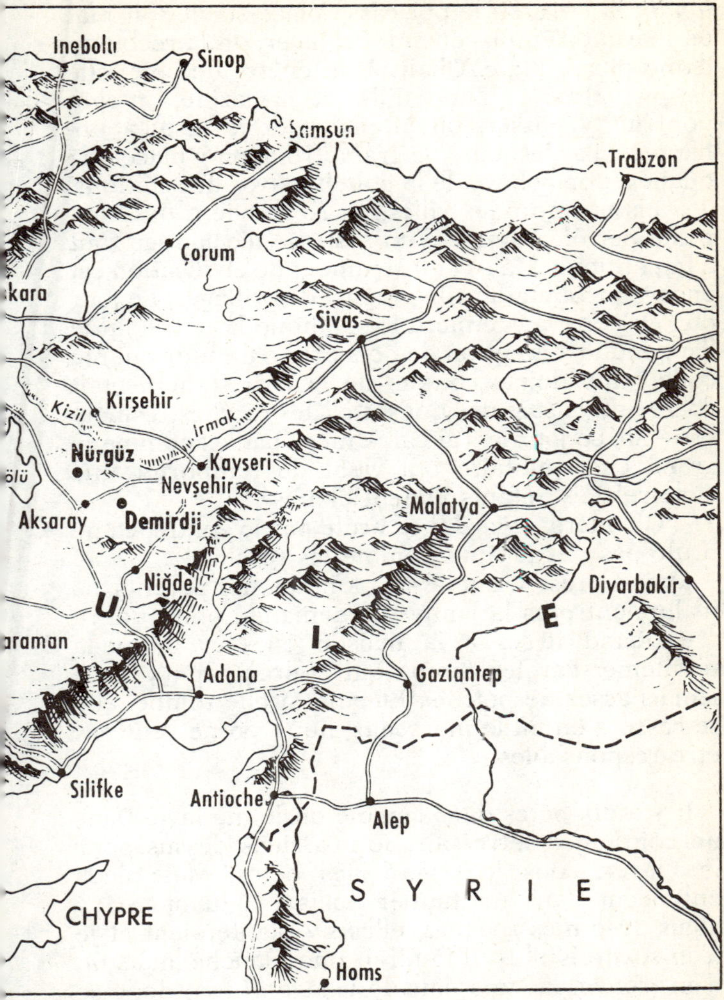

Inebolu
Sinop
Samsun
Trabzon
Çorum
kara
Sivas
Kirşehir
Kizil
Irmak
Nürgüz
Kayseri
ölü
Nevşehir
Aksaray
Demirdji
Malatya
Niğde
U
Diyarbakir
E
araman
I
Adana
Gaziantep
Silifke
Antioche
Alep
S Y R I E
CHYPRE
Homs

indispensable à cause de la fumée, au-dessus du *tandir*; la jarre ou le pot cassé placé sur le toit plat en marque l'emplacement. En hiver, on la recouvre d'une pierre plate. Quant à la fenêtre de côté, elle est plus étroite qu'un feuillet de magazine. Un chat pourrait y passer, on la plâtre donc jusqu'à mi-hauteur. Par les jours de grand froid, on y place une bûche, et on achève de la boucher avec des chiffons.

Dans nos grandes villes, on se souvient des lampes à pétrole comme d'un système d'éclairage tout à fait antique. Mais cet instrument de civilisation est encore inconnu dans la plupart des villages. Le jour où j'ai, pour la première fois, allumé la nôtre, où je l'ai pendue à un piton de bois près d'un mur qui me collait aux doigts comme de la poix, tant il était chargé de la suie des bouses et des torches résineuses – ah, ce jour-là, j'ai carré mes épaules comme le grand chef militaire qui vient de remporter une victoire! Les enfants étaient ébahis :

– Oh, mère, regarde! ça brûle par le ventre, ça ne brûle pas par le bout comme les torches!

Mais à présent que je suis loin de mes parents, ils n'allument plus la lampe. Je demande pourquoi :

– Quand tu es à la maison en été, allume-la toi-même. Par les temps qui courent, il n'y aura jamais assez de pétrole. Et puis, si elle tombe, elle se cassera en mille morceaux; nous, on ne veut pas être responsables.

Il y a dix bêtes dans l'étable où je me lave. Dans un coin, une pierre sale. Je m'assieds dessus pour me laver, sous le regard des bêtes. Mes pieds enfoncent dans un fumier épais et gluant. Si j'y allais avec mes socques, elles s'y planteraient et je n'en sortirais plus. Il faudrait une planche, mais on n'en trouve pas une dans le village. Il faut donc se résigner à se laver ainsi, pieds nus dans le fumier.

Et les vêtements, où les poser? Ça aussi, c'est un problème. J'y ai beaucoup réfléchi, et voici ma solution : je les retire un à un derrière la porte et je les tends à Ismaïl; puis je plante un pieu dans le sol et j'y accroche mon linge et ma serviette. Quand j'en ai fini, j'appelle Ismaïl, qui me redonne mes vêtements un à un, et je me rhabille, avec mille difficultés. N'allez pas croire que je me lave vraiment : je me rends un peu moins sale... Comme il n'y a pas de poêle, on met une cruche d'eau sur le *tandir* : il faut des heures et des heures pour qu'elle tiédisse un peu. Je me suis à peine mouillé qu'il faut sortir, et vite, parce que l'eau tiède ce n'est déjà pas merveilleux, mais l'eau glacée qui suinte du toit de chaume et qui vous tombe dessus, c'est trop. Comment les bêtes ne meurent-elles pas dans un endroit pareil?

Enfin, bien ou mal, je me lave, moi. Mais les autres? J'ai fait une enquête. Les élèves de première année ne sont pas timides avec moi. « Que ceux qui ont une maison sans chauffage lèvent la main. » Toutes les mains se lèvent. « Quels sont ceux qui ont un endroit pour se laver? » Un seul enfant lève la main – sur cinquante. C'est le fils d'un homme aisé, qui a passé la moitié de sa vie à la ville.

Et les latrines, faut-il en rire ou en pleurer? Les maisons n'ont pas de cour, de sorte qu'on doit construire les latrines assez loin. Dans un sens, cela vaut mieux. Hommes, femmes, enfants, tout le monde va aux mêmes latrines. C'est un trou, entouré de deux rangées de pierres dressées. Rien d'autre. Quand vous y êtes, vous êtes à découvert au-dessus du genou. Et des maisons, on voit parfaitement tout ce qui s'y passe, car les latrines sont en contrebas du village. Les jeunes gens ne se lassent pas de surveiller les jeunes filles et les femmes qui s'y rendent, leur aiguière d'eau à la main.

Au début, j'y allais avant l'aube, ou j'attendais qu'il soit nuit noire. A présent je m'y suis fait, j'y vais au grand jour comme les autres, aiguière en main, en prenant mon tour dans la file. On s'habitue à tout.

Nos latrines appartenaient à quatre maisons, avec la nôtre, ça en faisait cinq.

Un jour, j'y suis entré tout droit – et j'y ai trouvé une femme! J'étais saisi de honte et de confusion. Tout le monde riait, mais moi, j'en aurais pleuré.

Il se peut que l'être humain qui vit à l'écart d'une communauté se transforme en sauvage. Près de notre école, à l'écart du village, nous avons trois

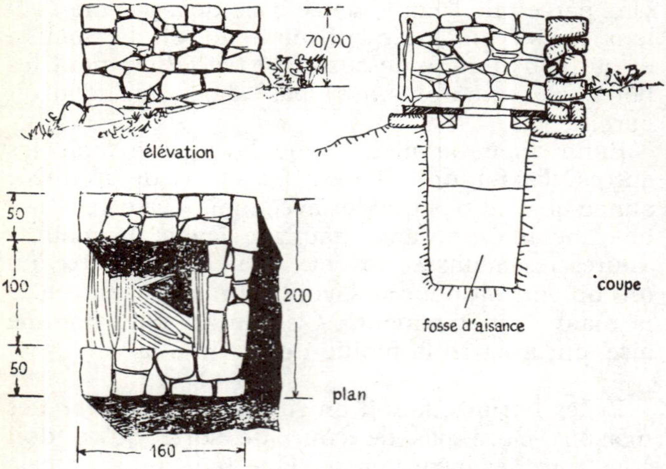

Fig. 4. – *Lieux d'aisance du village.*

voisins; chacun a quatre ou cinq enfants. Comme mentalité et comme genre de vie, c'est encore plus fruste que partout ailleurs. En hiver, ces gens ne sortent de chez eux que pour leurs besoins naturels. Et ils n'ont pas de latrines.

Ça fait deux ans que la pensée de ces enfants-là m'obsède. Quand je regarde de leur côté, je les vois accroupis près de leur maison, en train de se soulager. Ils ne sont vêtus que d'une veste et d'une chemise. Je ne leur ai jamais vu de culotte, et probablement n'en ont-ils jamais porté. Quand il fait froid, à peine leur affaire terminée, ils rentrent en courant. Par les beaux jours, on les voit qui prennent le soleil un moment au pied du mur.

Les adultes font comme les enfants : ils utilisent le pied du mur pour leurs besoins. Après quoi les femmes prennent des cendres au foyer et recouvrent les petits tas. Mais comme la porte de la maison est tout à côté du poulailler, dès qu'on l'ouvre, les poules se précipitent là-dessus. Elles grattent, elles picorent, elles éparpillent, et une partie de cette saleté s'envole à l'intérieur de la maison. Et je n'ai jamais vu ni pelle ni balai nettoyer l'endroit. Devant la porte, l'ordure attend le printemps. Elle servira d'engrais pour les légumes.

Il y a là trois enfants qui sont de véritables hérissons. Avec bien de la patience, j'ai réussi à les attirer de mon côté; mais pas à leur délier la langue. Longtemps, ils n'ont parlé que par signes. C'est bien tard, que j'ai pu obtenir d'eux quelques mots.

Si je fais le geste de donner des bonbons, ils accourent. Ils sont couverts de crasse. Plusieurs fois, je leur ai débarbouillé la figure, les mains et les pieds, avec du savon. Je coupe des ongles d'un centimètre.

Un jour, voilà le père qui s'approche de moi, timidement :

– J'ai une demande à vous faire, Efendi – ne laissez pas les enfants venir chez vous – chassez-les – ne leur donnez pas de bonbons – ils prendront mauvais caractère – ça leur ouvre les yeux – ce n'est pas bon.

Je lui parle de la saleté qui est à sa porte.

– J'ai toujours connu ça – comme vous dites, si c'était plus loin de la maison, ce serait une bonne chose – mais vous voyez, chez nous tout le monde est pieds nus – par temps froid, on ne peut pas aller loin.

⁂

Pour devenir *Mouhtar* (1) du village, l'essentiel est d'avoir du bien; ensuite, il est nécessaire d'avoir

(1) Préposé, syndic.

beaucoup d'amis et de parents. C'est ainsi que vous pourrez dominer les autres, les pauvres qui guettent votre aumône : vous y gagnerez des voix, vous serez élu *Mouhtar*. Quant à savoir si vous êtes capable ou non d'assumer les devoirs de votre charge, qui s'en soucie? Celui qui tient le sceau a l'autorité.

Dans la plupart des villages, même s'il s'y trouve des hommes à l'esprit ouvert, qui ont appris tant bien que mal à lire et à écrire au service militaire, le *Mouhtar* est choisi parmi les ignorants. Une fois élu, sa position d'agha se renforce, et celle des pauvres s'affaiblit. « Viens moissonner pour moi pendant quatre jours, et je te prendrai comme veilleur de nuit l'année prochaine » : voilà comment le *Mouhtar* s'y prend pour donner de l'ouvrage sans bourse délier.

– Il y a ici des hommes instruits et sensés. Pourquoi ne pas élire l'un d'eux?

– Que voulez-vous, Efendi, il y a sans cesse des gens qui vont et viennent dans le village. Si le *Mouhtar* est un garçon pauvre, qui les recevra, qui leur donnera l'hospitalité?

En réponse à une enquête sur la situation des villages, un instituteur a écrit : « Pour relever nos villages, il faut absolument que le *Mouhtar* soit au moins diplômé d'une école secondaire. Tant qu'il sera gardeur de vaches, tout ce qu'on essaiera sera inutile. » J'ai lu cela à notre *Mouhtar*.

– Ce garçon a raison! nous sommes complètement ignorants. Si vous êtes le *Mouhtar*, vous êtes le *Mouhtar*, un point c'est tout. Le secrétaire arrive, il me lit des lois, je hoche la tête; il croit que j'ai compris... Notre proverbe le dit bien : « Pas de meneur, pas de menés. »

« Un peigne fin pour une tête chauve. » On pourrait en dire autant de toutes nos affaires. Et le Comité, et la Commission, et le fonctionnaire, et l'autre fonctionnaire, et l'adjoint du fonctionnaire, et l'adjoint de l'adjoint, ou son secrétaire... Résultat? du papier : registres et dossiers bien alignés.

Voyons le secrétaire. Il n'y a pas un centime dans la poche du paysan pour payer la taxe du village. Un secrétaire s'occupe de sept ou huit villages – et son travail, le *Mouhtar* et l'instituteur de chaque village pourraient le faire. Ce « peigne fin » n'est pas imposé, c'est vrai, mais nommé selon les vœux des *Mouhtars,* et aussi proposé d'une façon semi-officielle. Son salaire se monte à quelque deux cents livres (1) par mois. Il tire au moins vingt-cinq livres par mois de chaque village. Il passe deux fois par an : pour collecter la taxe de village – mais les poches sont vides – et pour enregistrer le nombre des bestiaux dont les carcasses parsèment la vallée.

Comme les *Mouhtars* sont d'une ignorance crasse, et donc incapables de tenir un livre, ils bénissent le secrétaire, ils l'idolâtrent... Ces secrétaires sont en général des gredins. Pour des raisons inconnues, ils ont abandonné toute autre situation. Le villageois en a très peur, beaucoup plus que du percepteur lui-même. Savez-vous comment on appelle le secrétaire de notre village? « Péché mortel ».

L'automne est à peine là que chaque *Mouhtar* du district envoie deux charretées de bouse séchée à la maison du secrétaire. « Péché mortel » voit arriver également de la farine, du *boulgour,* des melons et des pastèques.

Il y a des années que la région est entre les mains de cet homme. Les *Mouhtars* passent, il demeure. Le *Mouhtar* sortant l'enfonce dans la tête de son successeur : « Personne ne peut remplir la fonction de *Mouhtar* sans l'aide de ce secrétaire. » Et le nouvel élu de se faire suppliant : « Pour l'amour de Dieu, monsieur le Secrétaire, ne partez pas avant que j'aie fini mon temps. Je serai votre esclave. »

Le rôle de ce secrétaire, c'est évident, est de veiller à ce que le *Mouhtar* « ne se salisse pas les mains » : il trouve, d'accord avec le *Mouhtar,* tous

(1) Le cours de la livre turque établi sur la base de 1 $ E.U. = 2 Ltqs 80 a varié entre 1,1339 F et 1,24464 F durant l'année 1949.

les moyens de subsistance qu'ils peuvent, et il collecte son propre salaire. Avec bien du mal, on ramasse dix livres; il les empoche. Pourquoi? la caisse, paraît-il, les lui doit. Une autre fois, après s'être acharné pendant six jours, il a ramassé trente livres. Et notre école n'a pas encore de poêle... Je le lui dis :

– Pour l'amour de Dieu, achetons un poêle avec cet argent. Nous aussi, nous avons des droits sur ce budget!

– Ma commission d'abord!

Et il s'en est allé.

Il a des tours de métier, le secrétaire. Il sait y faire pour exciter les villageois ou les villages au mécontentement et à la querelle, en dénonçant ce village-ci à celui-là, et celui-là à un autre. Il sait bien qu'il y a toujours deux camps dans les villages. Il sait bien que la charge du *Mouhtar* est très recherchée. Si le *Mouhtar* n'est pas à ses pieds, c'est bien simple, il dévoile un déficit de trois cents ou quatre cents livres, et il prend le parti du rival. Et voilà le *Mouhtar* en prison. Il a fait condamner comme ça deux *Mouhtars* à C...; et il en a fait assassiner un autre cette année. Il est le seul à connaître les affaires; elles n'ont plus de secrets pour lui, et depuis des années, il a la haute main sur les villages : donc il ne trouve aucun obstacle, et tout le monde trouve sa façon d'agir bien naturelle. Il a les papiers et la plume, il a le sceau.

Et ce traquenard qu'il a tendu à Véli Bey, l'instituteur du village de K..., un homme réputé pour son zèle; trente ans de service. Il réunit le conseil dans la salle commune, et il dit : « Ecrivons un procès-verbal sur Véli Bey. Qu'est-ce qu'il est à votre avis, hein? Communiste? Dénonçons-le. » Et les voilà qui écrivent : « Véli Bey a fait l'éloge de la Russie dans la salle commune du village. » On appose le cachet; on attrape quelques jobards et on les oblige à mettre leurs empreintes digitales; le *Mouhtar* porte la feuille au sous-préfet. Immédiatement, quelle salade! Un taxi arrive; c'est la police; par surprise : « Nous devons fouiller la maison de Véli Bey. » Le malheureux instituteur n'a aucune idée de ce qu'on lui veut. Il comparaît devant le tribunal. Pendant ce temps, sa femme et ses enfants sont soumis aux perquisitions; on les houspille, on brise les portes, les fenêtres et c'est tout ce qu'il y a de plus courant. (Cette affaire a eu lieu en 1949.)

Ces querelles, ces batailles, qui dégénèrent en drames sanglants, si vous en recherchez les causes, vous trouverez bien souvent qu'il n'y a pas de quoi remplir une coque de noix. On peut commencer par une simple prise de bec et finir par tirer le couteau ou presser la gâchette. Et puis ce sera la haine mortelle, qui durera de génération en génération. « A tel moment, ton oncle a fait telle chose au mien. Je vais me venger sur toi. » Les enfants eux-mêmes, qui n'y comprennent pas grand-chose, sont influencés dès leur plus jeune âge par ces haines de familles. Il s'ensuit des crimes à n'en plus finir.

Par exemple, on célèbre les fiançailles de « Mehmet-le-Fou ». Ses amis, réunis pour l'assister, comptent bien sur une débauche de *halva* (1) : ils ne veulent pas le lâcher. « Je ne peux pas maintenant! Attendez le bon moment! » Et il essaie de s'échapper. Bientôt, les moqueries le rendent furieux : il saisit son rasoir et le plonge dans la gorge d'Ahmet, le fils de *Molla* (2) Hassane. Empoignades, vacarme terrible... Ensuite, pour éviter un procès, l'un paie un dédommagement, et l'autre, prétendant qu'il s'agit d'un accident, prend le chemin de l'hôpital.

Ou bien, c'est le chien de Koundali qui se bat avec celui de Ak Redjep. Des deux côtés, on voit rouge et c'est la bagarre. Beaucoup de jurons, et de très grossiers : car celui qui jure le plus haut fait l'effet d'être le plus vaillant. On vocifère, on s'en-

(1) Sucrerie fabriquée avec de la farine de millet.

(2) Molla, Mollah en français, titre donné dans le temps en Turquie à des personnalités religieuses exerçant également des fonctions politiques. Ici personnage qui sait lire et écrire, ou qui sait lire le Coran.

roue; on en devient furieux. Et tout le village assemblé excite les deux hommes au combat. Les couteaux et les pistolets vont sortir des poches. Les femmes et les enfants jettent des pierres; il y en a qui s'interposent, sous prétexte de séparer les ennemis, mais qui en profitent pour placer quelques bons coups ici et là. Ak Redjep tire son arme, Koundali lève son poignard... et on ne compte plus les victimes.

Le lendemain, il faut vendre pour acheter un compromis, et n'être pas traîné devant les tribunaux. Les biens sont perdus, perdue la vie : pourquoi? « Quand Koundali a séparé les chiens, pourquoi n'a-t-il pas battu le sien d'abord? »

Je suis allé un jour au village voisin de A... C'est à croire qu'on guettait mon arrivée : je tombe dans une bagarre.

Koul Hassane et Dourmouche, fils de Kutchuk *Hodja*, ont fait faire chacun un coffre, de la même longueur, chez le même artisan. Ils étaient là, dans une boutique humide et pleine de toiles d'araignées, à jouer aux dominos et à se chamailler.

– Mon coffre contiendra plus de choses que le tien.

– Non, le mien en contient plus.

– On va mesurer : celui qui a le plus petit coffre paiera un kilo de sucre, et ça suffit!

– Comment, ça suffit! Si le mien ne contient pas plus, je déshonorerai ta femme!

– Et moi ta mère! et je briserai le coffre!

Tout le monde était là; deux camps se sont formés. Le frère de Kutchuk *Hodja* a tiré sur le fils de Koul Hassane et l'a blessé; et il y a eu un tas d'autres blessés. A ce moment, les écoliers qui sortaient pour déjeuner ont eu vent de l'incident. Bien sûr, ils ont pris parti et ont jeté des pierres. Résultat : le fils de Koul Hassane était dans un état désespéré, et on l'a emmené à l'hôpital; son assaillant est en prison. Encore heureux si les choses en restaient là.

J'ai questionné le père du blessé :

– Hassane *agha*, d'où vient toute cette affaire?

– Jeune homme, si vous voulez savoir, cette histoire de coffre, ce n'est qu'un prétexte. Quand on est de mauvais poil, on va chercher midi à quatorze heures.

Hiver comme été, il y en a toujours qui traînent sans rien faire. La « grande salle » de Djilav est bourdonnante de voix. Elle a pris le nom d' « hôpital populaire », à cause du grand nombre de désœuvrés qui viennent y chasser l'ennui en jouant à des jeux de hasard, allongés sur des matelas.

Voici l'hiver. Il est honteux pour un homme de rester chez lui. Dès l'aube, il est debout, jette un peu de paille à ses bêtes, se munit de quelques « feuilles » de pain, enfile ses socques – et la neige crisse sous ses pas, tandis qu'il détale, comme s'il avait un ennemi à ses trousses, vers « l'hôpital populaire ». Tout ce qu'on peut appeler « homme » s'y trouve, même les petits garçons dont la place est sur les genoux de grand-père. Les chefs de famille ont donné chacun une mesure de seigle pour qu'on achète un poêle – qui tire mal, en sorte que la pièce est toujours pleine de fumée. Charmant endroit, où l'on ne peut s'entendre ni se voir.

Je ne fais qu'y passer, et rarement. On me blague : « Ha! ha! tu t'en vas sans t'asseoir – parce que tu crains les poux, peut-être?... » Je me sauve simplement parce que j'ai à travailler. Mais si l'on me demande la vérité sur les poux, et les puces, et la poussière – eh bien! oui, même le précieux DDT n'y servirait pas à grand-chose.

Avant même le lever du soleil, la salle est pleine à craquer. C'est à cette heure-là qu'on peut voir toutes les feuilles de pain accrochées au tuyau du poêle, comme du linge à sécher. Les hommes attendent qu'elles soient un peu grillées, et puis ils les mangent comme ça, sur leurs genoux. C'est le petit déjeuner.

Après ça, on est en train; on peut jouer aux osselets. Les vieux et les jeunes se séparent et forment des groupes. On fait un grand cercle, et ceux qui se retirent sont aussitôt remplacés. Ce sera ainsi jusqu'au soir, parfois jusqu'au matin suivant. Chaque joueur ouvre un paquet de cigarettes et le pose devant lui. Il restera agenouillé pendant dix heures, vingt heures : il gagnera deux cigarettes ou en perdra quatre, c'est tout. Ce qui compte, c'est de tuer le temps. Ça se jette au gagnant, les cigarettes, et puis ça se rejette, et vous devinez l'aspect qu'elles prennent peu à peu. Celles qui ne sont pas tout simplement détruites sont pincées, tordues, salies, elles sont noires comme le tuyau du poêle. Parfois, les joueurs s'absorbent dans leur jeu, et les éternels resquilleurs en profitent pour les harceler : « Alors tu m'oublies? Passe-moi cette cigarette pour que je la fume. Tu n'entends pas que depuis ce matin je prie pour que tu gagnes? »

En quittant « l'hôpital populaire », il faut passer voir la boutique du caporal (1) Sâdik, ou celle de Battal *agha* : même spectacle. Trois ou quatre groupes entassés là jouent aux osselets, aux dés, aux dominos. Certains jouent aux cartes. L'enjeu : *halva* et cigarettes. Il y règne une telle obscurité qu'on ne peut voir comment tombent les dés ou les osselets. Il faut les poser sur le plat de la main et les porter à la lumière du trou qui sert de fenêtre.

Il y en a qui n'ont pas trouvé place, ni dans la salle, ni dans les boutiques. Ils s'installent dans les étables souterraines, allument une torche dans un coin, et, chauffés par l'haleine des bêtes, ils jouent leurs cigarettes sur le fumier raclé...

Le printemps venu, les joueurs s'établissent au soleil, sur les toits ou au coin des murs. Les villageois qui ne jouent pas sont rares. Ceux-là préfèrent chasser le canard ou le lapin; ils se querellent et se battent; et encore, et surtout, ils raffolent des paris. On parie sur tout et sur rien. Ainsi une fois, leur grand problème a été de savoir combien pouvait gagner un instituteur. De temps à autre, l'un d'eux

(1) Les paysans, gradés pendant leur service militaire, se font appeler souvent par leur grade dans la vie civile.

venait me trouver à l'école pour demander « lequel des instituteurs touchait le plus ». Une autre fois : « Est-ce que le territoire de l'Allemagne est plus grand que celui de la France? », et ainsi de suite. « Tu comprends, j'ai parié du *halva*. Alors je viens pour savoir... »

A Tchardak, dans la salle commune, Djélal a parié trois paquets de cigarettes qu'il mangerait deux poignées de sel, et puis qu'il mettrait vingt cigarettes à la fois dans sa bouche, et il les fumerait sans les retirer. Il a gagné.

En été, évidemment, beaucoup de villageois vont aux champs. L'état-major des oisifs est réduit, le jeu perd de son intérêt. C'est le moment où l'on se dit : « Qu'est-ce que je vais faire? » On est las d'être allongé dans « l'hôpital populaire ». Et puis, gagner le pain de la maison... ça donne du mal. Mais y a-t-il du travail?...

Les gens du pays savent toutes sortes de tours. Pour connaître exactement le degré d'humidité du sol, ils se déshabillent et se couchent à même la terre. Ils font des prévisions sur le temps en regardant la queue des chèvres. Dans notre village, on a recours à des astuces de ce genre pour dire l'heure. Le *Hodja* (1) a bien une pendule – pas fameuse d'ailleurs – mais il ne viendrait à personne l'idée de la consulter.

La porte de la mosquée est tournée vers l'ouest; il y a une marque sur le seuil. Quand les villageois se rassemblent pour la prière de la mi-journée, ils s'arrêtent pour la regarder. Si le soleil a atteint la marque, c'est l'heure de la prière de midi. Quand l'ombre du sommet de la colline, à l'ouest, tombe en travers de la route, c'est l'heure de la prière de l'après-midi. Et le soir, quand le soleil rougit l'horizon et disparaît, c'est l'heure de la prière du soir. L'heure du coucher est affaire d'estimation; cela peut aller jusqu'au petit jour. Les gens disent :

(1) Prêtre musulman.

« Plus tard vous priez, mieux c'est. » Quant à la prière du matin, l'heure en est calculée par le *Hodja* selon le lever du soleil. « Mais en hiver », direz-vous, « quand le soleil est caché dans les nuages, comment savoir l'heure? » Rien de plus facile. Il suffit de se mettre d'accord avec le *Hodja*. Et quand les villageois l'ont fait, il n'y a plus de problème. A part les heures de prière, personne ne se soucie de l'heure.

Il y a deux maîtres d'école à Agatchli. Ils viennent d'arriver, fraîchement diplômés. Un jour, ils se mettent en route comme tout le monde – des bâtons en guise de canne à la main – et se rendent à une réunion qui se tient au bourg. En chemin, ils croisent trois personnes, deux à dos d'âne, une à pied.

– Salut!

– Que votre salut vous soit rendu!

– D'où venez-vous, où allez-vous, qui êtes-vous?

– Nous sommes les maîtres d'école d'Agatchli. Nous allons au bourg.

– Nous, nous sommes de Yaprakli. Est-ce bientôt l'heure de la prière du soir? Regardez votre montre!

– Il est deux heures.

Les autres n'y comprennent rien. Le soleil baisse, comment peut-il être seulement deux heures. Ce sera bientôt le soir; il faudrait qu'il soit douze heures (1).

– Vous vous trompez! vos montres ne marchent pas bien!

Bien entendu, ils ne pensent qu'à la montre qui marque les heures anciennes; à celle des ancêtres, à celle du *Hodja*. Les maîtres d'école saisissent la situation.

– Les nôtres sont à la franque (2), disent-ils.

(1) La tradition religieuse considère qu'il est minuit au moment du coucher du soleil; toutes les heures subissent donc un décalage en conséquence.

(2) *Alafranga* en turc; expression très usitée désignant un comportement ou une manifestation de type occidental.

– Bon, mais à quoi ça correspondrait avec notre heure à nous?

– ...

Cet incident a suffi pour discréditer les maîtres d'école. Depuis deux ans, on ne parle que de ça. On en a fait un test : « Les maîtres de Kiretchli sont pareils à ceux d'Agatchli. Celui de Yeraline n'est pas comme ceux d'Agatchli; il est bien, lui. »

Nous partons pour la ville. Nous avons enfourché nos ânes en pleine nuit, pour arriver avant midi. Nous sommes presque au bout du voyage, à Aparan, à près d'une heure de la ville, quand nous entendons courir. Tous les quatre, nous nous retournons : c'est un vieillard et sa femme qui nous rejoignent, tout haletants :

– Avez-vous une montre, *agha?*

– Il est huit heures quinze.

Il déboutonna sa chemise d'une main tremblante, en hésitant. Il a quelque chose sur le cœur : un papier qu'il me tend. Il est du village d'Ouzartil; et doit se rendre au tribunal.

– Voilà dix jours que je cherche à faire lire ce papier au village, personne ne comprend ce qui est gribouillé là-dessus (1); j'ai demandé à des jeunes gens, qui revenaient du service (2), ils n'ont pas su; je l'ai montré au *Mouhtar*, je tremble de manquer le jour, et tout le monde qui se moque de nous et de l'affaire du champ, et le *Mouhtar* m'a dit : pas de temps à perdre, l'affaire passe demain; alors cette nuit, on est parti. Ah! nous avons eu du mal, la mère et moi! Vivre jusqu'à cinquante ans et puis qu'il vous arrive tous ces embêtements. – Regarde un peu, mon garçon; ce type il s'appelle le *Mouhtar* mais je crois qu'il n'a rien trouvé dans le papier, je

(1) Le pourcentage d'analphabètes en Turquie est très élevé. D'après les organismes de planification du gouvernement de la République turque (Tipta Yenilikler nº 7, p. 71, déc. 1962. Istanbul), *Turquie* : *61 %* Grèce : 26 %; Italie : 13 %; France : 3 %; U.S.A. : 2 %. Par ailleurs 3,3 % de la population en âge scolaire fréquente les écoles secondaires. U.S.A. : 64 3 %, France : 25 %, Allemagne fédérale : 18,2 %; Angleterre : 16,8 %; Italie : 9,8 %.

(2) Service militaire.

ne sais pas comment il s'y est pris pour dire la date; je ne suis pas sûr...

Le papier porte : *mardi, 18 novembre*. Et nous sommes au lundi, 10 novembre. J'ai envie de maudire tout le monde, quand je vois ces deux vieux qui ont marché pendant quatre heures et qui vont rebrousser chemin. Mes compagnons attendent sur leurs ânes, et ils rient : pourtant, ce genre d'aventure pourrait fort bien leur arriver. J'explique la chose aux deux malheureux; et je leur conseille de rentrer chez eux, tout doucement.

– Et maintenant je peux en être sûr? Encore une semaine? Mardi prochain?

Et ils se remettent en chemin en levant les mains et en disant une prière pour moi. Et le vieil homme crie, pour que je l'entende :

– Ah! quelle chance d'avoir l'instruction! Et nous croyons vivre comme des créatures humaines! Au village, pas un seul qui sache lire! J'ai un petit-fils; si je vis, je le ferai étudier – même si je dois mendier, avec la sacoche au cou!

Ceux qui ont un procès, quand ils ne perdent pas la feuille de convocation, se dépêchent de la montrer au maître d'école pour savoir le jour. Et cette question, ils la posent à chaque rencontre. On lit la feuille, on répète la date, le mois et le jour, on précise combien de temps il faut encore attendre. Et ils trouvent tout naturel d'oublier, mais ils ne comprennent pas que le maître d'école oublie, lui. Il doit tout savoir, se rappeler ce qu'il voit, ce qu'il entend. Puis le temps passe, la feuille est chiffonnée, ou perdue... Et c'est au moment où l'on se trouve nez à nez avec l'intéressé qu'il songeait justement à poser la question. Il est tout content :

– Tu es un homme de bien! tu viens vers moi alors que j'allais à toi. J'ai oublié la date de mon procès. Si tu me dis le jour, c'est un acte de charité que tu accompliras.

– Mais je te l'ai dit le premier jour! Mon cerveau n'est pas un registre, voyons!

Rien n'y fait. L'instituteur est le seul à qui l'on

vient demander secours. Et c'est pourquoi je réserve une partie de mon agenda pour les dates des procès. Vous n'imaginez pas combien cela est pratique. Presque tous, ils se font inscrire dès le retour de l'audience. Il vaut mieux, comme nous disons chez nous, rester éveillé que faire un mauvais rêve.

A la salle commune ce sont toujours les mêmes histoires; l'Oncle Hibou dit par exemple : « Quand j'ai été fait prisonnier par les Grecs... »

Ah! je les ai entendues ces histoires-là, mot à mot les mêmes. Et puis, comment il avait été traité par les officiers grecs; « turco » qu'ils lui disaient! Et comment il leur répondait avec les quelques mots de grec qu'il avait appris! Il n'oubliait jamais rien. Dans sa tête, il n'y avait que ce qui y était entré durant son service. Son contact avec le monde n'a duré que tant qu'il était soldat.

Quand les histoires de captivité sont finies, on parle d'autre chose :

« Il y a combien d'années, mon oncle, que tout ça s'est passé? »

« Moi, je suis né en 1305 (1); mon défunt père a un petit peu rajeuni mon âge, pour retarder le temps du service; j'ai été appelé en même temps que Keunuk Véli. Nous sommes allés nous engager en même temps. On a été enrôlé le 22 du sixième mois à Konya... »

Mais de quelle année, il a beau chercher dans sa tête, il ne sait plus...

On commence alors à chercher quel âge il peut bien avoir. Si je ne suis pas là, un messager arrive pour me demander en quelle année nous sommes de l'ancien calendrier. Je dis ce qu'il faut.

A ce compte-là, l'Oncle Hibou aura bientôt soixante-dix ans; cela, il ne veut pas en entendre parler.

« Ni trop ni trop peu, a dit le bon Dieu. Si j'avais

(1) Année de l'hégire.

soixante-dix ans, ça serait la fin du monde. On en est pas encore là... » C'est tout ce qu'il sait dire.

Alors quel âge a-t-il, l'Oncle? Ils se mettent à chercher.

« Je suis né au moment des noces de l'Oncle », dit Halil-le-Grand qui est l'homme le plus vieux du village, mais on ne sait pas quand a eu lieu le mariage... L'Oncle n'a jamais été enregistré pour quoi que ce soit.

« Laisse donc les noces de l'Oncle tranquilles; à la grande famine, j'avais même pas encore des culottes (1). »

Cependant, nul ne sait quand a eu lieu la grande famine. Avec tout ça, l'histoire du village est dans le vague... Ni liens ni attaches, la liberté; vive qui peut, meure qui peut, tant qu'on en a la force; chaque année est comme la précédente, chaque journée et chaque parole aussi semblable à l'autre...

Croyez-vous que la nouvelle couvée soit plus favorisée? Ma mère me prête chaque fois un autre âge...

– Pendant que j'étais là en face, les douleurs m'ont prise...

– Bon alors, quel âge est-ce que j'ai?

– Lorsque le nègre a tué Chinassi le *Hodja*, tu étais dans mon ventre; et j'avais donc deux âmes.

– Et alors?

– J'ai accouché quand le caporal Ishak est mort.

Je me tourne vers mon père.

– Quand est-ce qu'il est mort le caporal Ishak?

– On avait été inondé par les eaux venues de la Pente Noire et les enfants d'Ali-le-Tranchant s'étaient noyés... Eh ben! pas cette année-là, mais la suivante.

– Ça me donne quel âge alors?

– Demande donc à ta mère!

– Et toi, quel âge as-tu?

(1) Jusqu'à l'âge de sept-huit ans, filles et garçons portent des robes.

– Dieu seul le sait, je vis depuis que je suis né! Quand j'ai pris ta mère, Moussâ-le-Fou était *Mouhtar*. A mon retour de l'armée, tu devais avoir dans les deux ans. Il avait beaucoup plu cette année-là. La foudre était tombée sur le peuplier.

CHAPITRE II

L'OREILLER D'ÉPINES

Je ne sais s'il en est de même dans toute l'Anatolie centrale. Je ne peux m'empêcher de penser que notre terre est la plus sèche, la plus misérable de toutes (1). On dit qu'en certaines régions les champs sont verts, les fruits abondants, l'herbe drue. Tout cela doit être réel, tout comme est réel l'endroit où nous vivons.

L'argent, dans notre village, on l'arrache à la terre, mais elle n'en donne pas avec facilité, et c'est la cause de notre dénuement. La terre a été partagée, divisée (2) et il vous en échoit de quoi ensemencer dix ou vingt *deunume* (3). Toute votre existence en dépend (4).

Pour travailler à la terre, vous avez besoin d'une « paire ». Vous ne pouvez pas vous offrir une charrue d'acier, bonne ou mauvaise : vous en prenez une en bois. Et tout le monde ne peut acheter des bœufs. Une paire coûte six cents livres et ça ne se trouve pas sous un caillou; vous comprenez?

(1) Les pluies annuelles sont de l'ordre de quatre cents millimètres.
(2) Dans le département de Nigdè, selon Y. Kambolat, 80 % des familles cultivent moins de dix hectares.
(3) Rappelons que le *deunume* vaut mille mètres carrés environ.
(4) Selon une étude de Y. Kambolat, le département de Nigdè compte sur 40 089 familles de population terrienne, 22 % incapables de subvenir à leurs besoins par l'exploitation de leur terre.

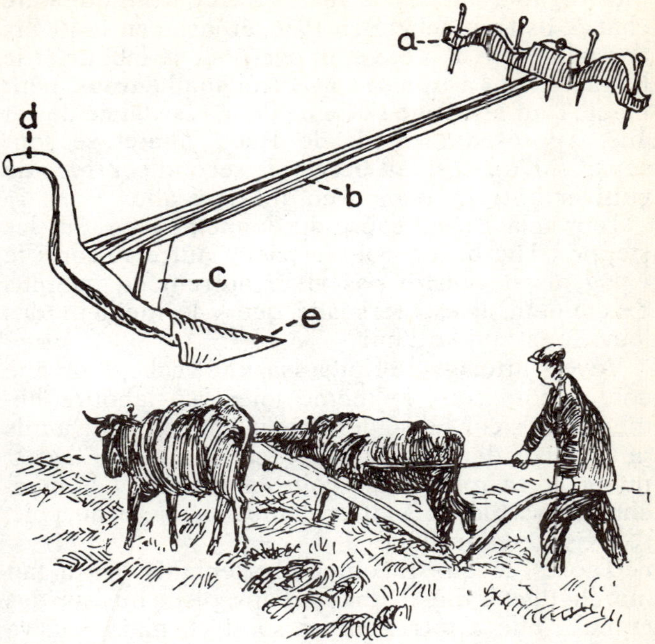

Fig. 5. – *L'araire :* a) *le joug;* b) *l'age (pièce de bois ou timon auquel se lient le soc et tout le système de la charrue);* c) *le sep (pièce de bois dans laquelle le soc de la charrue est emboîté);* d) *le mancheron;* e) *le soc.*

Alors, beaucoup de paysans attellent des ânes à la charrue. Il y en a qui attellent un bœuf et un âne ensemble; tous les deux en sont, du reste, bien étonnés.

Certains, dont les affaires vont bien, traitent d'infidèles ceux qui attellent des ânes (1). Pourtant ce n'est pas ça qui leur fait oublier les prières. Peut-être faudrait-il que les hommes s'attellent eux-mêmes?

Ce sont les fils de Hadji Ahmet qui emploient le

(1) D'après les vieilles croyances, Dieu a désigné une fonction pour chaque créature; l'âne d'après le paysan est une bête de somme, tandis que le bœuf une bête de trait. Changer l'ordre des choses est un péché.

plus régulièrement des ânes. Ils en ont un qui a été châtré. Ils l'ont acheté en 1936, et jusqu'en 1946, dix ans tout juste, il a été employé pour le labour et le battage. On l'a apparié avec un malheureux petit bœuf. Tout le village s'étonne de la résistance de cet âne. A présent, les fils de Hadji Ahmet se sont séparés. L'un s'est fait berger; le second continue de cultiver la terre, mais avec un autre âne.

Tout cela, c'est à cause du dénuement : « Sur les steppes, l'herbe ne pousse pas. » Autre raison : le villageois ne désire pas vivre autrement; ou plus exactement, il est persuadé que « le meilleur des jours, c'est aujourd'hui ».

Voyez l'attelage de Kodja Isâ, une vache et un âne côte à côte sous le même joug. Isâ laboure lui-même. Sa sœur herse derrière la charrue. Elle a mis une pierre derrière la herse et la traîne. Elle est nu-pieds; sa robe laisse voir ses jambes. Les manches de sa blouse sont en lambeaux; sa peau pèle, son visage est grillé.

D'après ce que racontent les enfants, Isâ a fait marcher cette fille de dix-huit ans, pieds nus sur des épines : elle a terriblement souffert, mais cela va mieux maintenant. La plante de ses pieds est dure comme le roc; elle n'a plus besoin de sandales. La sueur coule le long de sa figure jaunâtre, elle peut à peine ouvrir les yeux. Mottes de terre, pierres, épines, que lui importe! La pauvrette va se démettre l'épaule à force de traîner la herse. La vache n'en peut plus. Isâ libère l'animal du joug, et l'âne reste seul. Je demande aux enfants :

– Et l'âne, il n'est pas fatigué?

– Il faudrait plus de dix vaches pour le fatiguer, cet âne. Il essouffle même Isâ. Si on n'était pas là, il se mettrait bien lui-même sous le joug avec l'âne; mais il a honte à cause de nous.

En effet, Isâ examine le joug, tourne autour, jette un regard de notre côté, puis se ravise. Il a un sourire contraint. Quant à la fille, elle ne cesse de tirer la herse. Isâ s'approche de la source pour boire. Nous parlons un instant.

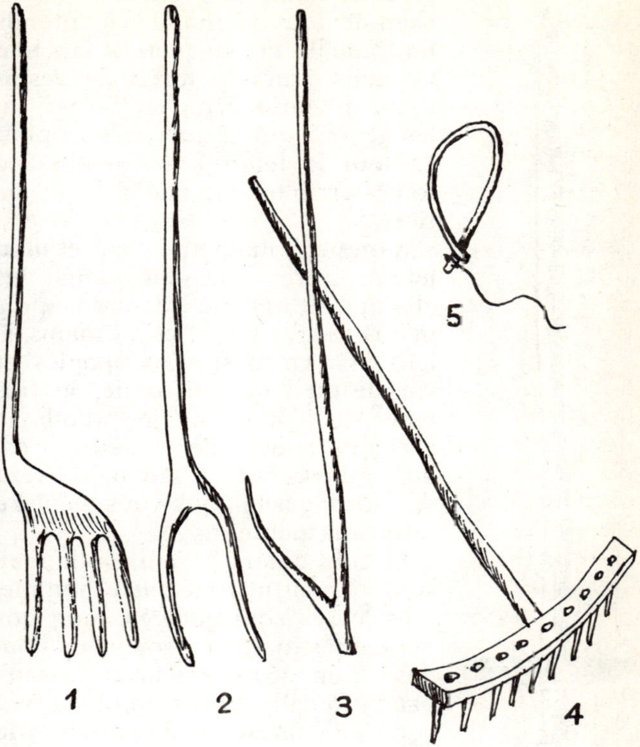

Fig. 6. – *Instruments agricoles :*

1) *et* 2) *sortes de fourches en bois;* 3) *crochet en bois;* 4) *râteau en bois;* 5) *cercle pour la paille.*

– C'est comme ça que vous faites tous les jours?

– Tous les jours, Mamid Efendi.

– Combien arrivez-vous à labourer en un jour?

– Quelquefois dix, quelquefois quinze pas (pas plus vite qu'une tortue).

De la mécanique, n'en parlons pas! Si seulement on pouvait remplacer les hommes par les bêtes!

Arrive juillet. La moisson est mûre. L'orge a un

pied de haut, le seigle trois pieds. Comme tout le monde, je prends ma faucille et me mets à faucher. Certains jours, à force de rester accroupi pour arracher l'orge, j'ai les genoux qui ne me portent plus. Et tout le temps, mes mains me font horriblement mal à force de tirer.

Mon père, ma petite sœur et mon jeune frère dorment dans les champs. Et moi, dès le matin, après m'être lavé la figure et les mains, je jette ma veste sur les épaules et vais là où l'on moissonne. Je vais vous dire pourquoi je prends la veste par une telle chaleur : c'est qu'il s'élève, par moments, un vent du nord glacial qui vous pénètre jusqu'aux poumons.

Le soir, quand je rentre à la maison, je suis un tout autre homme. Mes lèvres sont gercées, mon dos brisé; mes mains ne sont plus bonnes à rien, écorchées jusqu'au sang par la faucille ou les épines. Il y a autant d'épines dans les paumes de mes mains que de poils sur la queue d'un loup! Quand je les regarde, elles me font penser aux pattes ridées d'une tortue.

On n'a pas l'habitude de se laver les mains pendant l'époque de la moisson.

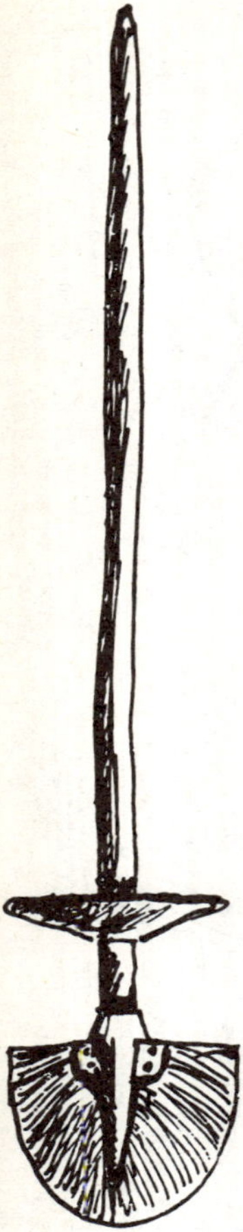

Fig. 7.
Une bêche.

– Pourquoi ne peut-on se les laver, père?

– Si on les lave le soir, elles restent sensibles jusqu'au matin, et on ne peut plus moissonner. Tu as vu, toi, quelqu'un qui se lave les mains pendant la moisson? Où as-tu été chercher cette idée-là?

D'ailleurs les mains sont-elles dans un état qui

permette de les laver? Toutes les articulations des doigts sont crevassées, et c'est encore pire aux poignets. Toute la main est bandée. Nous mangeons comme ça. Quant à la crasse, elle est aussi épaisse que la main elle-même. Et naturellement, si l'on ne met jamais les mains dans l'eau, dans quel état peut être la figure? On ne se rase pas, jeunes et vieux sont barbus. La crasse rend les cheveux collants, la barbe aussi...

Quant aux vêtements... en parler n'est pas à la portée de tout le monde! Et parler de quoi, je vous le demande un peu? De la noirceur de charbon des dessous de bras de la chemise, de la crasse qui aux épaules suinte de l'étoffe? ou bien du pantalon dont on n'hésite pas à déchirer l'extrémité pour se bander le doigt. Et dire qu'on a voté le code civil!

Ma chemise colle à ma peau, mes cheveux à mon front. Si j'essaie de les démêler, le peigne n'y passe pas; dans la fraîcheur du soir, ça durcit comme du ciment. J'ai des bourres de charbon plein mes chaussettes et le bas de mon pantalon; il faut une demi-heure pour les nettoyer, et ensuite quand le soleil se couche, je rentre aussi. Pourquoi mentir, j'ai presque honte de moi devant ceux que je rencontre en chemin.

Vous me direz que les autres ne sont pas en meilleur état! C'est possible, mais je ne puis m'empêcher d'avoir honte de mon aspect à peine humain. Et puis, les gens admettent mal de me voir au travail. Ils trouvent que je ne suis pas fait pour ça. Même quand je m'éreinte, avec seulement deux petits enfants pour m'aider, mon père dit : « Tu es devenu un vrai Monsieur; ne perds pas ton temps avec nous. Nous nous débrouillerons tout seuls. »

Si je rencontre sur la route un *agha*, il essaie de m'humilier :

– Et alors, Mamid Efendi, mon garçon, être un Monsieur est une chose, être fermier en est une autre. Je n'ai pas pu voir ton père pour lui dire de ne pas t'emmener avec lui. C'est l'autre jour que nous avons appris que tu faisais la moisson. Tout le monde était furieux contre ton père, parce qu'il te rabaisse aux yeux de tes collègues.

Je n'ai pas oublié non plus ce qu'ils disaient tous quand je venais de terminer l'école : « Maintenant que tu as étudié, tâche d'être gouverneur de province ou de district. Que feras-tu de bon si tu restes à perdre ton temps au village avec nous? »

Pendant le temps de la moisson, la nourriture, presque tous les jours, se compose de courges et de betteraves. Au moment où le chariot arrive sur l'aire, Behidjè et la mère de Dourane apportent les provisions. Je n'ai pas réussi à leur apprendre qu'on doit couvrir la nourriture. Elles la posent sur un coin du sol. Une fois que la charretée de gerbes est arrivée, nous détachons les ânes de la batteuse et les bœufs du chariot, et les conduisons dans un coin de la berge où ils se reposent. Nous nous asseyons à l'ombre de la charrette, autour du plat de courges.

La poussière vole : naturellement, nous en sommes couverts. Mains, figures, bouches, nez, tout est enduit de poussière de paille. Si au moins ce que nous mangeons était propre! La surface de la nourriture, elle aussi, est enduite de paille et de poussière. D'ailleurs même si on couvrait les plats, la poussière s'y serait déposée au moment de manger.

Chaque fois que j'ouvre la discussion sur la question de propreté, mon père est contrarié.

– On croirait que Monsieur a été élevé à Istanbul! mais voyons, espèce d'abruti, tu sors toi-même d'une souche qui a poussé dans cette poussière-là!

Dourane prend mon parti, par amitié ou par conviction.

Un jour, nous nous asseyons pour manger nos courges. Elles sont recouvertes de yoghourt; mais le yoghourt mêlé de poussière est tout noir.

– Père, dis-je, j'ai toujours cru que le yoghourt était blanc. Où fabrique-t-on ce nouveau yoghourt?

Mon père, qui est toujours prêt à s'enflammer, parle haut :

– Ça ne te convient pas? Je l'aime, moi, cette

poussière. Et toi aussi, tu apprendras à l'aimer... attends voir un peu! Dis-toi bien que celui qui travaille la terre avale au moins un chariot de poussière par an!

⁂

C'est le mois du Ramazan. Bien qu'elle observe le jeûne, ma mère vient de nous rejoindre à la moisson. « Allah me donnera la force », dit-elle.

Elle souffre à la fois de soif et de chaleur (1); moi, c'est le chagrin de la voir s'épuiser ainsi qui me fait mal.

Quand on pense que la plupart des moissonneurs observent le jeûne, je trouve que cette année nous nous en tirons à bon compte; de tous, seul un jeune homme est mort de soif, au pied d'une meule.

A la moindre question que nous posons à ma mère, elle répond brièvement : « Je n'ai pas assez de forces pour bavarder. » Elle trouve pourtant la force de marmonner des chants religieux.

En hiver, quand la voix des Cheiks (2) résonne dans la salle, les femmes se groupent autour de la porte et essaient, craintives et tremblantes, d'apprendre par cœur ce qu'ils disent. Ecouter, mais surtout apprendre par cœur, c'est un acte de piété.

– Mais, mère, est-ce que ta langue et ta bouche ne se fatiguent pas à force de chanter?

– Ah, mon fils! est-ce que ça peut fatiguer une langue, de répéter les noms d'Allah et du Prophète? Il n'y a que ça qui me donne la force de supporter la chaleur. Il n'y a que ça qui m'empêche de mourir et de faim et de soif...

La fontaine est près du village, à une heure d'ici. Les deux ou trois cruches d'eau que nous apportons pour boire, elle les verse sur ses pieds gercés et brûlants, sur sa tête et sa poitrine, puis, à plusieurs reprises, elle nous apporte de l'eau des champs voisins. La plante de ses pieds est blessée. Nous lui

(1) En 1948, les maxima des mois d'été sont les suivants : juin : 26,3; Juillet : 30,7; Août : 31° C. (pour la région de Nigdè).

(2) Membre d'une congrégation religieuse.

avons donné des chaussures à peu près mettables. « Je ne peux pas traîner ces choses-là », dit-elle.

Un pauvre petit cours d'eau passe auprès de notre village. Les moissonneurs qui travaillent à proximité et qui gardent le jeûne s'y plongent deux ou trois fois par jour, sans retirer leurs vêtements. C'est qu'ils brûlent de l'intérieur... Aussitôt séchés, ils recommencent à brûler de partout, et alors vas-y! à l'eau! Hommes et femmes s'y trempent tous. Bien souvent ma mère s'est trouvée incapable d'en ressortir, et j'ai dû l'en tirer par le bras.

Fig. 8. – *Transport d'une cruche à eau en brouette.*

Quand on leur a versé plusieurs cruches sur la tête, ils paraissent lentement reprendre vie.

Si vous rompez le jeûne, les gens vous regardent de travers. Les passants vous injurient. Notre Honnuk Dèdè, de chez Djilav (se taira-t-il un jour?) déclare : « Ceux qui refusent de consacrer à Dieu une vie que Dieu leur a donnée, ceux-là brûleront sur un gril, tandis que les autres les regarderont du haut des vertes prairies célestes. »

Dès que je rentre du champ, je me couche. J'ai le cafard. Mon père revient aussi et se met dans un coin, l'humeur sombre. Une indicible tristesse nous étreint et nous accable.

Ah! ces chansons populaires! Je pourrai dire que ce sont les chansons qui m'ont distrait, avec leur pénétrante mélancolie, pendant ces sombres jours – qui m'ont donné du cœur aux heures de défaillance – qui ont adouci les rides amères de ma figure. Non pas que mon chagrin se soit dissipé, que mes pensées se soient allégées quand je chantais, mais, au fond de moi-même, je sentais une sorte de douce langueur.

Je me dis : « Si je profitais de la fraîcheur du matin? » Je me lève alors et vais moissonner dans le champ près de Atchlik Pinar, à plus d'une heure de distance, tout en répétant ce couplet, qui me bouleverse par sa poignante et douce amertume :

Je n'ai pas déployé mes ailes comme la perdrix,
Je n'ai pas assouvi mon désir, je n'ai pas pris mon vol,
Ce n'est pas moi qui ai écrit ce maudit sort!
Ce maudit sort imprimé sur mon front,
Tel est mon destin, et souvent j'en pleure...

Plus tard, tandis que je frotte mes yeux sans sommeil et me retourne de tous côtés, jusqu'au matin, en proie à de sombres pensées, le reste de la chanson me vient tout à coup, et me monte aux lèvres.

Aucun sommeil ne fermera mes yeux, cette nuit,
Le cruel oreiller est comme un buisson d'épines pour
[ma tête.

« Ma parole, ça aussi, c'est écrit pour moi », me dis-je. Et ce couplet de Yahya Kemal (1) :

Le plus tragique de notre vie n'est pas de mourir,
Ce qui est dur, c'est qu'on meurt avant que de mourir...

(1) Poète lyrique (1884-1958).

Je le ressasse, puis un soir, je l'écris sur un grand morceau de carton, que je pends d'un côté de la voûte, juste en face de l'endroit où je m'assieds. Il y est encore.

J'ai lu et j'ai écrit :

Monde trompeur, j'en ai assez de toi...

Qui a fait cette chanson? et pourquoi? quand l'ai-je entendue et apprise? A quoi bon le savoir? Il me monte aux lèvres ce couplet; il traduit mes pensées, et c'est ce qui compte.

Nous avons un voisin, nommé Nadji-le-Manchot, qui tient boutique. Ayant perdu un bras à la guerre, il a une pension d'invalidité. C'est l'homme qui a la vie la plus aisée du village. Il fait entendre son gramophone tous les soirs, et nous savons par cœur tous ses disques. Les gens du village, qui jusqu'à la nuit subissent les mêmes peines et les mêmes privations, lassés de tout, s'allongent devant la boutique et se reposent en écoutant le gramophone.

Chez nous, chacun a son air préféré :

Vase plein de confiture,
Haydar, ces jours-là viennent et passent...

Ça, c'est le disque de mon père. Chaque fois que ce couplet est répété, mon père se fâche et fait mine de saisir le disque pour ainsi dire par la queue : « Ils ne passent pas si vite que ça! maudits soient ces jours-là et ce monde avec! »

Il y a aussi mon disque :

J'ai un bouquet de roses dans les vignes de Géssi...

Alors mon père dit : « On a remis le disque de Mamid. » Puis nous avons :

La mort nous attend et la vie torture la jeunesse.

Alors mon père dit encore : « Voilà un type qui dit la vérité. »

Un soir pendant qu'on changeait le disque, un des cheiks profitant du silence, entonna à son tour :

De ce paradis, les fleuves coulent en répétant :
Allah! Allah!

Bravo, sublime Younous (1)! Bravo. Parle-nous du Paradis! Ce paradis de rêve est bien le seul espoir qui nous reste!...

C'est en répétant ces chansons que, des soirées entières, nos gens oublient leurs soucis.

La récolte rapportée des champs est transportée au nord du village. C'est là que se fait le battage.

Il faut du vent pour vanner, car c'est lui qui a toujours fait le travail... et ça continue. L'année dernière, dans un périodique appelé *Culture*, imprimé par le service de l'Agriculture et distribué dans les villages, je suis tombé sur cette recommandation : « Il est dangereux de vanner au nord des villages : c'est de ce côté que vient généralement le vent, et il y a risque d'incendie. » Quand j'ai montré cela aux gens, ils se sont contentés de faire la grimace : « Ça va, c'est un tas de balivernes. » Il y a un dicton au village : « Trouvez quelqu'un pour moissonner : moi, je vous montrerai bien où entasser les gerbes. » Je m'en souviens tout à coup et ne peux pas m'empêcher de sourire.

En général, surtout si les champs sont un peu loin, le char à bœufs, qui doit rapporter la récolte, part dès la nuit tombée. Il va à une allure d'escargot; aussi n'arrive-t-il au champ qu'à l'aube. Une fois chargé, il revient à l'aire de battage dans la matinée, ou peu après. Il fait un second voyage avant le soir.

Tout le monde ne possède pas un char et des bœufs. Ceux qui n'ont qu'un mauvais bœuf ou un

(1) Younous Emrè, poète populaire mystique du XIIIe siècle.

âne s'associent avec ceux qui ont un bœuf solide et un chariot. On va supplier et flatter le voisin. On promet toutes sortes de services. Mais celui dont le voisin n'est pas d'accord est fichu. Il ne lui reste plus qu'à ruminer ses idées noires. Cette année, Dieu merci, personne n'a laissé sa récolte dans les champs. Les gens se sont entraidés pour tout apporter jusqu'à l'aire. Nous nous sommes associés à notre voisin Dourane, qui est un de mes camarades de classe. Quand son père est mort (Dieu vous accorde longue vie!) le travail de la maison est retombé sur lui. Comme il n'avait pas de char à bœufs, il m'a demandé s'il pouvait se servir du nôtre.

Après le crépuscule, Dourane et mon père s'en vont aux champs avec le chariot; et moi, de bon matin, emmenant Moustapha, Ismet et les ânes, je me rends à l'aire de battage. Il arrive, quand des gerbes se trouvent déjà sur l'aire, que nous y passions la nuit pour les garder.

J'attelle les bêtes, le *Baykouche* de Dourane et notre *Dudène*, au traîneau de battage (1). Je confie l'attelage aux enfants, qui le conduisent à tour de rôle, tandis que je transporte les gerbes.

Quelquefois, c'est mon tour de partir en chariot. Le plus souvent, je le fais de jour. Comme il faut faire deux voyages par jour, l'un de nous conduit le chariot et l'autre s'allonge à l'intérieur pour dormir jusqu'à l'arrivée. Celui qui a conduit la nuit dort le jour. Quand mon père est fatigué et désire dormir à l'ombre des tas de gerbes, c'est moi qui mène le chariot aux champs.

Mais quelles routes! A chaque trajet, on a le triste spectacle d'un chariot versé. Et ce n'est pas toujours un chariot plein de gerbes, car même vide, il risque gros sur de pareils chemins. Quelquefois, dans les mauvais pas, je dois réveiller Dourane. Il faut grimper et redescendre le long de pistes pierreuses qui

(1) En turc, *dögen* (prononcer *deughène*). Sorte de traîneau de bois dont la partie inférieure est garnie de cailloux.

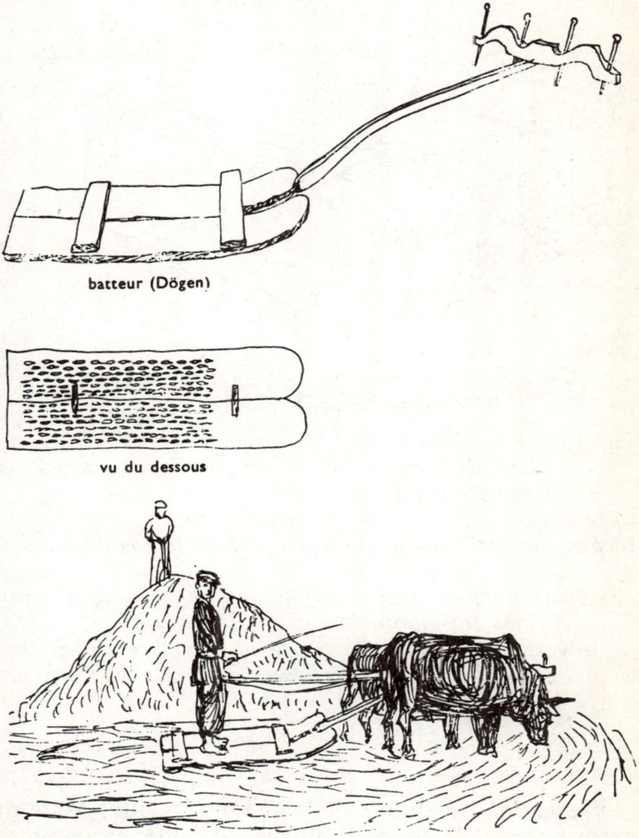

Fig. 9 – *Un batteur appelé « dögen » : sorte de traîneau formé de deux pans de bois dont le dossier est incrusté d'éclats de silex. Il est employé pour séparer le grain de l'épi et de la paille.*

très souvent se perdent; il faut aller à travers champs, veiller aux ornières, gravir des collines abruptes dont ces semblants de chemins sillonnent les flancs. Quand on arrive, on est à bout de forces.

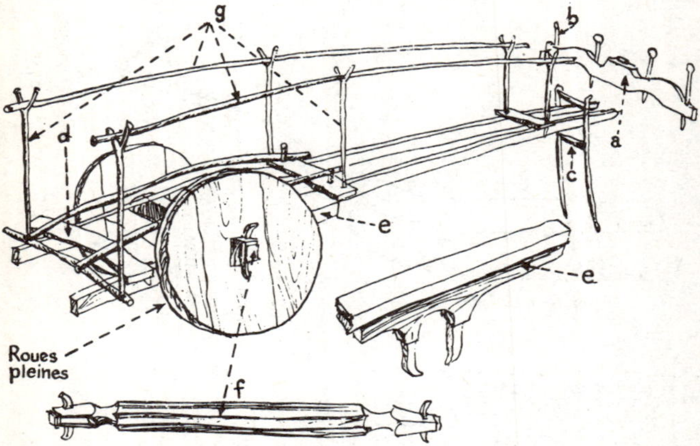

Fig. 10. – *Une charrette ou char à bœufs appelé « kagni » : moyen de transport tiré par des bœufs, utilisé en Anatolie et en Thrace :*

a) *le joug,*

b) *pieux en bois ou en fer qui empêchent le cou du bœuf de dévier,*

c) *support ou sorte d'échelle annihilant le poids de structure à l'état de stationnement,*

d) *traverse empêchant l'écart de la structure des flèches,*

e) *morceau de bois de rechange empêchant l'usure des flèches.*

f) *essieu,*

g) *ridelles.*

Passe encore quand le chariot est vide. Mais au retour, quand on est chargé, il faut souvent se mettre à deux pour le soutenir du côté où il penche, sinon c'est la culbute. L'un prend le râteau, l'autre la fourche, et l'on s'arc-boute de toute sa force. Mais la force, elle finit par s'en aller, par s'épuiser. Il faut se faire bête avec les bêtes pour éviter l'accident, et l'accident arrive tout de même, et quand le chargement a versé, il faut suer sang et eau pour tout remettre d'aplomb.

Un jour, Dourane et moi, nous allons à Akbayir pour charger du seigle. Sur la route, nous apercevons un chariot retourné, celui du Vieil Oncle (je ne sais pas son nom : tout le monde l'appelle comme ça). Nous avons redressé le chariot, et refait le chargement; mais le joug est cassé, le brancard aussi, et l'un des bœufs est blessé.

– La paix soit avec vous, Oncle! lui dis-je.

– Avec toi soit la paix, mon cher garçon!

Son fils est assis sur le haut du chariot, les yeux pleins de larmes, le nez frémissant, les lèvres crispées. Il essuie ses larmes de ses mains, et ses joues sont toutes barbouillées. Le Vieil Oncle, lui, parle de la vie maudite du paysan « comme une sandale qui n'a pas de semelle ». Il ne pleure pas. Tout à coup, haussant le ton :

Le bœuf, de sa lèvre, laisse couler la bave,
Mais on traite de fou celui qui s'assied en pleurant...

L'Oncle est un vrai poète. Dans ces moments de peine, les rimes lui viennent tout naturellement. Là-dessus, Dourane se réveille :

– Eh, nous allons être en retard! Comme si tu n'avais jamais vu le Vieil Oncle! Tu es bête! Tu ne vas pas essayer de le consoler, non?

Au bout de ma fourche, je tends les gerbes à Dourane, qui les tasse dans le chariot. Puis nous lions le tout avec une corde. Voici que le chariot bascule en arrière; le chargement est à terre. Deuxième essai, deuxième échec. La paille est abîmée, le grain éparpillé. De peur de verser encore, nous empoignons le râteau et la fourche, et nous pesons à chaque bout pendant le transport. Nous n'en pouvons plus.

Nous revoilà près de l'Oncle, qui attend sur la route. Du village, on va lui rapporter un autre brancard.

Autrefois, on allait moudre à D..., c'est à dix heures de chez nous. Avec un âne et un sac de blé, c'était un voyage de trois jours, sans compter plusieurs autres journées durant lesquelles l'on attendait son tour. Les villageois du district y allaient. Il y a cinq ans, Tchopour *agha* a fait construire un moulin pour notre village. On a creusé dans la roche d'un escarpement, comme pour un puits. Le ruisseau, qui sort de terre à une certaine distance, est souvent intercepté pour l'irrigation par les gens de deux ou trois villages, ce qui fait qu'au printemps, il faut attendre l'eau; en été, le ruisseau est à sec; en hiver, il est gelé. C'est en automne qu'on doit moudre. Comme il y a beaucoup de monde, chacun attend son tour. Car à présent, il y a de nombreux clients qui viennent aussi de D... Pensez donc : deux moulins pour cent villages!

Si la meule de notre moulin est hors d'usage, il faut en apporter une nouvelle d'un endroit comme Névchéhir, qui est à dix heures d'ici. Encore faut-il trouver un cheval assez vigoureux pour tirer la voiture.

D... est bien loin, et il faut y attendre son tour plusieurs jours. Mais c'est le meilleur moulin : la farine y est plus fine. J'y fais volontiers moudre mon blé. Ce moulin n'est pas la propriété du village de D... C'est un homme riche de la sous-préfecture qui est venu le construire là, à un endroit où plusieurs ruisseaux se rencontrent. Il y fait une très bonne affaire.

Malgré la mouture d'automne, bien des gens se trouvent sans farine et sans pain dès le milieu de l'hiver. Alors, si l'on n'a rien d'autre à faire, et si l'on peut le faire, il faut sortir le grain de la réserve où il est enterré, le laver, le mettre à sécher. Et puis il faudra en charger un âne et marcher dix heures pour aller moudre. En hiver, on hésite à se donner tout ce mal, et on préfère souvent emprunter au voisin qui a fait moudre plus qu'il ne fallait.

En février, la farine de Mouhtar (1) est épuisée.

(1) Nom propre, parfois.

Ils sont là trois frères qui vivent ensemble, et la maisonnée entière compte vingt-cinq personnes. Voilà qui rend un emprunt plutôt difficile. Je fais remarquer à Mouhtar qu'en automne, il aurait mieux fait d'aller moudre à D...

– Ne m'en parlez pas, Efendi! Nous avons bâti un moulin pour rivaliser avec les gens de D... Si je m'en vais moudre chez eux, ils se moqueront bien de moi!

On se donne du mal pour gagner son pain, mais on en a tout autant à en cuire qui soit mangeable. Quand je parle de pain, n'allez pas imaginer ces miches qu'on voit en ville. Notre pain, à nous, c'est de la galette épaisse, où souvent le milieu de la pâte reste cru. Heureux celui qui le digère! C'est de la vraie gomme : on peut tirer dessus tant qu'on veut, il ne casse pas. Ou bien songez à du carton mouillé. Mais quelle peine les femmes se donnent pour le fabriquer! Cette corvée-là, je crois, raccourcit leur vie de moitié. Dans bien des villages, pendant de longues semaines, elles sont à rude épreuve quand il s'agit de cuire la provision de pain nécessaire pour l'automne, l'hiver et le printemps. On empile le pain dans un coin. Avant chaque repas, on en mouille une certaine quantité pour le ramollir. A cet égard, notre village est un peu plus civilisé que les autres : on y fait du pain frais tous les jours.

Les femmes se lèvent la nuit, pétrissent la pâte, et tandis que les maris dorment encore, elles cuisent le pain de la journée. Si l'une de ces malheureuses sert avec un peu de retard le repas de son époux, elle est battue comme plâtre, et partout traitée de paresseuse. Et nulle injure ne peut davantage humilier une femme.

Tandis que le pain cuit, les larmes coulent, en raison de l'incessante fumée du foyer. De la tête aux pieds, les femmes sont couvertes de suie... A qui demandera ce que sont les tourments de l'enfer, je répondrai : cuisez donc le pain dans nos villages!

Bien sûr, c'est une bonne chose de cuire le pain chaque jour. A présent, je dois me faire aux habitudes du village où j'enseigne. Ma farine se trouve chez le caporal Gani. Sa famille fait le pain tous les quinze ou vingt jours. Ce serait leur imposer une grosse corvée que de leur demander du pain tous les jours.

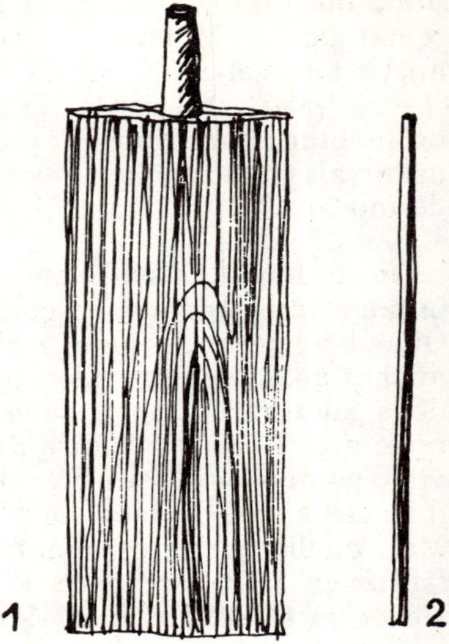

Fig. 11. – 1) *planche à faire du pain.* 2) *rouleau à pâte.*

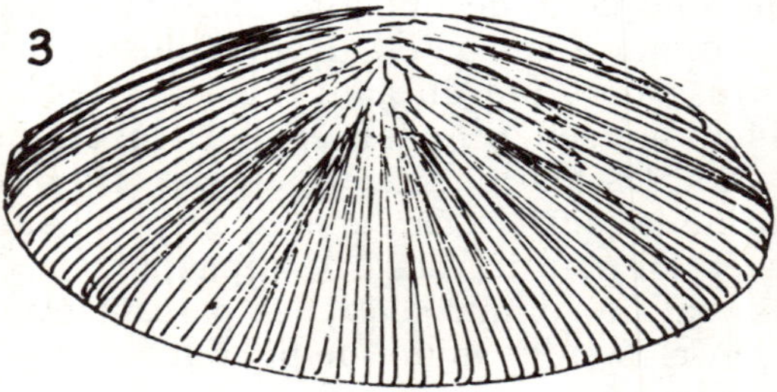

3) *plateau en tôle pour cuire du pain.*

Les jours où il vient d'être fait, j'en mange cinq ou six, tout frais. Mais ensuite, quand il sèche, il devient dur comme pierre. Une heure avant le repas, vous humectez convenablement les deux côtés, vous l'enveloppez dans une nappe, et quand il est ramolli, vous le roulez et le mangez. Moi, une fois qu'il est rassis, je n'y touche plus... à moins que mon estomac ne crie famine. J'en finis difficilement deux ou trois par jour. Chaque fois, on fait pour moi du pain avec à peu près quatre litres de farine, ce qui fait environ trente ou quarante pains.

Une fois, ils ont duré plus de cinquante jours, ça n'en finissait pas. Comme je n'avais pas écrit pour en réclamer du frais, le caporal Gani est venu voir ce qui se passait :

– Si j'étais à ta place, je serais mort depuis longtemps! Est-ce qu'on appelle ça manger du pain?

– Je n'arrive pas à l'avaler, que faut-il que je fasse?

– Et alors, mon garçon! Tu prends comme prétexte que le pain est dur, mais la vérité est que tu n'y tiens pas vraiment. Ce qu'il y a dans tes bouquins, je n'en sais rien; un seul devrait suffire pour qui sait comprendre, et encore... Ici, toi tu en mets partout! Donne-toi, pour manger ton pain, seulement la moitié du mal que tu te donnes pour lire tout ça, et ça ira mieux.

– Mais, mon ami, cela n'a rien à voir avec les livres! Je suis un campagnard, moi aussi. Je ne sais pas comment faisait ma mère, mais son pain était plus tendre; aussi celui-ci me paraît dur!

– Ne t'en fais pas, ce que tu appelles ton intestin n'est pas de fabrication humaine; ça ne s'usera pas, il sort de la main d'Allah.

Je suis persuadé qu'il est essentiel, pour améliorer les conditions de santé, de munir chaque village d'un four. Et tandis que je réfléchis à cette question de four, le frère du caporal Gani me tient un nouvel argument :

– Le pain de la ville reste dans votre estomac pendant une heure, mais celui-ci y reste cinq heures. S'il n'en était pas ainsi, comment notre pain nous ferait-il vivre?

Vous ne trouverez pas chez nous des aliments bien variés. Pas de provisions que l'on rapporte de chez l'épicier dans un panier; pas de fruits ou de légumes de chez le fruitier... Ce que vous pouvez vous procurer en automne, vous l'entassez dans un coin de votre misérable maison, et vous vous débrouillez pour que ça dure jusqu'au printemps. Notre vie est stagnante, pleine de soucis et de privations. De même notre nourriture est simple et limitée. Le riz, qui est une nourriture simple, est pour nous un luxe. Le thé de même : on en boirait volontiers quelquefois, mais il faut rester sur son envie.

Un guérisseur conseille un jour à une femme de

Fig. 12 – *Seau en cuivre servant de récipient pour le lait, le yaourt, le beurre, l'eau, etc.*

donner à son enfant malade un peu de sucre en poudre et du thé sec. Elle en cherche partout, n'en trouve pas, et finit par venir chez moi. Je gratte le fond de ma boîte à thé et lui donne ce que j'y trouve, ainsi que le reste d'un demi-kilo de sucre que j'avais eu avec mon coupon. (Nous étions rationnés à ce moment-là.) Ce thé a fait du bien à l'enfant. Je crois que la pauvre femme n'oubliera jamais, et jusque dans l'autre monde, ce qu'elle appelle ma « bonne action ». Quand elle me rencontre, elle ne sait que faire pour moi. Que de bénédictions n'a-t-elle fait pleuvoir sur ma tête!

On plante pourtant des légumes chez nous. On les sème en mai, ils poussent en août et en octobre, le temps de vous demander si ce sont les premiers ou les derniers, il n'y en a plus. Il s'agit surtout de courges et de betteraves. En ce temps-là, on mange un plat de courges et de betteraves dans chaque

Fig. 13 – *Chaudron en cuivre.*

maison, à midi et le soir, car il n'est pas question de servir le *boulgour pilav* pendant l'été. Le *boulgour* est le plat de résistance des repas d'hiver. On en prépare une bonne quantité après la moisson. Mais il n'en reste guère à l'arrivée du printemps. A cette époque, on ne trouve même pas de pain dans bien des maisons, et il faut attendre trois mois que la moisson mûrisse. Pendant ce temps, les femmes et les jeunes filles vont ramasser dans la campagne les herbes bonnes à manger, les cuisent et les recuisent, et on ne mange pas autre chose.

Il y a bien sous chaque toit un chaudron qui bouillonne et siffle; mais n'est-ce pas justement notre misère qui mijote? On la retrouve sur tous les visages, qui se font toujours plus maigres, toujours plus longs.

Certainement, il existe à côté du *boulgour* d'autres aliments : les haricots, les pommes de terre; et chez ceux qui ont des vignes, un peu de *pékmèz* (1), quand le besoin ne les a pas contraints de le vendre. Mais un luxe pareil, on le trouve dans cinq maisons, dans dix maisons. Pour le grand nombre, il n'y a que le pain sec, avec peut-être un bout d'oignon ou de cornichon. Souvent même, le *boulgour* manque. Serre les dents. Tiens bon.

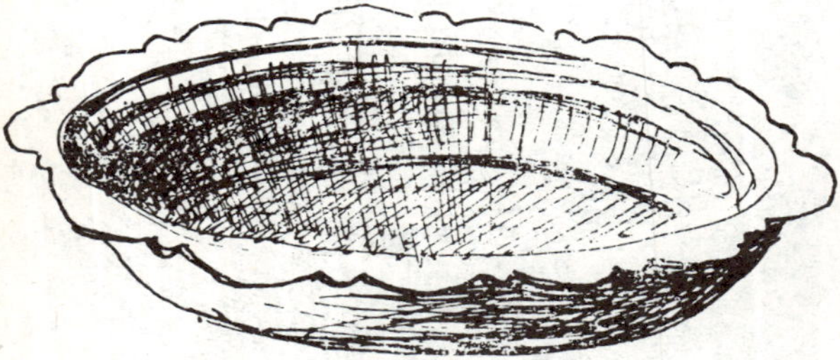

Fig. 14 – *Assiette en cuivre.*

Comme il y a très peu de vaches, rares sont les familles où l'on peut manger le *boulgour pilav* avec du beurre; et encore n'en met-on guère que pour donner goût. Partout ailleurs, le *pilav* se cuit à l'eau.

Il me revient un propos que j'avais déjà oublié. A l'école, parcourant un livre de textes, j'ai lu cette phrase : *Père, achète-moi un peu de miel.* Je pose une question, et je découvre que sur cinquante-six élèves, un seul a vu du miel. Les autres ne savent même pas ce que c'est. Le seul qui en ait vu est aussi le seul à avoir visïté un autre village. Et que répondre à cette question?

(1) Suc de raisin, réduit à une consistance sirupeuse.

– S'il vous plaît, Maître, le miel est-ce que ça ressemble à un cheval? à un agneau? à quoi donc?

Comme dans tous les villages des environs, il y a chez nous une boutique. Elle fait de bonnes affaires après la moisson, et presque rien en hiver et en été. Quand je parle de « boutique », je m'entends. Celui qui décide de se mettre boutiquier transforme quelque vieille étable : il fabrique une espèce d'étagère avec les planches d'une ou deux caisses à sucre; il la fixe sur quelques chevilles de bois enfoncées dans le mur. Sur ces planches, il dispose sa marchandise, qu'il ne renouvellera qu'après épuisement. Avant tout, il étale cinq ou six bouteilles de *raki* (1) et de vin, des cigarettes, du savon, des boîtes de fer-blanc, du bois résineux pour l'éclairage, des boutons, de la verroterie : guère plus de dix exemplaires de chaque article. Il débite surtout des pois chiches grillés et des pistaches collées par l'humidité, déversés à même le sol à côté du tas d'orge demeuré là. Le bétail vient de vivre pendant cinq ans dans cet antre. L'endroit est toujours aussi humide, même en août. On ne balaie jamais.

Quelques grosses pierres le long du mur pour faire asseoir les habitués. Des dominos et des jeux de cartes autant qu'il en faut. C'est toujours bondé.

Chukru, l'épicier, dispose d'un petit capital : il accorde le « crédit de récolte ». Les gens achètent les trente-six petites affaires dont jusqu'à la moisson ils ont besoin. Ils sont à la merci de l'honnête homme, qui tient les comptes de chacun, comme il l'entend. En ville, le pétrole vaut cinq cent soixante piastres (2) le bidon (3); l'épicier en demande soixante-dix piastres du kilo. Personne ne peut s'en passer l'hiver mais personne ne peut débourser

(1) Eau-de-vie à l'anis.
(2) Voir page 33.
1 livre = 100 piastres.
(3) Bidon de dix-sept litres.

d'un coup cinq cent soixante piastres. On va emplir une ou deux fois la fiole d'un demi-litre, et on tâche de « faire avec ça » jusqu'au printemps. En été, la « lampe du pauvre », qui est un don de Dieu, brûle dans le ciel...

Les jeunes gens achètent des pois chiches et des pistaches; friandises pour les fiancées aimées. Tout cela est inscrit au compte en attendant la récolte, deux ou trois fois le prix réel. Au comptant, vous donnez deux œufs pour un bouton; à crédit, vous en donnez quatre.

Faute de réserves d'argent, les villageois traînent comme un boulet et ce crédit et ces prix élevés. La moisson est vendue d'avance, à un prix dérisoire, sans qu'on sache parfois si même elle mûrira (1).

Nous non plus, nous ne pouvons acheter en gros, faute d'argent. Quand le sucre était à deux livres (2) le kilo, l'épicier mettait trois livres sur mon compte. Il n'oubliait pas de me faire une grâce, en me comptant soixante piastres le pétrole qui en valait soixante-dix :

– Pourquoi le mets-tu à si bon marché?

(1) D'après M. Harmandalioglou (Forum-Ankara, t. 81, nº 7, 1957), les budgets paysans, auto-consommation non comprise, s'établissent de la sorte à Sarimbey (20 km du chef-lieu du département de Tchoroum, Anatolie centrale), village de 850 habitants, 142 maisons. Budget annuel d'une famille en 1956 : *Avoir :* ventes céréalières : 600 Ltq., bois de peupliers : 250, légumes : 150, bétail : 125, betteraves : 400, volaille : 30. En outre, briqueterie : 300, soit un total de 1855. *Dépenses :* Habillement : 500, tapis et couvertures, : 150, impôts divers : 53, dépenses d'exploitation, (outils, main-d'œuvre temporaire) : 380, dépenses diverses : 856. (Déplacements pour se rendre au marché : 125, tabac : 125, dettes : 155, médecins et médicaments. : 85, thé, sucre, café : 50, raisiné : 45, savon : 30, clous de fer à cheval : 30.) *Déficit* : 89.

A Polatlar à 40 kilomètres d'Ankara : Population : 283, 45 maisons (Forum nº 65, vol. VI, 1956). Le revenu du paysan sans terre se décompose comme suit : *à l'avoir :* quatre mois de salaire : 300, gain sur le produit de 5 deunumes cultivés : 150, gain de la femme et des enfants : 60. Total : 510. *Au débit* : Alimentation (blé) : 320, habillement et autres : 120, argent envoyé au fils : 100, cigarettes : 72, impôts : 60, dettes : 50, pétrole, sel, savon : 20, transport à la ville : 6, *Déficit* : 243.

A Kournadji, département de Kirchehir (Plateau Anatolien), village situé à 20 kilomètres de la ville : 2020 habitants, 305 maisons (Forum nº 118, vol. X, 1959). *A l'avoir :* (en 1958) 8920 Ltq [blé : 4340, légumes : 1350, paille et herbe : 1200, bétail (produits) : 1030, bois de peupliers : 1000]. *Dépense* : 8125. *Bénéfice :* 785.

(2) Voir p. 33.

– Est-ce que tu n'es pas l'instituteur du village, après tout?

Je faisais donc des dettes, en sachant bien que j'étais trompé. Au printemps, j'ai reçu la facture : mes achats, qui se seraient montés à trente livres à la bourgade, m'étaient comptés cinquante-six livres (1).

– Dis donc, ça c'est du travail d'usurier!

– Oh! tu ne sais pas ce que j'ai souffert, pour apporter ça dans la neige et la boue! Ici, c'est le bout du monde! Je fais un prix de village. Ici, on n'est pas en ville!

Dix jours d'efforts ne font pas peur à un homme, s'il peut en espérer dix piastres. Peu importe le trajet à faire. Et s'il croit pouvoir en retirer davantage, il traversera plusieurs provinces. *Le bruit du tambour au loin, qu'il est doux à entendre.* Ce dicton est vrai pour le villageois. Il y a des gens qui viennent de Névchéhir jusqu'à notre village pour vendre deux paniers de raisin. Il y a des gens de chez nous qui portent une charge de grain à Névchéhir, pour l'échanger contre du raisin. Mais c'est à satisfaire ces besoins-là que se bornent les échanges, car nos gens n'ont guère de goût pour le commerce. De temps à autre, on entend parler de quelqu'un qui a gagné cinq piastres, dix piastres, en portant à la ville des œufs ou quelques poulets. Et puis, que pourraient-ils offrir d'autre?

On en a pourtant vu deux qui ont voulu grossir un peu leur capital et se sont lancés dans une affaire d'importance : ce sont Husseïn *agha*, frère du caporal Gani, et Tat Moussâ. Ils ont réuni une centaine de dindons dans l'idée de les vendre au meilleur bénéfice possible :

– Allons à Ankara, voyons! Là, on vend à des prix fantastiques.

Ils chargent un âne de maïs et de nourritures

(1) Le salaire mensuel de l'instituteur est de 72,20 Ltq (1949). L'instituteur (ici, l'auteur) avait un logement gratuit. Il ne bénéficiait pas d'un jardin.

diverses. Ils embauchent un gardien, avec promesse de participation aux bénéfices. Et les voilà en route, l'un en tête, égrenant le maïs, et les deux autres derrière pour rassembler les dindes à la traîne.

Mais où c'est, ça Ankara? Ils marchent, ils marchent... Et cinquante-cinq jours plus tard, ils sont de retour, lamentables, accablés, sans dindons et sans âne. Tout est perdu.

Les dindons, la peau sur les os, ne pouvaient plus avancer. De temps en temps, le gars qui conduisait en tuait un ou deux : « On faisait des plats excellents. » C'était toujours ça de pris; et quel dommage de n'avoir pas tout mangé en route...

C'est qu'il n'est pas content, le gardien. D'après les autres, on devait partager les aubaines, mais si le voyage ne rapportait rien, il ne devait rien espérer. Il pousse des cris :

– C'est faux! c'est faux!

Et il donne des détails : un dindon qui allait mourir, il l'a tué après Kotchhisar; huit de volés chez Eumer Hadjili; un autre pris par un type qui a dit : « C'est justement ça que je cherche, il me faut un mâle pour ma dinde », et il se l'est fait offrir. D'ailleurs, les dindons avaient trop marché; ils ne valaient plus grand-chose. Cinquante jours de voyage, vous croyez que c'est une plaisanterie? leurs dindons, à Ankara on n'a pas voulu les regarder.

Depuis cette affaire, les paysans ont un nouveau dicton sur le gâchis : *Aller vendre des dindons à Ankara, comme le vieux Husseïn et Tat Moussâ.*

Il existe des coopératives agricoles dans sept ou huit villages de notre district. Elles avaient été fondées avec les meilleures intentions du monde et dans le seul intérêt du paysan. Mais aujourd'hui, le paysan est dans une impasse. Il tire de l'argent de la coopérative, mais ce n'est pas en vue d'une utilisation économique et profitable : c'est seulement pour payer ses dettes. Il en est soulagé pendant un peu de temps. Mais l'année prochaine? « Dieu est grand! » L'année prochaine, malheureusement, vient très vite, et le malheureux est affolé. Il est généralement incapable de payer ce qu'il doit; il a d'ailleurs des arriérés de dettes, qui se gonflent de leurs intérêts, et quand la dette a doublé, le pauvre bougre ne s'en sort plus. C'est le spectre noir de la misère qui se dresse. Dans les villages des environs, plus de la moitié déjà des paysans coopérateurs ont été poursuivis.

En examinant leurs titres de propriété dans les registres de la coopérative, on pourrait croire que ces gens-là sont des millionnaires. Pour pouvoir emprunter, ils ont déclaré de véritables domaines, et des bœufs, et des chevaux, et des vaches, et des buffles! Les listes sont invraisemblables; elles sont parfois établies au nom de personnes qui n'ont pas le moindre bout de champ. Le jour où les huissiers viennent pour la saisie, on s'aperçoit que ces richesses n'existent que sur le papier; ils s'en retournent alors tout penauds.

Notre village a sa coopérative, lui aussi. Les gens prétendent qu'ils en ont assez, mais ils ne renoncent pourtant pas à l'habitude de faire des dettes. On passe son temps à prendre de l'argent ici pour le déposer là.

Le gros problème, c'est surtout l'achat des bœufs. Une paire de bœufs coûte six cents livres. On paie le marchand en trois fois; mais voilà, avant qu'on ait fait le premier versement, le bœuf est mort. Ce sont des bêtes qui viennent de l'est, et qui ne vivent pas longtemps sans pâturage. Si vous en achetez un autre, votre dette est doublée.

L'année dernière, mon père a acheté une paire de bœufs. Il emprunte trois cents livres à la coopérative, et il dépose son premier versement de deux cents livres. Les cent livres qui restent, il les emploie pour d'autres achats. Vient l'automne, la coopérative réclame son argent. Et il faut verser à nouveau deux cents livres au marchand de bœufs.

Nous avons vécu au jour le jour, et nous nous trouvons les mains vides. Je ne sais que faire, et mon père non plus. Je me dis que ça ne peut pas durer et je m'adresse à quelques *aghas*, des gens qui ont de l'argent, à qui j'emprunte trois cents livres avec intérêt. Je paie la coopérative. En comptant le marchand de bestiaux, les nouveaux créanciers, et les autres dépenses à faire il faudra cette fois-ci emprunter à la coopérative une somme beaucoup plus importante.

Ainsi, en empruntant à Ahmet pour payer Mehmet, ou le contraire, nous nous sommes mis quatre cents livres de dettes sur les bras. Mon père respire un peu, mais pendant ce temps les intérêts s'élèvent. Nous sommes jalousés par ceux qui n'ont pas trouvé d'argent et qu'on poursuit :

– Il ne s'en fait pas, ton père. Il cherche de l'argent et il en trouve. On ne le laisse pas dans l'inquiétude comme nous autres...

Mais dans la tête, nous avons une hantise : perdre les bœufs.

– Dieu nous préserve! mais que ferions-nous, père, si un pareil accident devait survenir?

– Fils, il n'y aurait plus qu'à se placer sous le joug, toi d'un côté et moi de l'autre, avec Ismet au manche de la charrue (c'est mon plus jeune frère). Si nous devons mourir, mourons de la sorte. Ça vaut mieux que de traîner comme nous faisons.

Plus de pain à la maison; pas de moisson aux champs; des dettes... Il faut tout attendre du ciel.

Mais les jours passent et les nuages voguent vers d'autres régions. Nos espoirs, qui flottaient bien haut, plus haut que les cyprès, retombent à terre. Pas de pluie et plus de courage.

Mon père est étendu de tout son long et respire avec difficulté. Ses paupières sont gonflées. Moi, je sens deux grandes rides sur mon visage qui s'affaisse. C'est comme une vieille statue érodée. Je m'assieds, ou plutôt je m'écroule.

– Lève-toi, mon fils! ne t'assieds pas. Ramène la charrue à la maison. Nous avons tenu bon, ça n'a servi à rien, tout est desséché. Même s'il pleuvait à présent, c'est trop tard.

Ma mère et les enfants, en larmes, me regardent.

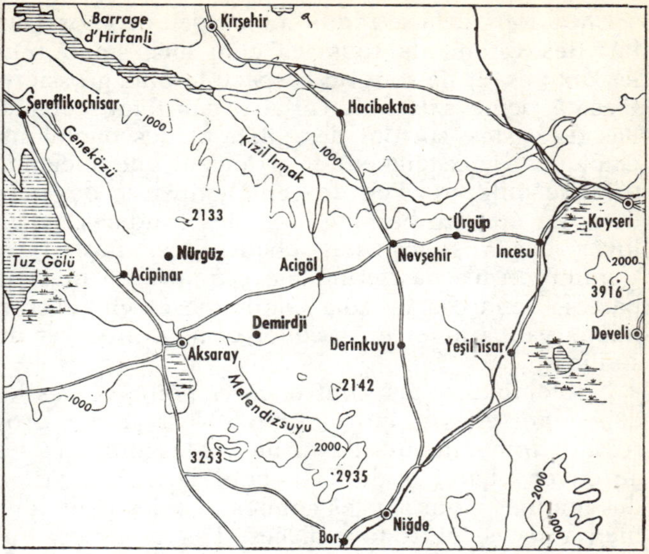

DÉTAIL DE LA RÉGION D'AKSARAY
Echelle approximative : 1/1 8000 000

C'est comme si la maison s'effondrait. Je ne sais que faire, et me tourne vers *l'endroit que nous cherchons toujours dans la détresse*. Les mains ouvertes, je dis : « Oh! Dieu... » Et puis je m'en vais vite chercher la charrue. Les bœufs, en tout cas, ne sont pas en état de labourer davantage.

On parle souvent de l'Anatolie de l'Est (1). Nous sommes, nous, au cœur de l'Anatolie. Quand je vois ce que nous supportons, je me demande en frémissant : est-il possible que ce soit encore pire pour les gens de l'Est? Existe-t-il vraiment quelque part au monde une maison habitable, un lieu où l'on mange à sa faim, où il est du combustible, des vêtements pour se protéger du froid?

(1) Les conditions climatiques et les survivances féodales font de l'est de l'Anatolie une région où la vie paysanne est extrêmement dure.

Chez nous, cela se réduit à bien peu de chose. On fait des vêtements tous les cinq ans, sinon tous les dix ans, et ils sont de l'espèce la plus grossière. C'est à peine s'ils font l'affaire par temps chaud. Pas de vestes, surtout des gilets et des pantalons. Quelques vieux teignent et arrangent une ancienne tunique militaire. Peu de gens vont avec des souliers; en été, les hommes ont des sandales, et en hiver des socques. Les chaussettes, c'est rare. Comme on n'a pas grand-chose à faire en hiver, à part se rendre à la salle commune et en revenir, mieux vaut traîner en socques et ne point user de souliers.

Les femmes, elles, sont encore moins vêtues; et cependant, elles supportent mieux le froid. Les gros travaux tombent sur elles : soigner les animaux, les abreuver, chercher de l'eau pour la maison. Bien des femmes n'ont sur les jambes que des pantalons bien minces, et tout rapiécés. Les hommes, qui n'ont rien à faire, frissonnent durant le long hiver.

Par une soirée sans feu, dans la salle commune, froide comme un poulailler, nous bavardons en grelottant. On en vient à parler paletots. Un de mes voisins, qui passe pour riche, n'en a pas :

– Il n'y a que les gens des villes pour avoir des paletots. Même les tout petits en portent. Ce diable de paletot, que je ne vois même pas en rêve! Si jamais je pouvais en rêver, je sacrifierais un coq pour célébrer l'événement.

La nuit suivante, Aza va rêver : on lui offre un sac, qui contient un magnifique paletot. Il le prend, le palpe, et, sans l'enfiler, se met à en fouiller les poches – mais il se réveille brusquement. Lamentations :

– Ah! si seulement je l'avais mis, au lieu de fouiller les poches...

Emine a rêvé, lui aussi. Il se voyait vêtu de mon paletot tout raccommodé. Le matin, il vient me raconter son rêve et il ajoute :

– Puisque j'ai porté ton paletot en songe, et puisque je vais à la ville par ce jour d'hiver, prête-le-moi!

Je n'ai pu refuser. Pendant trois jours, j'ai guetté le retour d'Emine, en claquant des dents. Il est revenu, mais sans paletot.

– Eh bien! mon paletot?

– Ah, je le jure, j'aimerais mieux être un infidèle que de ne pas te le rapporter. Mais je l'ai oublié à l'auberge. Je dois aller au tribunal en mars. Si d'ici là ton paletot veut bien rester où il est, j'irai le chercher.

Pendant deux ans, Furchut-le-Chauve s'est couvert la tête d'un vieux mouchoir sale. En revenant de la bourgade, il a trouvé un chapeau percé. Il le porte ainsi quelques jours, puis on le voit venir avec un chapeau réparé : il a bouché le trou avec un morceau de chaussette blanche ramassé sur le tas d'ordures de Keskine Ali... D'où vient ce chiffon?

– Dieu nous donne toujours quelque chose à manger : du blé, du *boulgour.* Il donne aussi de l'huile pour le faire cuire. Il m'a fait propriétaire d'un chapeau? Eh bien! il m'a fait trouver aussi la pièce pour le raccommoder. Enfin, je vais avoir la tête au chaud.

On ne raccommode pas que les chapeaux. Vêtements, matelas, couvertures, tout est couvert de pièces qui mordent l'une sur l'autre. Le *kilim* (1) qui couvre le *tandir* est un tapis qu'on se procure neuf pour le mariage. Trente ou quarante ans après, on n'a pas songé à le remplacer. On l'a traîné dans les coins de la maison, à tous usages. Ici on a rajouté un bout de lainage, là une bande de canevas : il finit par être de pièces et de morceaux, de la grandeur de la main. C'est toujours le *kilim,* bien qu'en vérité il n'y paraisse plus guère. Les couvertures de laine sur lesquelles nous nous asseyons viennent du

(1) Tapis paysan aux motifs variés et aux couleurs vives.

grand-père de notre grand-père. Le couvre-pieds, lui aussi, est de pièces multicolores. Le matelas est troué, recousu.

Les pantalons et les chemises – des chemises sans col ni manches – finissent par ressembler à de la toile cirée. Quand elles ont été portées pendant des mois, ces chemises, on ne croirait jamais qu'elles ont pu être blanches. On les lave pour essayer de les rendre un peu moins sales. Et les sous-vêtements, ravaudés pendant cinq ou six ans, doivent être remplacés : ils serviront à faire des pièces pour les neufs.

Je ne vois rien de honteux à porter des vêtements raccommodés, mais ce qui gâte tout, c'est la disparate des couleurs et des tissus. On a pris l'habitude de la misère, et on n'y fait guère attention. On remercie Dieu pour le bout d'étoffe qu'on trouve; qu'importe la couleur!

Et les souliers... La semelle et l'empeigne sont décousues. Ce qui est terrible, c'est qu'ici personne ne répare, et que la ville est à neuf heures de marche. Dans la boutique du village, rien; pas la moindre affaire qui puisse servir pour une réparation même grossière. En attendant le printemps, il me faut mettre les souliers de côté et porter les caoutchoucs d'un camarade. Je veux dire que nous les portons chacun à notre tour.

Mon pantalon est troué aux genoux. Je m'en vais honteux quêter chez le voisin :

– N'auriez-vous pas un petit morceau d'étoffe noire, par hasard?

Non, il n'a rien. Une bonne âme prend mon pantalon pour le réparer. Je supplie :

– N'y mets pas une autre couleur.

J'ai beau parler, la bonne âme coupe un grand morceau vers le genou du pantalon, et y met une pièce d'un tissu décoloré. Je la remercie pour son travail : je le découds chez moi, et mets mon pantalon de côté. Est-ce que je vais aller tout nu? Je le ferais, que personne n'y prendrait garde. Il me reste un vieux pantalon d'été, d'une étoffe bien mince. C'est le mois de février, et quel froid!...

Mais la brave femme qui a raccommodé mon pantalon s'est aperçue du changement :

– Et alors, mon petit, qu'est-ce que ça fiche, que ce soit blanc ou noir? C'est pour ça que tu ne le portes pas? Tu fais le fier, parce que tu en as un autre...

Comme les lézards nouveau-nés qui se traînent sur le sol, à moitié morts, à moitié vivants, ainsi sommes-nous quand avril finit par arriver. « Allah nous envoie l'hiver », disent les paysans, « et nous laisse le soin de trouver le nécessaire pour tenir. Tant pis pour celui qui ne trouve pas. Si vous pouvez mener la barque jusqu'au port, vous êtes sauvé. »

Le printemps est là, les moissons lèvent doucement. Et l'herbe? Il n'y en a pas assez à se mettre sous la dent. Notre travail, c'est d'abord la terre. C'est par nécessité que nous élevons des bœufs et des moutons, en petit nombre. A présent, le bétail est misérable, affamé, brisé. J'en suis beaucoup plus tourmenté que de la perte qui en résulte. Le cœur se fend à voir les souffrances et la mort de ces bêtes.

Dans ce village, les moutons forment trois troupeaux : en tout, mille trois cents têtes pour trois cent cinquante maisons. Les moutons ont survécu, mais ces jours-ci tirent la langue. Le nombre des agneaux a diminué; les brebis, elles, sont réduites de moitié ou presque. Et elles ne sont guère en état de donner du lait. Véritables squelettes, elle errent lamentablement parmi les mottes de terre.

De tous les habitants des villages, ce sont les bergers qui souffrent le plus des privations. Mais une fois qu'ils sont habitués à leur travail, la vie au village les ennuie. Ils n'ont de joie que derrière leurs troupeaux. Il est difficile de s'adapter à une existence pareille, mais ceux qui s'y sont mis de bonne heure considèrent le travail de la terre comme une corvée. Et ils savent la manière de soigner les bêtes.

En hiver, les troupeaux restent à Poyraz, dans des cavernes. Les bergers y sont établis, et on leur apporte le *boulgour* et le pain. Tous les matins, les propriétaires des bêtes vont porter aux cavernes qui de la farine, qui un sac de foin, quand il y en a; on essaie de la sorte de garder le troupeau vivant jusqu'au printemps. Le troupeau vivant? Il n'en restera pas la moitié...

Les agneaux nouveau-nés sont allaités sur place. Femmes, jeunes filles, enfants s'en vont chaque jour à midi pour nourrir les agneaux; retour l'après-midi. Le village est désert. Il est sur la route.

Un dimanche, je me suis joint à des *aghas* qui allaient aux cavernes. On m'avait dit cent fois : « Le temps de fumer une cigarette et vous y êtes. » En fait, il en aurait fallu un paquet. Nous avons bien été une heure et demie en route. Comme les troupeaux n'étaient pas encore là, nous avons fait un tour aux « parcs à moutons ». Ces parcs sont en réalité des puits creusés dans le sol, et dont on bouche l'orifice. On y abrite les jeunes agneaux. Chaque propriétaire a son parc, où l'on entasse ces agneaux après les avoir nourris, en bouchant l'ouverture du haut. Ils y restent jusqu'au lendemain, à l'heure de la nourriture. Il y en a qui meurent.

Quand un mouton crève, on le tond. S'il est en bon état, on le rapporte à la maison pour le manger; sinon, il est jeté à l'eau. La charogne, rougie par le soleil, flotte sur l'eau comme une outre. Les ruisseaux des alentours sont pleins de carcasses de moutons. Des oiseaux de toute espèce se rassemblent en ce lieu. Je ne pensais pas qu'il y avait tant d'oiseaux au monde... :

– Caporal Mehmet, vous avez vu?
– C'est la volonté d'Allah.

Nous avons soif, allons au puits. Mon Dieu! Les insectes les plus ignobles qu'ait faits le Créateur se trouvent là-dedans. Une femme apporte un seau; les hommes ôtent leurs ceintures et les attachent bout à bout, et ils puisent de l'eau. Si l'on peut appeler ça de l'eau. Comme je ne peux pas la refuser, je bois en me disant : « Tant pis, je mourrai comme tout le monde. »

Enfin les troupeaux sont de retour. Dans les parcs, les agneaux se mettent à bêler, et les brebis répondent tristement. Les bergers ont des besaces pleines de nouveau-nés qu'ils distribuent aux propriétaires; ils reçoivent deux œufs en récompense. Aucune marque ne distingue entre eux ces vingt ou vingt-cinq agneaux, mais les bergers ne font pas d'erreur; je m'en montre surpris.

– Nous avons blanchi dans le métier, Efendi, dit un berger.

– Cet agneau-ci, ajoute le caporal Mehmet, il a le fond de l'oreille tout noir. Il est au fils de Békir. Une fois que le berger l'a vu, il ne l'oublie pas.

Chacun se tient près de son parc. On va faire sortir les agneaux, mais seulement après que les moutons ont bu. Il y a là une vieille auge de bois pourri – une relique du prophète Noé! On doit faire boire ainsi trois troupeaux, en tirant l'eau du puits. Je me demande comment on peut y arriver. Eh bien! on y arrive : on lie bout à bout quelques ceintures, on y attache trois seaux et on puise. Quand un homme est fatigué, un autre le remplace. C'est de cette manière qu'on abreuve trois troupeaux, de quatre cents bêtes chacun, en trois heures.

Quand les agneaux sont nourris, et qu'ils ont bien été dorlotés, de nouveau on les regroupe dans les parcs. Et la foule redescend vers le village. Un des bergers m'interroge :

– Alors? au village, quoi de neuf?

– Tu sais, nous ne voyons pas grand-chose. C'est un peu comme vous. Et toi, comment ça va?

– A part moi, qu'est-ce qu'il y a, ici, en haut des montagnes? Je n'ai rien vu, rien entendu. Vois dans quel état je suis.

Et il découvre sa poitrine. Sa chemise est comme

laquée. Ses poils, noirs comme du goudron, sont plâtrés dans la crasse.

– Tu ne laves jamais ton linge?

– Qu'est-ce que tu dis? du linge? laver? qu'est-ce que je suis, moi?

CHAPITRE III

FILLES À L'ATTACHE

Le beau temps est revenu, les femmes se réjouissent. L'engourdissement de l'hiver se dissipe, la chaleur les ranime. Elles prennent l'habitude de flâner au pied des murs. L'endroit sert pour d'autres usages et ne sent pas bon. Qu'importe...

Déchaussées, décoiffées, les unes s'affalent sur les genoux des autres, et jusqu'au soir, sans relâche, elles vont écraser des poux sur leurs ongles.

– Sois tranquille, on en viendra à bout!

Les têtes sentent fort; les cheveux en désordre sont rougis par le sang. Les ongles ressemblent à des têtes de moineaux écrasées. Pieds et mains semblent taillés dans de la pierre noire. La chaleur fait bientôt fondre le vernis de crasse. Des tempes dégouline une sueur répugnante.

Je passe avec le *Mouhtar* : elles se lèvent et rajustent précipitamment leur coiffure.

– Mais qu'est-ce qu'elles font là?

– Elles tuent les poux, c'est le printemps.

– Elles ne pourraient pas le faire chez elles?

– Rester chez soi en ce moment? Il fait froid dans les maisons. Ici, elles sont au paradis.

Vis-à-vis des hommes, la position des femmes est, au village, en tout opposée à celle de leurs sœurs des villes. Elles n'ont comme femelles aucune valeur, sauf au début du mariage. Esclaves et servantes, elles ne décident pas. L'homme peut s'allonger sur le lit et dire :

– Femme, fais ceci, fais cela.

Elle ne dira jamais :

– Faisons ainsi.

Fig. 15. – *Motif de tapis paysan : la femme*

On connaît la vertu et le sérieux d'une femme au respect qu'elle a pour son mari. L'homme peut la bousculer, l'injurier, la battre, la faire geindre et pleurer : elle ne doit pas prononcer un mot. Elle s'évertue à ne rien faire de ce que son mari lui défend, elle peut être rossée tout de même, sans raison, sous un prétexte futile; et il arrive souvent qu'elle ne sache plus du tout où se trouve son devoir.

Dans la tête d'un villageois, aucune idée de ce que peut être « la compagne d'une vie ». La femme vieillit, tombe en disgrâce. C'est fini...

On considère la bouche d'une femme comme un endroit intime de sa personne, et il faut la couvrir d'un pan du foulard qui enveloppe la tête. La femme ne découvre ses lèvres que pour manger, mais pas en présence d'un homme. Dans une même famille, les hommes et les femmes mangent à part.

Bien plus, la voix d'une femme est tabou. Il ne convient pas de parler à n'importe qui. Quant à la jeune fille ou la jeune mariée, elle ne doit même pas s'exprimer par un signe de la main ou de la tête devant un homme, devant une femme plus âgée qu'elle, surtout si ce sont des parents. Ne jamais les regarder en face.

Kara-Niyazi voit sa femme, la bouche découverte, dans une foule, devant une maison où il y a un mariage. Il court aussitôt chez lui chercher un manche de hache; bien qu'à son retour, sa femme ait recouvert machinalement sa bouche de son foulard, il la rosse à mort en public.

– N'est-ce pas une honte? dis-je.

– C'est une honte pour qui, jeune homme? pour elle ou pour moi? Si elle manque de cervelle, eh bien, ça lui apprendra!

Et puis, il y a la coutume du « respect de la barbe ». Si sur la route, un homme est derrière une femme, même à deux cents pas, elle attendra qu'il l'ait dépassée; qu'elle porte une lourde charge ou rien, c'est pareil. Il y a un certain dicton qui est sur les langues : « *Malheur à celle qui s'oublie jusqu'à rejoindre ou dépasser un homme en chemin* », car il dira aussitôt : « *ses ciseaux sont bien aiguisés!* » Les femmes sont terrorisées à l'idée d'entendre ces mots. Et même si vous dites : « Je vais lentement, n'attendez pas, passez », elle ne vous dépassera pas, et marchera lentement derrière vous. Comme chez les parias des Indes, à ce que l'on dit.

Mon Oncle Husseïn et sa femme Ouzoune-Ancha vont chez le médecin en ville. Le médecin demande :

– Qu'est-ce qui ne va pas? Où avez-vous mal?

Il n'obtient qu'un hochement de tête; alors le mari s'explique pour elle.

En sortant, il se dit : « Nous ne sommes venus en ville qu'une fois en quarante ans. Achetons un peu de *halva* pour la femme. » Et prenant les devants, il se dirige vers la boutique du marchand de *halva*. Quand il cherche sa femme des yeux, il la voit arrêtée la face contre un mur, bouche et visage voilés, tremblante de honte et de peur.

– Viens donc! qu'est-ce que tu as?

– Oh! ces hommes partout! Je ne peux pas couper leur barbe! (1).

Le plus souvent, une fille est mariée avant ses quinze ans. C'est le *Mouhtar* qui donne la dispense, au prix d'un ou deux sacs de sucre. Et voilà la malheureuse enfant jetée dans le mariage avant d'avoir pris conscience de ce qu'est la vie. Deux ans plus tard, elle sera finie. A peine est-elle femme, que la maladie la serre dans ses griffes. Beaucoup de femmes meurent ainsi après un ou deux ans de maladie. On a toujours une bonne explication : « Elle était déjà malade. Une fois mariée, la maladie s'est déclarée. »

Qui les comptera, ces épousées aux yeux sombres, mortes en couches et presque enfants, dans des souffrances à vous percer le cœur, et qui laissaient leur famille et tout le village malades de chagrin? Notre grand-mère a souvent raconté aux petits ignorants que nous étions, les longues suites des tragédies passées : « Un tel avait une épouse, c'était un ange, elle était belle! elle est morte quand elle a enfanté – et les belles-filles d'Un tel sont aussi mortes en couches... »

C'est Dieu seul en qui on trouve une miette d'espoir et de résignation. Les affligés lui gardent leur reconnaissance et c'est tout ce qui les console : « Qu'est-ce que nous y pouvons? Le grand Dieu veille sur elle et il l'aime encore plus que nous. C'est lui qui a écrit qu'elle serait mère, et maintenant il la reprend et l'enfant avec... »

La façon dont on met les enfants au monde dans les villages est bien connue. On presse la femme, on

(1) Les dépasser.

la pousse, on la tourne et retourne, on l'éreinte; et pendant qu'elle se tord de douleur, une des sages-femmes tire sur l'enfant et le fait sortir. Ça se termine bien quand la chance s'en mêle. Dans la plupart des cas, ou bien l'enfant est mort-né et la femme s'en tire, ou bien ils font ensemble le voyage du cimetière. Et quand l'enfant se présente mal, le danger est encore plus grand et on ne saurait décrire les souffrances de la malheureuse.

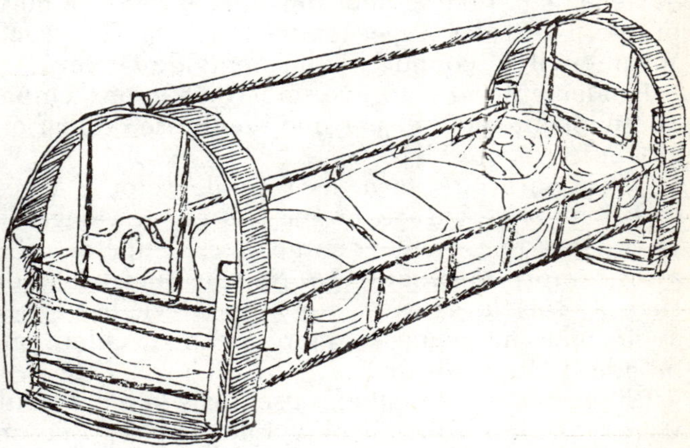

Fig. 16. – *Berceau.*

La malheureuse belle-fille d'Indjili a plongé son entourage dans l'affliction. L'enfant se présentait mal! Toutes celles qui avaient une certaine habileté ont fait de leur mieux, mais sans résultat. Elles l'ont retournée dans tous les sens pour essayer de redresser l'enfant : ça a duré quatre jours! A la fin, elle se sont décidées à la mener chez un médecin.

Mais le médecin ne soigne pas pour rien. On est pauvre au village, et surtout cette année. En ce moment, les gens se battent contre le percepteur et le conseil du village : pensez qu'on vient saisir la courtepointe qui recouvre un malade. On peut la sauver en faisant un dépôt de cent-cinquante piastres, c'est-à-dire qu'il faut vendre une mesure de farine, et la réserve est bien bas. De quoi pleurer du sang. Vous comprenez à quoi on pense quand on dit le mot : médecin.

On s'est résolu à faire de nouvelles dettes, et ç'a été difficile, parce qu'il a fallu dire : « Tant pis, je travaillerai encore dix ans pour payer. » Nous sommes à plus de neuf heures de la ville. En plein hiver? pas de route, pas de raccourci, pas de téléphone, rien. Rien que des problèmes.

Le ventre, les hanches, tout le corps de la femme devient bleu. Elle ne peut plus dire un mot ni faire un geste. Et les sages-femmes qui la torturent. Vivante, elle a connu les tourments de l'enfer.

Finalement, on a trouvé une voiture, on l'empaquette étroitement et par une poudrerie de février, en route.

Deux jours plus tard, ils sont de retour. Après trois heures de voyage, en passant par le village de Baymiche, une vieille femme les a appelés. Elle avait compris la situation : « Ne vous tuez pas pour rien, je vais la sauver, moi. » Et la vieille, après avoir bien malmené la mère, a mis l'enfant au monde. Il était mort-né.

Elle survivait, la malheureuse; mais la force pour vivre, ça, elle n'en avait plus. Elle s'est reposée un jour et le mercredi, on l'a ramenée au village. Elle restait couchée, dans un état pitoyable, désespérant, pendant quatre journées.

Le lundi matin, mon voisin Emine est passé alors que je lavais le seuil de la porte.

– Vous n'allez pas à l'enterrement?

– L'enterrement de qui donc?

– Vous ne savez pas? la belle-fille d'Indjili est morte cette nuit.

A ce moment-là, il m'a semblé que mon cœur s'arrêtait de battre. Mes genoux fléchissaient et je n'avais plus la force de verser l'eau de la jarre sur mes mains. J'ai fait le tour de la maison pour me rendre compte : il y avait beaucoup de monde devant la maison de Békir. Elle était pleine de femmes, et les lamentations s'élevaient. Un long cri.

On voit des pères qui fiancent leurs filles pour cinq ou six cents livres, et qui plus tard se dédisent pour les donner à un autre qui offre davantage. On marchande rudement, comme pour le bétail, et la fille est achetée jusqu'à mille livres. C'est ruineux. Souvent ce sont les filles qui abandonnent le fiancé choisi. Etant donné tous ces trafics, il reste peu de filles qui se marient vraiment en cérémonie.

Fig. 17. – *Fichu de femme avec dessins multicolores.*

Ce mois-ci, la fille de Déli Mehmet a été fiancée au fils de Tomboul Véli. Mais Gustuklu Husmène est venu offrir mille livres : alors Déli Mehmet a rompu avec le fils de Véli; il était sur le point de fiancer sa fille au fils de Husmène, mais l'après-midi même, la coquine s'est enfuie avec le fils de Kisa –

un troisième larron. Il s'est ensuivi un règlement de comptes, très embrouillé, et le lendemain, le pays était en émoi. Entre les deux ennemis, ou plutôt les trois, personne ne s'en est tiré sans dommage.

Il y a eu aussi les fiançailles de la fille de Kara Hassane avec le fils de Kasik Ramazane. Mais Kara Hassane a reçu des propositions secrètes, et il a déclaré les fiançailles rompues.

Ce mois-ci toujours, ce sont les deux filles de Chalik et de Kodja Dérviche qui se fiancent aux deux fils de Yahni Rizâ; mais, encouragées par leur père, elles s'enfuient avec d'autres garçons. Les fiancés abandonnés, bien qu'ils aient déjà d'autres épouses chez eux, entreprennent de récupérer les filles volages. Ils les arrêtent sur le chemin de la fontaine, et les entraînent à leur maison. Il y a eu une vraie bagarre, au couteau.

La fille de Feyzi, bien qu'elle soit fiancée à un autre, se fait enlever par le fils de Karamane. Jamais vous n'avez vu une bataille comme celle-là. Elle a duré jusqu'au matin. Deux jours après, la fille quittait son mari et retournait chez son fiancé; et puis elle est rentrée chez son mari. Bref, elle a fait la navette, comme le ferry-boat d'Istanbul.

Rapts, batailles – justifiées ou non – ce n'est pas tout. Il y a ceux qui cherchent à désunir les ménages sans histoires.

Souvent des foyers à peine fondés ressemblent à des constructions branlantes : la moindre petite secousse et la maison tremble sur sa base, prête à s'écrouler.

Le résultat est que les femmes ont pris l'habitude de changer de maison à toute occasion; les hommes, s'ils en ont les moyens, prennent jusqu'à quatre femmes chez eux. Il y a quantité de femmes qui ont changé deux fois de mari, même en abandonnant leurs enfants. Voici les records : une femme de vingt-cinq ans a changé six fois de mari, une autre, de trente-cinq, en a changé huit fois!

Ce sont là les exemples qui me viennent immédiatement à l'esprit. Nous n'en verrions pas la fin, s'il fallait les compter tous. La vérité est que ce monde ne sait pas ce qu'est un contrat dans les formes. On ne se marie que devant l'Imam.

Comme aucun de ces mariages n'est célébré officiellement, je ne sais pas si aux yeux de la loi, ces femmes, qui entrent dans une maison après la première épouse, sont considérées comme des concubines. Je ne le pense pas. Beaucoup d'enfants sont nés de ces femmes; on délivre un certificat au nom de l'une d'elles et on enregistre les enfants des autres sous son nom.

Dans nos villages, tous les pouvoirs sont dans les mains du fanatisme religieux. Aussi est-il naturel et régulier de prendre plusieurs femmes.

C'est pour cela qu'un jour, alors que nous recevions dans la salle commune un citadin d'un certain âge, qui avait été élevé à l'école et au séminaire de théologie, l'entretien tombant sur le mariage, notre hôte laissa éclater ses regrets.

– Le bon vieux temps d'Abdul-Hamid (1) était bien différent! Vous pouviez vous marier deux fois, trois fois, dix fois, si vous le vouliez...

Notre hôte qui, lui, habitait la ville, ne pouvait faire ce qu'il voulait. « Comme il a raison, cet homme! » disaient entre eux les paysans, pourtant plus libres.

Seuls ceux qui ont un peu d'argent peuvent prendre une seconde femme. La plupart des hommes se cassent la tête sur l'éternel problème du pain, et c'est déjà trop de souci. Ils se résignent à vieillir à côté de leur première épouse en disant : « *C'est notre kismet.* » Pour un homme qui a perdu sa femme, un second mariage n'est qu'un rêve s'il est pauvre. Mais si c'est l'homme qui meurt, et si la femme est encore jeune, le père de la fille, qui est enfoncé dans les dettes jusqu'au cou, se conformera avec joie à la coutume, qui est de reprendre sa fille

(1) Abdul-Hamid, sultan ottoman (1842-1918).

à l'attache (l'image est bien expressive) pour la remettre en vente.

Dans un village voisin, un homme perd sa femme. Une semaine après, nous allons le voir, nous apprenons qu'il a déjà trouvé à la remplacer. Après marchandage, il a transigé et obtenu une femme pour 700 livres.

Arrivés au village de C..., où ils font étape, il s'installe dans une chambre. La future épousée est restée dans une autre maison. Pendant qu'ils sont ainsi, chacun de leur côté, les voituriers s'entendent avec un célibataire, lui vendent la femme et la conduisent chez lui sous ce prétexte :

– Viens par ici, tu vas loger dans une autre maison.

Ils empochent cinq cents livres, attellent leur voiture, et s'en vont après avoir chuchoté à l'oreille de la femme ce qu'ils ont combiné. Le pauvre mari continue à attendre sans rien savoir.

Le lendemain, les voituriers se vantent de leur beau coup! Et le mari pleure :

– Comment oserai-je retourner au village? J'ai vendu tous mes champs pour avoir de l'argent et acheter cette femme.

Il ajoute tristement que la femme a dû trouver le deuxième acquéreur plus à son goût, car en le revoyant, elle lui a dit :

– Qui es-tu, toi?

Un homme d'Apsari se trouve dans la gêne. Il n'a pas de bien à vendre. Que fait-il? Il vend sa femme pour deux cents livres à Dérviche Keustuk, mais comme il s'agit tout de même d'un être humain, la vente ne se fait pas comme pour les bêtes. Le mari se met d'accord avec l'acheteur : Dérviche attendra dans le bouquet de saules, entre les deux villages qui sont voisins. Le mari, lui, trouvera un prétexte pour y amener sa femme, touchera l'argent et la laissera. Tout se passe comme prévu. Le mari prend congé de sa femme après lui avoir expliqué l'affaire et s'en va, avec ses deux cents livres. Quant à la pauvre femme, elle suit Dérviche « s'inclinant devant le destin... »

J'ai choisi ces exemples. Tous montrent suffisamment que la femme est considérée comme une marchandise.

Un père à qui naît une fille s'écrie : « Parfait, ça fera mille livres! » Les soins à donner à l'enfant, son éducation, les mille difficultés familiales ne lui viennent pas à l'esprit : vêtue ou non, elle grandira!

Le père d'un de mes collègues me supplie d'aller demander la main d'une fille de treize ans pour son fils. La fille a beau être encore toute jeunette, il y a déjà eu quinze demandes pour elle. On l'accordera à l'un de ces prétendants. Les parents sont ravis, mais pendant deux journées, le père fait des façons pour gagner du temps et savoir qui offrira la plus grosse dot.

Par amitié, j'accepte la mission. Je vais m'asseoir près du *tandir*, et je vois venir trois autres personnes pour la même raison. « Dis-leur que nous sommes occupés », dis-je au père, pour le dissuader de les recevoir. Puis, selon la coutume, je parle de la volonté de Dieu et du Prophète; je vante le caractère, l'intelligence et les qualités professionnelles de mon camarade. Nous en venons à la question d'argent. Nous n'avons pas plus de six cents livres.

– Qu'elle soit à vous si vous mettez davantage, dit le père.

– Nous ne le pouvons, disons-nous en partant.

Le lendemain, elle était fiancée au fils de Kasim, âgé de quatorze ans. Et l'ami se lamente :

– Pourquoi n'ai-je pas mis cent livres de plus?...

Il y a des spécialistes de ce commerce qui arrivent à se servir de la loi. Ils en font un métier et y gagnent leur vie.

Eminè, depuis six ans était mariée à Mévlit-le-Mauvais. Au début, ils avaient bien espéré *vieillir sur un même oreiller*, comme nous disons ici. Qui peut connaître l'avenir? Or, la première année ne s'était pas écoulée qu'Eminè s'était enfuie chez

Mehmet Ali. On va au tribunal. Mehmet Ali donne cinq cents livres à Mévlit pour qu'il ne fasse pas de procès, mais, en présence du juge, Mévlit refuse de divorcer. L'affaire n'était pas terminée que pour la troisième fois, Eminè avait changé d'homme. Mévlit, cette fois intente un procès à Ramazan, lui demande quatre cents livres de dommage, et refuse encore le divorce. A ce moment précis, Eminè décroche un quatrième galant. Avant de renoncer tout de bon à sa femme, Mévlit exploite la situation. Il va trouver Chakir, le quatrième époux et lui dit : « Maintenant, ça suffit... j'en ai assez! Je vais t'apprendre ce qu'il en coûte de coucher avec ma femme. Je ne renoncerai pas à elle pour moins de mille livres. »

***

Aujourd'hui, au village de D... il y a autant de veufs que d'hommes mariés; la plupart d'entre eux sont célibataires depuis six ou vingt ans. Et il y a aussi beaucoup de femmes et de jeunes filles qui attendent, dans la maison de leur père, d'être payées à leur valeur.

Ceux qui ne peuvent pas donner la somme exigée pour se marier sont appelés « les puants », et aucun père ne voudra seulement les voir. Pour ne pas mériter cette épithète, la famille de l'homme à marier se résigne à faire d'énormes dettes et des prodigalités. Les jeunes gens qui ne paient pas la somme désirée restent célibataires.

Il y a par exemple, une famille que je connais bien, les Tchinir. Quatre frères dans une maison; le père est mort. Ils n'ont absolument rien. Ils vont travailler au-dehors, chez les uns ou chez les autres. Les deux aînés sont mariés; les plus jeunes dont l'un a trente-deux et l'autre vingt-huit ans, sont célibataires. Pas d'argent, pas de mariage. L'aîné des frères a trois fils, qui ont dix-neuf, vingt-trois et vingt-six ans. Ils ont cherché partout, mais les cinq célibataires de cette famille, qui ont atteint et même dépassé l'âge de prendre femme, n'ont pas pu trouver d'épouse. Et telle que la situation se présente, je crois qu'ils ne pourront jamais se marier.

En fait, leur incapacité est devenue un sujet de commentaires, tant et si bien qu'il y a maintenant au village un jeu qui s'appelle le « hérisson ». Une personne s'enveloppe dans une couverture, c'est le hérisson. S'il aime la chanson que l'on chante devant lui, il lève les bras et danse : s'il ne l'aime pas, il reste immobile. Si le chanteur dit : « Le marieur est arrivé de chez les Tchinir : voulez-vous le recevoir, mon hérisson? voulez-vous lui plaire? » alors le hérisson ne bouge plus de sa place.

Mais laissons de côté ceux qui ne peuvent se marier. Occupons-nous de ceux qui y parviennent. Le père et la mère marient leur fils quand il n'est encore qu'un enfant. Il ignore ce que signifient le mariage et la femme. Il devient pâle, maigrit, dépérit. Telle est la coutume qui s'est répandue. Les années passent; le jeune homme finit par amener chez lui, comme seconde épouse, une jeune fille ou une femme dont il est tombé amoureux et se débarrasse de « la vieille », qui ne lui a jamais plu. Ou bien il la garde chez lui, parce qu'utile.

Quand le père d'une jeune fille demandée en mariage dit : « Je la donne à celui qui a payé la plus grosse dot », alors on « boit le sorbet ».

« Boire le sorbet », c'est ainsi qu'est appelée au village la cérémonie des fiançailles. On invite les amis et les voisins dans la salle commune; on boit un sorbet au *pekmez* préparé dans un pichet par la famille du garçon. Puis l'Imam fait un demi-acte de mariage pour le couple qui s'unira au bout de deux ou trois ans. Il demande trois fois au père de la jeune fille : « Avez-vous donné Deundu, fille d'Ali, à Chambas, fils de Mehmet, selon l'ordre de sa sainteté le Prophète? » Il posera la question inversée, au père du garçon et, en présence de toute l'assemblée, ils répondent, l'un : « Je la donne », et l'autre : « Je la prends. » L'assemblée se disperse. Et à partir de ce moment, les deux jeunes gens sont fiancés.

Dans une société plus élevée, les fiancés vont au bal, au cinéma, se montrent ensemble ouvertement ou même font connaissance et puis se marient. Ici, pendant la période des fiançailles, le mystère est de rigueur.

C'est à peine si les fiancés se sont vus avant l'accord; vus? La jeune fille a la tête et la bouche voilées. Ils désirent tout naturellement se connaître davantage. Mais, ils ne peuvent le faire en public; le moyen le plus commode, pour le garçon, est d'aller rendre visite à la fille, de nuit, quand il en trouve l'occasion, en lui apportant des friandises, comme des noisettes et des sucreries. Il y a bien, tout de même, des rencontres dans les étables pendant la journée, mais tous n'arrivent pas à les combiner. En vérité, il y en a beaucoup qui ne voient le visage de leur fiancée et n'entendent sa voix qu'après le jour du mariage.

Il faut d'abord chercher un arrangement avec la belle-mère, car le père de la fille ou ses frères le chasseraient à coups de bâton s'ils apprenaient! La belle-mère laisse sortir la fille pour qu'elle rencontre son fiancé dans la grange ou l'étable. On leur permet même parfois d'y rester jusqu'au matin. Mais cette façon de faire connaissance « à l'amiable » favorise bien des abus, et les jeunes ignorants, perdant la tête dans l'ombre propice de la grange, sont surpris ensuite de ce qu'ils se sont laissés aller à faire!

Un exemple : le fils de Tavoukdjou Ismail et la fille de Kichgilli se retrouvent dans l'étable de Hassanoglou à midi, le second jour après avoir bu le sorbet. D'autres jeunes filles qui sont déjà fiancées, donc initiées, combinent le rendez-vous. Elles surveillent au-dehors. Après être restée à l'intérieur de l'étable pendant deux heures, la fille ressort, les poches pleines de friandises, et rejoint ses compagnes. Le jeune homme s'en va; il y a des couleurs nouvelles sur les joues de la jeune fille, un nouveau regard dans ses yeux : « Il est trop tard maintenant, n'est-ce pas? » Les jeunes filles s'assoient ensemble et mangent leurs bonbons.

Fig. 18.
Femme fusant la laine; en bas, *différents types de fuseaux.*

– Meryem, s'il revient une autre fois, iras-tu encore rejoindre Ahmet?

– Pourquoi pas? Il me donne des bonbons. J'aime bien les choses sucrées.

L'incident s'ébruite. Du côté du garçon, il y a de l'inquiétude; protestation et indignation du côté de la fille. Vous supposez peut-être que la famille de la jeune fille va dire aux parents du garçon : « Eh bien! cette affaire inconvenante est arrivée par votre faute. Il vaudrait mieux prendre la fille chez vous. Elle ne doit pas rester comme ça. » C'est le contraire. Son prix est connu sur le marché. Si la famille du garçon refuse de la prendre, c'est une aubaine! Sa famille peut la récupérer et la vendre plus cher. Aussi le père de la fille dit : « Que je sois damné si jamais je la lui laisse, puisqu'il n'a pas su attendre. » Et on ne le calme qu'avec peine.

La rencontre des fiancés a lieu généralement la nuit, dans l'obscurité de la grange. Les malins ont recours à des ruses. J'ai été témoin d'un exemple, l'année dernière, à C... où je travaillais...

Une jeune fille est promise à un garçon. Dans la soirée, après avoir bu le sorbet, un jeune homme qui avait un grief contre le nouveau fiancé, s'habille de vêtements de même couleur pour lui ressembler. En hiver, tout le monde a la tête et le visage emmitouflés, de sorte qu'on ne peut pas le reconnaître à sa coiffure. Je ne sais par quel moyen, il attire la pauvre fille dans la grange; ils y bavardent à voix basse;... lui fait croire qu'il est le nouveau fiancé, et arrive alors ce qui devait inévitablement arriver...

***

A côté de ceux qui se marient irrégulièrement et sans formalités, il y a ceux dont le mariage donne lieu au déroulement des cérémonies nuptiales. Je dis qu'il y en a, mais au cours de ces dernières années, le nombre des cérémonies a bien diminué. Peut-être cela vient-il de ce que le prix des jeunes filles a monté; il n'y a plus beaucoup de gens qui courent le risque de manquer de pain en engageant tout ce qu'ils possèdent pour offrir une fête de mariage! Il est vrai que celui qui enlève une jeune fille n'évite pas toute dépense, mais il débourse moins que pour un véritable mariage. Cependant les coutumes du mariage ne seront jamais entièrement abandonnées.

Bien mal, peut-être, et brièvement, laissez-moi vous raconter les fêtes nuptiales dans un village.

Comme la fille et le garçon ont été, en général, fiancés jeunes, ils le demeurent un an ou deux. Si la famille du garçon ne veut pas prolonger plus longtemps les fiançailles, elle invite trois ou quatre voisins (à supposer que la fille soit restée dans sa famille jusque-là) et tous s'en vont un soir chez les parents de la jeune fille pour obtenir le consentement. Cette visite s'appelle « faire la promesse ». La famille de la jeune fille commence par manquer d'empressement : « Notre fille est encore jeune », ou : « Nous avons des ennuis, des difficultés, soyez patients. » Suivent toutes sortes d'excuses, vraies ou fausses. Les parents du garçon répondent : « Des malheurs ou la mort peuvent survenir, accomplissons la volonté de Dieu. » Puis le père du garçon paie ce qu'il doit encore sur la dot. (La moitié de la dot est payée pendant les fiançailles et l'autre moitié quand on donne la fête de mariage.) Avec le paiement de la dette cesse tout faux-semblant et le lendemain, on va en ville, en voiture. Une fois la promesse engagée, on achète cinq ou dix mètres de différents tissus (du calicot, par exemple), demandés par la famille de la jeune fille. Une partie servira au trousseau; avec le reste, on fera des chemises et des pantalons pour les parents du côté de la fille.

On appelle ce voyage, « aller pour la dispense ». La fille et la mère y vont bien aussi; mais de dispense, il n'est pas question. Les villageois, eux, disent : *Aller manger du halva.* Toutes les fiancées attendent ce jour avec impatience. Elles vont s'asseoir avec leur mère dans un coin d'auberge et la famille du jeune homme rapporte du marché du *halva* et du pain. Ils mangent à l'auberge et après avoir acheté les tissus, ils rentrent chez eux le jour même.

La plupart du temps, du reste, la fille n'a pas l'âge légal.

Ces expéditions ont en général lieu le jeudi. Le soir, on va voir le *Mouhtar* du village. De nouveau, c'est le père du jeune homme qui, avec un sac de sucre, règle l'affaire. Le lendemain, après les prières du vendredi, un coq est sacrifié; on plante un drapeau sur le toit de la maison du garçon. En même temps, on trempe un peu de pain dans un sorbet au *pekmez* et on en distribue dans toutes les maisons. C'est l'invitation au mariage.

Les fêtes du mariage durent une semaine. Les jours les plus importants sont le mercredi et le jeudi.

S'il y a plus d'un mariage en même temps, et si les hôtes sont riches, il y a parfois des musiciens. Les mariages avec trois joueurs de tambour, fifre et luth sont un peu bruyants. Accompagnés par les musiciens, les jeunes gens du village chantent leurs chansons monotones et dansent la seule danse populaire que l'on connaisse au village : le *halay* (1).

Dans les mariages sans musiciens, tous les hommes s'assemblent dans la salle de fête; les femmes se réunissent de leur côté : on joue du tambourin, on fait des castagnettes avec des cuillers, et on danse. Les quatre premiers jours se passent de la sorte.

Le mercredi, dès les premières heures, tous les hommes sont sur la place au bout du village; là se déroule un concours de tir. Les spectateurs se tiennent à l'écart de chaque côté. Ceux qui doivent concourir prennent leur fusil ou leur revolver et s'alignent derrière un petit mur d'environ un mètre

(1) Danse de groupe villageoise.

de haut. On installe une cruche pleine de cendres à une distance de cent pieds. Au bout d'une dizaine de minutes, pan! La cruche est transpercée et vous voyez les cendres s'éparpiller en l'air. Celui qui l'a touchée va trouver l'hôte (le père du jeune homme) et lui dit : « Que la vie de ton ennemi ne soit pas plus longue que celle de cette cruche. » Et il reçoit une récompense d'une ou deux livres.

Après l'épreuve du tir, tout le monde se dirige vers la maison du caporal Hadji. Près de ce bâtiment, le plus haut du village, se fait le concours de la « tête ». Il peut y avoir des exceptions, mais, en règle générale, la coutume veut que celui qui célèbre le mariage tue une vache ou un bœuf à cette occasion. On cuit alors le *pilav* dans un chaudron, avec la viande de l'animal. Après le concours de la « tête », les gens du pays seront invités, ainsi que les hôtes des villages voisins, à manger tout leur saoul aux tables qui ont été dressées dans un endroit approprié. C'est ce qu'on appelle le « repas de viande ».

Avant le repas, la tête de l'animal doit être lancée par-dessus le toit qui est environ à huit mètres de haut.

Toute une foule de spectateurs s'assied là où l'on peut bien voir. Trois enfants grimpent sur le toit et agitent chacun une pièce de tissu de coton imprimé; ces pièces ont un, deux et trois mètres de long. La plus grande et la peau de la tête de l'animal sont réservées au vainqueur, les autres morceaux d'étoffe reviennent au second et au troisième.

Quand la tête a été apportée sur la place, tous ceux qui sont sûrs d'eux-mêmes, le dos au mur, la lancent à tour de rôle. Ils attrapent la tête par la bouche et la lancent par-dessus leur tête. Cela les occupe bien pendant une heure ou deux.

Les tables sont prêtes. Le repas n'est pas plus tôt achevé que toute l'assistance se dirige vers le terrain de lutte. Les lutteurs du village y rencontrent ceux des villages voisins. Deux arbitres, maîtres en la matière, se présentent. Les petits garçons commencent : ensuite, ce sont des jeunes gens plus expérimentés; et pour finir il y a combat entre lutteurs renommés. Dans ces assauts, la compétition individuelle a son importance, bien sûr, mais on porte surtout intérêt à la compétition entre les villages. Quand le meilleur lutteur est désigné, on remet l'enjeu au champion : un agneau, un chevreau, une chèvre ou un bélier. Les autres lutteurs reçoivent quelques pièces de monnaie.

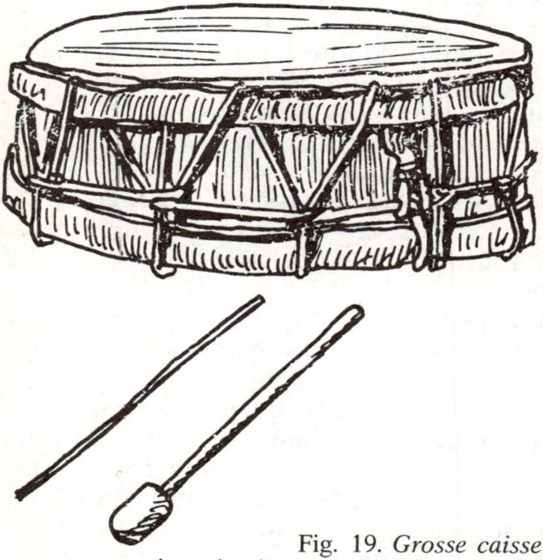

Fig. 19. *Grosse caisse utilisée lors des fêtes, ou lors des rassemblements de paysans.*

Le jour suivant est celui où l'on conduit la mariée. Dans beaucoup de villages du district, la mariée est amenée le matin de bonne heure tandis qu'on chante des hymnes religieux. Dans notre village, elle n'est conduite que l'après-midi.

En quittant la mosquée à midi, le *Hodja* va droit à l'angle du cimetière. De là, il guette l'arrivée de la procession. Ceux qui vont escorter la mariée commencent par descendre les drapeaux du toit et les tiennent en mains. Les porteurs de drapeaux, côte à côte, forment le premier rang. Au second rang, un groupe de jeunes gens, poignards en main, gardent les drapeaux; car si quelqu'un de la foule, qui remplit maintenant les rues, peut arracher un drapeau des mains de son porteur, il doit être racheté contre paiement d'une bonne somme d'argent. Au troisième rang, viennent les jeunes gens du chœur; ils portent un ou deux tambourins et rythment par leurs chansons la marche du cortège. S'il y a des musiciens, ils se joignent à eux; sinon quelqu'un bat le tambour du Ramazan. Suivent quinze ou vingt femmes, l'une derrière l'autre, enveloppées de *tcharchaf* (1) blancs. On les appelle *yengè* (2); elles sont chargées d'aller chercher la mariée chez elle pour la conduire jusqu'à la maison de son époux. En queue du cortège, toute la population du village puis les enfants.

On s'arrête devant la porte de la jeune fille, où l'on entend les lamentations. Le *Hodja* qui dirige la cérémonie (ou les *aghas*), entrent dans la maison et « apaisent » le père, la mère et les parents. Puis ils tendent un grand *kilim* (3) et la mariée sans être vue de la foule, monte dans un chariot; le lit, que le père a fourni, le coffre contenant le trousseau qu'il a acheté en même temps, sont généralement chargés sur le chariot. Deux femmes montent à côté de la jeune fille. Obligatoirement, les frères de la mariée conduisent la voiture; si elle n'a pas de frères, ils sont remplacés par des cousins du côté paternel.

Le chariot nuptial s'avance, au milieu des chanteurs et des *yengè*. Tandis que la procession se déroule à travers les rues, des enfants y tendent de fortes cordes pour lui couper le chemin. Le père du marié, qui marche en tête, fraye la route en distribuant des largesses. Et en route pour le cimetière!

(1) Voile dont s'enveloppent les femmes pour cacher leur buste, leur tête et leur visage.

(2) Femme du frère ou de l'oncle, ou appellation familière et respectueuse.

(3) Tapis paysan.

car c'est là que le *Hodja* attend. Tout le monde se tourne dans la direction de La Mecque et l'on dit une prière. De là, la mariée part vers sa nouvelle demeure.

Le marié, lui, est enfermé, seul, dans une pièce. Cependant la mariée arrive à la maison. Le beau-père et la belle-mère font présent d'un mouton ou

Fig. 20. – *Motif de tapis paysan symbolisant le (ou les) membre d'une confrérie participant aux différentes cérémonies villageoises telles que mariages,* etc., *ou les dirigeant.*

d'une vache et aident la jeune mariée à descendre du chariot. A ce moment quelqu'un, monté sur le toit, répand sur la mariée et sur l'assemblée des poignées de blé grillé auquel sont mélangées des pièces de monnaie. Ce qui signifie : « Sois la bienvenue dans notre maison. » Quand la mariée arrive à la maison, la cérémonie du mariage est pratiquement terminée. On la fait asseoir dans un coin, et la pauvre créature attend parfois jusqu'à minuit, la figure toujours voilée, l'arrivée de son époux.

Le chariot qui a amené la jeune femme à la maison va prendre le marié; on le fait parader dans les rues puis on le reconduit à la chambre où il se trouvait. Tard dans la soirée, une nombreuse compagnie, précédée du *Hodja*, récitant des prières, escorte le marié qui rentre chez lui pour enfin rejoindre la mariée.

Je peux raconter la nuit de noces de Mémiche, dont le mariage a eu lieu la semaine dernière.

C'était une nuit de gelée, avec un ciel clair. La maison de Mémiche est au bout du village, et Mémiche est enfermé dans la chambre du caporal Rizâ. On vient le chercher pour le conduire chez lui, et, avec quelques bourrades, on l'expédie vers sa femme. Une fois que les mariés sont ensemble, l'usage veut qu'une des femmes fasse le guet par le trou de la serrure. Ceci pour deux raisons : d'abord pour écouter parler le jeune couple, sans quoi l'enfant naîtrait sourd. Ensuite, dans le cas où le marié serait impuissant, pour en prévenir sans délai le père et la mère... On dit que si un ennemi fait un nœud dans un bout de fil pendant que le *Hodja* conclut le contrat de mariage, le marié « est lié », frappé d'impuissance. Si l'homme qui a fait le nœud jette le fil dans le feu, le jeune homme ne peut être délivré qu'en voyant quelque très important *Hodja*. Dans les villages, on rencontre souvent ces cas d'impuissance, dont la cause peut varier. Mais sans vouloir considérer aucune espèce de raison, les gens affirment que le jeune homme « est lié », et traînent le malheureux d'un *Hodja* à l'autre, à sa grande honte, brisant toute sa joie de vivre.

Ce soir-là, la guetteuse attend une heure. Mémiche reste coi. Elle attend deux heures : pas de nouvelles! Avec un autre marié, on aurait déjà tiré des coups de feu depuis longtemps. (Un des parents du marié attend dehors fusil en mains, et le marié n'a pas plus tôt rempli son devoir, qu'il en est déjà averti et presse sur la gâchette.) C'est l'annonce que la mariée était vierge et que le mari n'est pas impuissant. Aussi l'époux doit-il agir très vite. Avant d'avoir eu le temps de se caresser, le couple doit, pour ceux qui attendent au-dehors, produire les linges tachés de sang. C'est alors seulement que les parents des deux époux dormiront tranquilles!

En apprenant que Mémiche est resté couché près de deux heures sans rien accomplir, ses parents, dont la maison est pleine de visiteurs, commencent à se lamenter. Surtout son père et sa mère. Alors la pauvre fille fait pression sur le jeune homme : « Nous serons déshonorés! » dit-elle. Il n'est venu à l'idée de personne que le malheureux garçon est arrivé d'un endroit très éloigné, par une nuit de gel, et qu'il est complètement frigorifié! Quant à la chambre, elle n'a ni poêle, ni *tandir*, ni moyen de chauffage d'aucune sorte. On a bien établi un foyer dans le coin le plus éloigné de la pièce, une simple pierre creusée, juste contre la porte, comme une mue à poules; mais la chambre reste une vraie glacière.

Comme les coups de feu se faisaient attendre, nous aussi, avions commencé à être intrigués. Et savez-vous ce que nous avons vu à ce moment? Mémiche, tiré du lit, qu'on essayait de conduire à *Molla* (1) Moustafa pour qu'il l'exorcise... Ça y est, on l'emmène. Son père et sa mère l'ont pris par le bras. Le pauvre garçon claque des dents. Il est pâle de rage :

– Je ne suis pas impuissant du tout! Je suis gelé, voilà! Fichez-moi la paix!

Il faut aller jusque chez le *Hodja* et s'en retourner, par une température glaciale. Ce n'est pas ça qui va réchauffer Mémiche. Est-ce que le *Molla* voit le problème? Je n'en sais rien, mais il fait son travail. Il feuillette le livre noir et déclare : « Par la grâce de Dieu, il sera délivré vers le matin. » Et voilà le père et la mère tirés de leur angoisse.

Comme aucune règle ne le lui permet, et parce qu'il est horriblement honteux, Mémiche ne peut expliquer ses ennuis à personne. Il est aveuglé par

(1) Voir page 35 note 2.

la fureur. Une fois revenu de chez le *Hodja*, il s'arrange pour avoir un peu plus chaud au lit; il n'est pas plus tôt réchauffé qu'il remplit promptement le devoir qui lui incombe. Bien que la question soit à présent réglée, sa colère n'a pas désarmé. Aussi que fait-il? Il roule le drap en boule, ouvre la porte, et, visant son père qui est assis là en train de somnoler, il le lui jette à la tête.

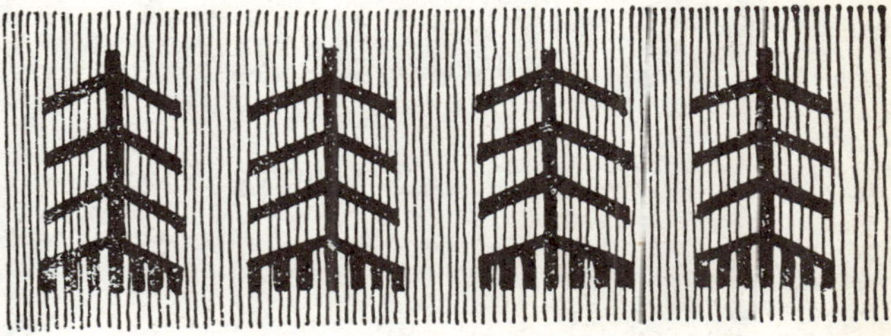

Fig. 21 – *L'abondance.*

Le lendemain comme il passe devant l'école, j'insiste pour qu'il entre et nous nous asseyons auprès du poêle dans la chambre de l'instituteur. Nous parlons un peu à bâtons rompus et nous en venons aux événements du soir précédent.

– Ce sont des choses qui arrivent, dis-je, pour soulager son embarras.

Tandis qu'il me répond, ses yeux lancent des flammes :

– Pour te dire la vérité, quelqu'un devrait mettre le feu à ce village et le détruire de fond en comble. Est-ce que nous allons nous laisser faire encore longtemps?

CHAPITRE IV

JOURNAL DES MORTS

Mon ami Djélal Euztchelik, agent de la Santé, annonce qu'il se rend à M..., où sévit une maladie infectieuse. Je pars avec lui.

Ma tâche sera de passer de maison en maison en compagnie de Nouri Altinbache et de tenir le registre des naissances et des décès. En quatre ans, dans ce village de treize maisons, il y a eu vingt-neuf naissances et treize décès. Quel que soit le nombre des enfants par maison, ils sont tous malades. C'est comme si nous étions en plein hiver : le rhume et la coqueluche les ont couchés là, pâles et fiévreux.

Je cherche à savoir la cause de cette épidémie. On dit que c'est le manque d'eau potable; et puis l'eau est sale. On va la chercher à N..., à vingt minutes de marche, parce qu'il n'y a pas de puits au village, et pas une goutte d'eau courante. Nadji, membre du conseil local, me donne une deuxième raison : « Efendi, c'est la pauvreté. Tout le monde en souffre. Qu'est-ce qui peut arriver à un homme qui n'a pas de repas chaud? Il ne peut pas se remplir l'estomac en broutant, non? Il y a onze enfants pris de la coqueluche. On en a montré un au médecin; il a fait une piqûre, mais l'enfant est mort. Ensuite personne n'est allé chez le médecin. On n'y pensait même pas. Et puis même si on y pensait, où trouver l'argent?... » (1)

Je cherche en vain une frimousse colorée. Pas une! Dans un coin nous nous asseyons, deux enfants s'approchent : l'un est boiteux; l'autre a mal aux yeux – c'est le trachome...

Entendu ceci en faisant le tour des maisons : « Mamid Efendi, ces enfants qui sont couchés là, vous ne pensez pas qu'ils vont grandir et devenir des hommes? Comptez-les comme morts. Mettez-les sur la liste des morts. »

Nous allons ensuite nous asseoir dans une salle. Les gens ne savent par où commencer pour dire leurs malheurs. Six chefs de famille sur treize sont présents. Tandis qu'ils parlent, je m'attends à les voir pleurer. Six familles sur treize travaillent la terre, et la moisson a été mauvaise. Chez les autres, on se place du côté de Konia comme garçon de ferme ou comme berger. Trois hommes ont appris à lire et à écrire la nouvelle écriture pendant leur service militaire.

Qui est le plus à l'aise, parmi eux? On me désigne Nouri Altinbache, membre du conseil, avec qui j'ai fait la tournée. Il possède : deux bœufs, une vache, neuf moutons, trois volailles. Il ajoute vivement : « Je vais les tuer cette année, Efendi. Pas la peine de noter. »

Quant à la terre, Nouri se lamente : « Tout le mal vient du manque de terre. N'est-ce pas ça qui nous écrase? Nous sommes cinq frères, chez nous, nous avons cinquante *deunumes*, nous semons quarante kilos de blé, et nous récoltons treize *kilés* (2) (presque rien, quand on les compare avec les récoltes de notre village). En tout, nous y sommes seize, il n'y a plus qu'à mourir de faim. S'il faut acheter des

(1) Selon une enquête conduite par Y. Kambolat, il n'y a que 22 médecins dans le département de Nigdé, soit *1 médecin pour 14 731 personnes.* (France : 1 médecin pour 1 000 hab., 1958.) Algérie du Nord (1958) : 1 médecin pour 5 050 habitants.

(2) *Kilé :* mesure à grain, variant de région à région (30 kg ici).

vivres, nous ne pourrons jamais nous en tirer. Qu'est-ce que je dis, acheter? comme si nous avions de l'argent, nous autres... »

Le groupe est plus en confiance à présent, on parle; on parle surtout du foin : « S'il vient à nous manquer, le foin, eh bien on abat les bêtes. » Et la paille, une vraie catastrophe. Quelle voix amère, ce Nouri *agha* :

– Mamid Efendi, mon frère! il faudra bien que je vende les bœufs – sinon je ne m'en sortirai pas – et si on ne les achète pas? Je les ai menés au marché – trois ou quatre fois – mais ce n'est pas sérieux – au lieu de trois cents livres, on m'a dit trente, c'est tout. Alors? alors il faut les manger à la maison – avant que la terre avale nos enfants – et pour nous-mêmes! – qu'est-ce qu'il faut imaginer, mon frère?

– Mais vous n'avez pas autre chose que vos treize *kilés* de blé?

– Comment, autre chose? – et à quoi ça sert, treize *kilés*? – je le jure par Allah – c'est tout mon bien – à part dix piastres – je les ai trouvées sur la route – en revenant du marché. Cette année, nous sommes perdus – nous tendons les mains vers Dieu, Seul il peut nous aider – s'il pouvait toucher le cœur d'un homme riche pour qu'il nous aide! – ou alors la mort. Si nous mourons, nous serons délivrés – on pourra jeter nos corps hors de la maison.

Je prends rapidement des notes; pendant ce temps, les autres me regardent, se regardent; approuvent en hochant la tête. Nouri *agha*, lui, ne paraît vouloir s'arrêter : il en a pour dix jours comme ça, je crois. C'est comme une taupinière mouillée, piétinez-la tant que vous voulez, il en sort toujours de l'eau.

– Le veilleur de nuit, vous comprenez – on ne peut plus l'entretenir – le *Mouhtar* non plus – mais les vêtements! pas question. – Les vêtements, ça, c'est grave – ça fait enrager – des vêtements neufs pour la famille, plus même de tissu de rapiéçage pour les vieilles nippes, ça coûte plus de deux cents livres – il ne faut pas y penser – maintenant ce qu'il faudrait, c'est du pain – du pain sec – ils reprendraient tous courage...

– Et qu'est-ce qu'il y a encore?

– Ça suffit, non, il me semble?

A force d'écrire, j'ai mal au bras. Je me tourne vers les autres :

– Pour nous, c'est pareil!

Et un nommé Osmane *agha* (il paraît venir d'un autre village) raconte :

– J'ai récolté l'orge : dix *kilés*. J'ai perdu la semence du blé; il n'est pas venu. Sans l'orge, on était perdus. Mais qu'est-ce que je dois faire avec l'orge? J'en fais du fourrage? ou bien je le mange? ou je le sème?

– Regarde cet idiot! Vous croyez encore que vous en aurez, du fourrage? Chez vous, dans votre village, on n'a pas de cervelle. Tuez-les, vos bœufs! Tuez-les et nourrissez vos enfants!

– Deko, mon ami, vous avez raison. Bien sûr, il faudrait tuer les bœufs. Mais pour se chauffer... qu'est-ce qu'on va brûler dans le *tandir*?...

Le calme revenu, on se remet à raconter...

Nouri *agha* : « Ecrivez que l'année dernière, des gens sont morts – et encore cette année – et puis après? c'était bien pire il y a neuf ans – dix personnes sont mortes – là, dans ma maison – c'est vrai, je le jure par Allah! »

Mémo : « Oui, c'était comme ça, mon garçon! Ma mère (qui est morte à présent : Dieu la bénisse) racontait que pendant la famine de 1885, il ne restait qu'un seul *chinik* (1) d'orge, chez nous. Pendant deux mois entiers, ils ont cuit cette orge, poignée par poignée, sans sel et sans beurre. Cette année-là, au village, il y en a eu cinquante qui sont morts de faim. »

Véli : « Il n'y a plus qu'à se faire bandit de grand chemin. On attrape un homme sur la route, et on lui

(1) Environ dix litres.

dit : descends de ton âne, n'aie pas peur; on va manger ce que tu as dans ta besace. Ah! Efendi, écris bien tout ça, mais ne l'oublie pas dans ton calepin; raconte-le au gouvernement; c'est notre père à tous, il faut qu'il décide quelque chose pour nous. »

Et l'étranger Osmane *agha* : « Rien à faire. Où pourrions-nous aller? Est-ce qu'on voudrait de nous, dans un moulin, comme balayeurs?... »

L'après-midi s'achève...

– Je vous ai assez ennuyés. Excusez-moi, je dois m'en aller.

– Pas du tout, c'est nous qui nous excusons. Au revoir! et qu'Allah te bénisse!

J'ai bientôt fait connaître cette situation aux fonctionnaires du district. La perte de la récolte les atteignait peut-être aussi. On a décidé que la Banque Agricole distribuerait du blé de semence.

Nos gens doivent recevoir leur part. La veille, on fait venir Hamdi, qui est bouvier, et qui est aussi le crieur de notre village. Il s'époumone en s'arrêtant après chaque mot :

– Avis... à tous... venez... avec... votre... carte... d'identité!... Portez-la... bien... dans... votre... poche! Quatre... photos... il faut... quatre... photos! Pas... d'erreur... à présent! Cette... nuit... vous irez... en ville... chercher... votre... semence! Si, quelqu'un... veut... un renseignement... qu'il aille... ce soir... à la salle... du *Mouhtar!*

Vous pensez bien que ce soir-là, tout le monde est chez le *Mouhtar*. Chacun y va de son commentaire.

– Cent cinq *kilés* de blé, mes frères! Ça fait trois *kilés* par tête de cultivateur, et encore. Quelles semailles on peut faire, avec trois *kilés*? Ça ne vaut pas les six heures de route.

Et Moustafa, le fils de caporal Isâ, n'est pas du tout d'accord :

– Vous ne le savez pas : avec le gouvernement, c'est toujours pareil? Vous vous figurez qu'il va vous ouvrir tous ses greniers, le gouvernement? Quand il y a tous ces villages, tous ces fermiers! Nous pouvons remercier le gouvernement, s'il arrive à nous donner à chacun trois *kilés*.

– Bon, bon, on les prendra quand on ira en ville. On les vendra sur place, on dépensera l'argent, et puis voilà.

Il y en a tout de même qui n'ont pas l'intention de vendre leur semence. Mais ce qui les tracasse, c'est la dépense du voyage.

– Il faudra emporter une mesure de haricots de la réserve. Comme ça nous aurons l'argent. Ou alors il faut vendre un *kilé* de blé sur les trois. Pas moyen de faire autrement.

– Attention, les voisins! dit le *Mouhtar*. Si nous devons passer un ou deux jours en ville, prenez des provisions. Et surtout que personne n'oublie sa carte d'identité.

Ils partiront donc cette nuit, afin d'être à l'heure pour l'ouverture des bureaux. Les gens se séparent.

Nous sommes quelques-uns à rester dans la salle : les membres du Conseil, le *Mouhtar* et moi. Le caporal Véli parle de la misère :

– Mamid Efendi, peut-être bien que tu vas noter ça aussi? Ça m'est égal, d'ailleurs. Nous avons encore deux chariots de paille – et six bêtes, grandes et petites. Rien à brûler dans la maison. Je ne sais plus ce que je dois faire. Une année comme celle-là, mes amis, je me demande si c'est la volonté d'Allah. Aujourd'hui, je suis allé voir les brebis! elles sont toutes pleines, et ce n'est pas la saison.

– Caporal Véli, dit Husseïn *agha*, si les petits savaient dans quel monde ils tombent, ils refuseraient de naître. Mais les pauvres, c'est trop tard, quand ils découvrent ça.

Histoire de dire mon mot, je les secoue un peu :

– En voilà un découragement! si j'allais voir un peu vos réserves, je suis tranquille, je trouverais chez n'importe lequel une centaine de *kilés* de grain.

– Pour l'amour de Dieu, Mamid Efendi! Qu'un autre le dise, mais pas toi! Dans ce village, ici même, il y a beaucoup de gens qui pleurent, parce qu'ils n'ont pas récolté plus de deux ou trois *kilés*. Regarde Chabane *agha*, ce richard, qui se prétend le meilleur fermier de nous tous : il n'a pas ramassé plus de dix *kilés*, peut-être vingt.

Le caporal Véli va me donner d'autres détails. Je pose des questions sur la nourriture, car je sais qu'au début de cet automne, on se nourrissait de pastèques et de pain. D'abord, le caporal Véli a sa fierté :

– Est-ce que le pain n'est pas suffisant pour nous?

Puis il se laisse aller, et c'est pitoyable :

– Mamid Efendi, la vie de chacun est un secret qu'on ne dit pas. Personne ne sait ce que les autres mangent et ce que les autres souffrent. Ces choses-là, on ne peut pas les noter sur du papier, avec un crayon. Et si quelqu'un les lit, qu'est-ce qu'il en fera? Il faudrait qu'il passe quelques nuits par ici, pour comprendre – comment vit le caporal Véli.

Deux jours après, nous avons vu revenir ceux qui étaient allés chercher leur semence. Quatre seulement rapportaient leurs trois *kilés* de grain. Les autres avaient vendu leur part et l'avaient dépensée pour parer au plus pressé. « Et tant pis si nous sommes en dette avec le gouvernement! »

A force de consulter le Mouhtar et les personnes bien informées, j'ai en main tous les éléments pour donner environ quatre années de statistiques concernant la natalité et la mortalité au village de Nurguz, où j'enseigne, et à Demirdji, mon village natal. J'ai les registres où sont inscrits les noms des chefs de famille. Au lieu de les transcrire ici longuement, peut-être est-il préférable que j'en donne seulement les résultats.

Dans les trois cent cinquante familles de Demirdji, il y a eu deux cent vingt-six nouveau-nés en quatre ans, dont dix-huit sont morts dans la même période; cent quarante-cinq sont maintenant vivants. En dehors de cela, cinquante-trois personnes sont mortes.

Dans quatre vingt dix-sept maisons de Nurguz, pour une population totale de sept cent huit personnes, cent soixante-trois enfants sont nés en quatre ans, dont soixante-sept sont morts. Pour la même période, il y a eu quarante décès parmi les adultes. Comme on le voit, la mortalité est élevée (1).

Le village turc est fécond (2). Quand les maladies contagieuses ne s'en mêlent pas, la population s'accroît malgré les mauvaises conditions de vie; mais cet accroissement pourrait être plus rapide. Il faudrait trouver un moyen d'enrayer la mortalité infantile.

L'hygiène des enfants est inexistante. D'ailleurs, connaîtraient-ils les soins à donner, les villageois ne pourraient les appliquer, en raison des difficultés de leur existence. Dans les tout premiers jours qui suivent la naissance, si l'enfant ne meurt de je ne sais quel microbe, il s'affaiblit par manque de nourriture. Il n'est pas réchauffé suffisamment. Et si les grands froids de l'hiver ne l'emportent, ce sera la fumée, ou le manque d'air... Pendant les mois d'été, neuf sur dix des enfants succombent à la dysenterie. Une fois qu'un enfant est atteint de dysenterie, tout espoir est abandonné.

La vraie cause de cette mortalité, est bien le dénuement. Que peuvent faire des parents qui ne parviennent à trouver deux mètres de tissu pour

(1) Selon Tipta Yenilikler n° 7, p. 6 (déc. 1962), Istanbul, les statistiques établies à partir des données officielles turques et des Nations Unies sont les suivantes (1958) : mortalité infantile (un an, pourcentage sur 1 000 naissances vivantes) : *Turquie : 165* ‰; Yougoslavie : 86,4 ‰; Portugal : 84 ‰; Mexique : 80,1 ‰; Bulgarie : 52,2 ‰: Espagne : 47,4 ‰; France : 31,5 ‰; U.S.A. : 26,9 ‰; Angleterre : 23,3 ‰ Suède : 15,9 ‰.

(2) La natalité est élevée, selon les mêmes sources : *Turquie : 30,7 ‰;* Yougoslavie : 23,8 ‰; Portugal : 23,7 ‰; Mexique : 44,8 ‰; Bulgarie : 17,9 ‰; Espagne : 21,9 ‰ : France : 18,2 ‰; U.S.A. : 24,3 ‰; Angleterre : 16,8 ‰; Suède : 14,2 ‰.

envelopper leur bébé et qui ne peuvent se procurer du lait ou des aliments hygiéniques? Comment peuvent-ils préserver leurs enfants?

S'il arrive à se développer, affamé et nu comme il est, le bébé pourra acquérir assez de forces pour résister aux multiples difficultés de la vie qui l'attend.

En été, la mère n'a pas le temps de surveiller son enfant. Comme les autres, elle prend part aux différents travaux : arrachage des légumes, semailles, battage... Elle s'épuise sans trève du matin jusqu'au soir. Tandis qu'elle travaille dans les champs jusqu'à la nuit, l'enfant est abandonné, criant dans quelque coin des campagnes de Dieu. Une fois de temps en temps, la femme s'arrange tant bien que mal pour allaiter son enfant debout. Et encore, si elle a du lait, bien sûr! Beaucoup de femmes n'en ont pas; elles sont sous-alimentées. Que mangent-elles? qui pourrait leur donner la nourriture nécessaire? Pain et oignon, pain et concombre...

Mon ami et moi, avons dressé, pour l'envoyer, une liste des décès, que nous appelons le « Journal des Morts ».

Notre village a cent trente maisons. Les pertes de février sont supérieures à celles de janvier ou de mars : pas un enfant n'a vécu une année. Pour ce seul mois, nous inscrivons les noms de trente-quatre enfants. (Il y a un compte à part pour ceux qui ont été emportés par la dysenterie de juillet.) Quatre sont morts le même jour, à la même heure. On les a enterrés ensemble.

Mon village est le plus grand du district dont mon ami est responsable. Il y en a d'autres de quinze, vingt ou trente maisons. Dans ces treize villages, le nombre des enfants inscrits par mon camarade dans le « Journal des Morts », pour ce mois de février, est de cent vingt!

Plusieurs cercueils par jour... L'hiver ce fut ainsi et, l'habitude aidant, cela me semble maintenant normal! Chaque matin, en me levant, je me précipite au-dehors pour calmer l'inquiétude qui me trotte en tête : qui est mort cette nuit? Il ne faut pas plus de deux ou trois minutes pour apprendre ce qui est arrivé. Les maisons de ceux qui sont gravement malades sont pleines de femmes, de parents et de voisins : si par hasard le malade est mort, nul ne peut ignorer la mauvaise nouvelle car les lamentations se mêlent aux cris. Dans la matinée, la nouvelle est confirmée; les gens disent en passant : « Tu as entendu? Aujourd'hui la faux s'est abattue chez Untel... De bonne heure, ce matin, les deux enfants de Baytal sont morts... » Et ma curiosité est calmée; ce n'est plus que de la curiosité.

Tout le monde doit être comme moi et se demander le soir : « A qui le tour, aujourd'hui? » Et le lendemain, en se retrouvant sain et sauf, on apaise son anxiété en demandant qui a été la victime. Elle ne cesse sa besogne, cette lame tranchante, comme si elle voulait en finir une bonne fois avec nous, qui vivons sous sa rude fatalité. Que faire? sinon courber la tête devant cette puissance souveraine.

En mars, la mort se fait plus rare. Les malades qui ont survécu à l'hiver sortent et retrouvent le monde et son paradis, c'est-à-dire le bienheureux pied des murs! Ils supplient le soleil de leur rendre la santé. Ma mère est de ceux-là... Je pense à tous ces petits enfants qui, si rapidement, l'un suivant l'autre, ont quitté leurs maisons sans joie. Il ne m'appartient pas de tenir le compte de ceux qui sont partis. Ce compte, Dieu seul le sait, puisque c'est lui qui prend et donne.

Nous avons envoyé le rapport à l'agent médical qui nous avait demandé de lui faire savoir s'il y avait des maladies au village. Le jour où notre rapport est arrivé, le médecin n'était sans doute pas dans son bureau et le concierge a dit : « Repassez demain. » Mais après avoir transmis la lettre, le villageois qui avait emporté notre missive, une fois ses affaires terminées, ne s'est pas soucié d'attendre; il est revenu au village. C'est difficile de trouver quelqu'un qui aille en ville. Trente-cinq jours après, nous avons écrit de nouveau, exprimant notre inquiétude d'être sans nouvelles de notre premier rapport. Cette fois, nous avons eu une réponse : « L'hiver est rude. Les routes sont coupées. Même si nous trouvions un camion, il ne pourrait passer. Nous ne ferions d'ailleurs pas grand-chose en venant. Recommandez aux parents de garder leurs enfants au chaud : qu'ils les laissent au lit, leur donnent des médicaments pour arrêter la toux; qu'ils fassent transpirer les enfants et leur mettent des serviettes chaudes sur la poitrine. Qu'ils les nourrissent bien, surtout de lait. Nous vous envoyons deux brochures. Lisez-les en public. Suivez les instructions et le nombre de décès baissera. »

Deux brochures, publiées par le ministère de la Santé Publique et imprimées sur un beau papier bleu, intitulées *Hygiène de l'eau* et *la Rougeole*, étaient, en effet, jointes à la lettre. « Permanganate et hydrosulfate dans la proportion de six centigrammes pour un litre d'eau » et « charbon de bois »... Ces choses-là sont peut-être économiques et aisées à obtenir pour les gens des villes; mais nous? où pourrions-nous donc les trouver ici? J'ai lu ces brochures pendant les heures de classe. Mon ami les a lues aux villageois dans les salles communes des villages et n'a rencontré qu'opposition.

– Il se paie de notre tête, ce type-là! Comme si un médecin pouvait s'opposer à la volonté d'Allah! C'est Dieu qui donne et reprend. Remercions-le pour le jour où nous vivons. A quoi sert notre vie du reste? A longueur de journée, en maudissant le sort nous faisons des péchés. Quant à ces petits, qu'ils aillent donc rejoindre les *houris* (1); eux, au moins, ils sont purs.

Notre maison est un cabinet de consultation. Bien sûr, nulle enseigne n'en marque la porte. Si nous devions pendre une pancarte pour indiquer quels sont les maux soignés ici, ce serait :« Centre médical. Spécialiste de maladies en tous genres. » Le médecin : notre petit Ismet, âgé de huit ans.

(1) Anges de sexe féminin du paradis musulman.

A l'âge de deux ans, cela fait donc six ans, il était déjà médecin comme il l'est aujourd'hui, « cherchant un remède aux maux des Musulmans ». Ce médecin, avec ses six années d'expérience, s'est fait un renom dans le village et dans le district. Etant donné la variété et le nombre des maladies qui frappent et déciment la population, il va sans dire que, tous les jours, quantité de malades ont recours à l'expert.

Eh oui! ils ne laissent pas l'enfant tranquille, même à l'école. Un message suit l'autre : les malades qui attendent à la maison sont pressés, ils voudraient qu'on « prie pour eux » pour repartir tout de suite. Comme je retiens mon frère à l'école, ils viennent aux abords et s'accroupissent pendant la récréation au pied d'un mur, pour qu'on puisse dire les prières sur eux. C'est du moins ce qui se passe pour ceux qui viennent de l'extérieur. Généralement les malades de notre village sont reçus dans l'après-midi et jusqu'au soir. S'il y a quelqu'un de dangereusement malade, il peut être traité plus tard encore. Le tout est que l'enfant y consente... Car il arrive à Ismet de se faire un peu prier; parfois il refuse tout simplement d'aller voir le malade, malgré l'insistance de ma mère. L'affaire ne dure pourtant pas longtemps : il pose les mains sur la tête, les épaules et les genoux du malade assis en face de lui, il lève les mains ensuite et remue les lèvres. Il est censé dire des prières comme le *Elham* (1) et le *Kulhuvallah* (2) mais en réalité l'enfant ne les sait pas; aussi le mouvement des lèvres doit-il remplacer le texte.

Il ne demande pas : « Qu'est-ce qui ne va pas? Où avez-vous mal? » Pas de remède non plus. Quelle que soit la maladie, un seul traitement : une prière murmurée et deux mains qui effleurent. En revanche, on ne demande pas : « Où est l'argent? »

(1) Nom populaire de la première sourate du Coran qui commence par ce mot.
(2) Nom populaire de la 112e sourate du Coran (la troisième avant la fin) qui commence par ce mot.

Chacun remercie selon son cœur. On supplie Ismet de venir dans les maisons pour prier sur ceux qui sont malades dans leur lit et on vient le chercher comme un soupirant vient demander la main d'une jeune fille. Les honoraires sont proportionnés au péril; et on peut être sûr que le petit médecin sera invité à dîner et qu'on lui donnera un excellent repas.

Où Ismet a-t-il appris cela? Comment est-il devenu médecin? Je vais vous l'expliquer.

Le pauvre petit est tombé malade quand il avait six mois. Mon père et ma mère l'ont pris dans leurs bras et sont partis, de village en village, de « foyer » en « foyer » (1). L'inquiétude jetait son ombre sur nos existences... Pendant un an et demi exactement, jour et nuit, ils ont cheminé pour visiter les foyers les plus renommés (dont Ismet a maintenant pris la place), ma mère sur un âne avec l'enfant dans les bras, mon père à pied, menant la bête.

Ils ont voyagé des dix ou quinze jours de suite sans trouver un remède au mal. Un jour, avec leur approbation, j'ai emmené l'enfant chez un médecin de notre petite ville. Piqûres ou pilules, il s'est trouvé guéri. Seulement, une plaie s'était ouverte à son côté d'où sortirent trois ou quatre vers. Les gens dirent qu'Ismet avait souffert du *yilancik* (2). Et voilà! A partir de ce jour, l'enfant fut déclaré « guérisseur de *Yilancik* » (3) et de là, guérisseur universel.

Je raconte cette histoire à ceux qui viennent le consulter et les engage à aller se faire soigner par un véritable médecin, mais ils ne se laissent pas convaincre. Ils accourent pour des maux de tête aigus, pour des trachomes aux yeux, des rages de dents, des douleurs du genou, des coliques intestinales.

La « grippine Ismet » pour toutes les maladies.

(1) On appelle « foyer » les familles de guérisseurs; le pouvoir de guérisseur se transmet de père en fils et parfois de maître à disciple.

(2) Erésipèle.

(3) Parce qu'il avait survécu au mal, on lui attribua un pouvoir de guérisseur.

Pas de différence. Si par hasard, quelques-uns de ceux sur lesquels il a posé les mains sont guéris, quelle affaire! L'année dernière, quand il est venu à Nurguz pour demeurer avec moi, il a prié sur une femme dont les yeux étaient douloureux : et ne voilà-t-il pas que deux jours plus tard, les yeux étaient guéris. Les gens de Nurguz ne cessaient de défiler. J'ai eu toutes les peines du monde à le tirer de leurs mains. Mais bien que la distance soit grande, les malades de Nurguz viennent, maintenant encore, chercher la guérison. Ils ont répandu sa renommée de village en village et fait connaître son nom jusqu'à Kotchhisar.

J'ai fait de mon mieux pour que l'enfant abandonne ce métier. Il y renoncerait bien, lui, mais les villageois, à commencer par mon père et ma mère, ne veulent pas comprendre.

– Tu appartiens à un nouveau monde, toi...

Je réplique :

– Croyez-vous que ce soit si facile de devenir médecin? Même ceux qui, pendant vingt ans, s'usent les coudes à étudier, n'apprennent qu'avec bien du mal ce qui concerne les maladies! Tout cela ne finira pas bien pour Ismet : plus tard, il voudra faire de l'argent avec son simulacre.

Une douleur au genou, la cataracte à l'œil, un mal à l'estomac, je ne sais trop quoi encore, et vous allez au « Foyer ».

Le « foyer » des hémorragies est à Kizilkaya : c'est un village tout proche du nôtre. Le « foyer » de la fièvre est à Youva; c'est là que vont la plupart des gens. On soigne toutes les maladies dans ces « Foyers », mais quelques-uns ont une spécialité, comme les grands médecins.

On ne choisit pas par hasard son « Foyer »; cela se décide par divination. On met un peu d'eau dans un récipient, on y place des aiguilles, chacune pointant vers un village où se trouve un « foyer ». L'aiguille qui rouille la première indique le « foyer » qui guérira la maladie et le malade s'y rend.

Dernièrement, j'y suis allé comme les autres. Je ne pouvais plus supporter l'insistance de ma mère qui n'en finissait pas de répéter :

– Tu as la fièvre.

Apparemment, le secret est uniquement dans la main. Un guérisseur qui est sur le point de mourir touche la main d'une personne qui devient guérisseur à son tour. Ainsi le « Foyer » continue, et l'on continue à s'y rendre.

– J'ai mal au côté. J'ai mal aux reins. Ayez pitié de moi! Je meurs...

Il y avait cinq ans que le gros Ali se traînait au pied des murs en gémissant : mais ces derniers jours, il s'affaiblissait. Il était temps d'aller voir un spécialiste.

Après avoir discuté avec lui quelques jours, nous l'avions enfin persuadé d'aller se faire soigner à la ville, mais le médecin lui dit :

– Je ne comprends rien à ton mal; il faut que tu ailles à Ankara.

Il a encore fallu le secouer pendant tout l'hiver pour qu'il promette de se rendre à Ankara au printemps. En avril, il a vendu un buffle pour soixante livres; il est alors parti. Trois jours après, il était revenu. Ankara n'est certes pas loin.

Il était allé à l'Hôpital d'Etat où un médecin l'avait examiné.

– Tu ne t'en es pas aperçu, toi, mais tu as traîné debout une bonne pneumonie. Prends cette ordonnance; va à la pharmacie chercher les remèdes que j'inscris; quand tu seras retourné dans ton village, l'agent de santé (1) te fera les piqûres.

Ali va à la pharmacie. Il commence par demander le prix du médicament. Quand il apprend qu'il lui en coûtera dix livres, il met l'ordonnance dans sa poche et s'en va.

– Mais pourquoi n'as-tu pas acheté la drogue?

(1) Il existe une organisation d'agents de santé de formation sommaire qui passent périodiquement par les villages pour tenter de remédier au manque de médecin (voir Annexe I).

– Oh! fiche-moi la paix pour l'amour de Dieu. Je n'oserais jamais rentrer chez moi après avoir payé dix livres une chose grosse comme mon ongle! C'est une histoire de fous, tout ça! Va te faire tondre ici! et puis là! Allah qui nous a donné la vie ne la reprend pas avant qu'elle ne soit arrivée au bout. D'ailleurs l'autre monde est sûrement plus confortable que celui-ci.

Et il s'étend au pied du mur en recommençant à se plaindre de douleurs dans la côte gauche. Moi, j'essaie encore de le persuader d'aller chercher ses remèdes mais mon collègue me dit :

– Avant de lui arracher dix livres pour acheter une drogue, il faudrait lui couper la tête et la remplacer par une autre; ou qu'un torrent de « culture » déferle soudain sur le village. Nous n'irriguerons pas plus ce monceau d'ignorance que le moulin ne tournerait avec l'eau d'un arrosoir.

Je suis entièrement de l'avis de mon ami; j'ai toutefois une crainte : alors que nous attendons ce torrent de « culture », les charmes, les sorciers, les fanatiques ignorants envahissent, tiennent la place et emportent dans leurs flots les semences que nous plantons et arrosons. Comme les taupes qui rongent les pommes de terre et les oignons à peine plantés.

Nos villageois entretiennent cette opinion que Dieu, lorsqu'il envoie à l'homme une douleur, lui donne en même temps la force pour la supporter. Le problème est le suivant : s'il vous vient un mal, c'est que le remède est parti ailleurs. Cherchez-le, trouvez-le et vous serez sauvé. Si vous ne le découvrez pas, c'en sera fait de vous. De même que nous ne pouvons avaler un morceau sans le mâcher, de même nous ne pouvons trouver le moyen d'échapper à la douleur sans nous mettre en peine. Et il y a même plus : nous aurons beau nous éreinter à guetter partout un avis pour savoir comment le trouver, le remède ne peut se montrer. Ce bienheureux contrepoison doit avoir disparu! Il ne surgit pas en disant : « Me voici... »

Miriloglou est malade, couché depuis six mois. Pendant des nuits entières, la douleur lui a arraché des larmes. Personne ne sait ce que peut être sa maladie. Il a si mal aux bras et aux jambes, le pauvre bougre, que si quelqu'un lui proposait de les couper, ça lui serait bien égal! Rien ne le soulage, pas plus Ismet que son *Kismet!* Nous aurions voulu qu'il aille jusqu'à la ville. Les paroles de l'instituteur du village ne l'ont pas convaincu; on va voir si celles du sorcier auront plus d'effet.

Aller en ville, ça lui coûterait dix livres pour louer une voiture, et dix livres ou plus pour le médecin et les médicaments. Vingt livres au moins. Quand bien même il irait à Ankara, la dépense ne serait que de quarante livres. Nous lui exposons le problème. Il semble persuadé. Quelques mots de Kalamak Mehmet suffiront pourtant pour tout arrêter.

– Vous ne voyez pas que ce n'est pas l'affaire d'un médecin? Tant que vous ne l'emmènerez pas au « Foyer », la douleur ne s'arrêtera pas.

Ce sont les paroles auxquelles il obéira. Comme celles du Prophète, elles font refluer le courant de l'eau.

Sa maladie s'aggrave. Quand il n'a plus que la peau et les os, on le met sur une charrette.

– Où va-t-il?

– A Adjipinar.

– C'est le bon « Foyer » pour son mal?

Là-bas, on le vole un peu et puis :

– Non, ce n'est pas ici qu'on peut le débarrasser de ça.

En route pour Dachdéler :

– Ah! non, ici, ce n'est pas ce mauvais vent que nous traitons.

Alors, en route pour Youva. Pour Karaviran. Pour Kizilkaya. Le malade est au bout de ses forces – et de son argent. Il doit cent cinquante livres pour la location de sa voiture. On pense tout à coup à Kat – au fin fond du Tokat, je crois; enfin c'est très loin... Il y a là-bas, paraît-il, des centaines de serpents dans un bâtiment. Le charmeur de serpents fait asseoir le malade et prononce ces mots : « Serpent, fils d'Untel, viens ici. » Si le mauvais vent du patient est localisé, son serpent sort, et vient se dresser sur sa chemise, qu'on a étendue. Si le mauvais vent n'est pas là, le serpent vient flairer la chemise et s'en va. Ça veut dire : « *Agha*, cherche plus loin, ton remède n'est pas ici. »

Il y a deux façons d'aller dans les « Foyers » renommés et lointains. Si le malade est capable d'y aller en personne, c'est mieux. Mais il est permis, en cas de maladie aiguë, d'y envoyer seulement un vêtement, chemise ou pantalon. Là était bien le dernier espoir de Miriloglou. Jamais il ne pourrait supporter le voyage; il y enverrait donc sa chemise. Mais qui l'emportera, au cœur de l'hiver? Cela lui coûtera très cher. Il est pourtant certain que le mauvais vent est à Kat! Là-dessus, une femme voit en rêve un vieil homme barbu qui lui dit : « Le mal de Miril est à Kat. Qu'on l'y emporte! »

C'était si loin, pourtant, que nous réussissons à le persuader d'aller plutôt à Ankara. Là, on l'opère immédiatement. De quoi? je ne pourrais le dire. La pire souffrance s'est apaisée, mais la plaie n'est pas cicatrisée, et son corps demeure sans force. Il a fini par décider de faire le voyage de Kat quand viendrait l'été, parce que là seulement, le mauvais vent s'éloignera.

Il n'y a pas longtemps, Gidji Youssouf a récolté les chemises de dix personnes, au moins, et les a emportées à Kat pour les faire exorciser. On lui donne cinq livres par chemise.

Entre toutes les formes de souffrances, c'est le mal de dents qui rend le villageois le plus misérable. De sept à soixante-dix ans, des hommes et des femmes, se tenant la mâchoire, courent chez le *Hodja* ou vont trouver le « dentiste » du village; ou alors ils soupirent et gémissent, le menton dans les mains, accroupis au pied d'un mur, avec un air de désespoir à faire pleurer.

Ces dernières années, pendant que j'étais assailli par mille pensées dans mes nuits solitaires, j'ai connu ce qui se fait de mieux comme rage de dents : impossible de m'endormir; j'avais le corps au supplice et les larmes aux yeux. Quels moyens ne m'ont pas recommandés ceux de mes voisins qui avaient souffert les mêmes douleurs!

Comme c'était la première fois que j'avais une rage de dents, et que je ne m'en étais jamais fait arracher auparavant, ils m'ont conseillé de demander au *Hodja* de dire une prière sur une pincée de sel et un clou, d'enfoncer le clou dans un pieu, d'envelopper le sel avec une amulette écrite dans un morceau de tissu et de le coudre à l'intérieur de mon chapeau! Quant à savoir si cette opération me soulagerait de ma douleur... « La prière est la prière; le reste dépend de la volonté de Dieu. S'il le veut, il peut faire partir la souffrance; et s'il ne le veut pas, il ne la fera pas partir. »

Dieu les bénisse! Bien que je n'aie pas donné mon consentement, ils se sont procuré en mon nom le clou et le sel sur lesquels on avait prié, en me disant : « Tu n'y connais rien! » Mais j'ai continué d'avoir mal pendant deux ans, jusqu'au moment, où, à Istanbul, le dentiste bien connu Madjit Yazaroglou y mit un terme.

Les *Hodjas* prétendent qu'il n'y a pas au monde de mal auquel ils ne puissent trouver de remède, mais quand un malheureux, après s'être leurré un moment avec des amulettes et des prières, en arrive à se taper la tête contre les pierres parce qu'il ne peut plus endurer sa souffrance, alors il se précipite vers les pinces. Et c'est de ces dentistes-là que je voudrais vous parler.

Il y en a trois dans le village. Quand les gens viennent les trouver, ils saisissent la dent malade avec une paire de pinces ordinaires; le patient beugle – comme un bœuf – et perd un torrent de sang. Mais si une dent sur cent sort à peu près bien, c'est le maximum. La plupart se cassent; la racine reste; et il s'ensuit une agonie sans fin. Ou encore la dent ne sort pas du tout; déchaussée, branlante, elle tient toujours à la mâchoire.

Il n'y a pas beaucoup de différence entre la bourgade et le village. Bien qu'il existe un dentiste non diplômé (1), la plupart des gens, surtout ceux qui viennent des villages, se précipitent de préférence dans les boutiques des barbiers. J'ai vu beaucoup de gens sortir de ces échoppes, crachant le sang, défaillant de souffrance. Ces boutiques sont également remarquables pour toutes sortes de services qu'elles rendent surtout aux villageois; les gens se donnent les adresses, en demandant : « As-tu été chez Hakki Ousta? » ou : « As-tu montré ça à Mehmet Ousta? » Que ce soit un mal de tête rebelle ou une douleur dans le dos, on y a recours aux piqûres quoique personne n'y connaisse grand-chose.

Mais j'étais en train de vous parler des dentistes de village. Le printemps à peine apparu, en mars, apporte aux gens tous leurs maux. Peut-être les mauvaises dents font-elles plus mal à ce moment-là. En tout cas, c'était par un admirable jour de mars, et le soleil nous chauffait le dos. Nous n'avions pas eu ce bonheur depuis trois mois, et les gens se détendaient de compagnie, le long des murs ensoleillés. Vers midi, alors que je revenais de l'école, les femmes attroupées devant la boutique de Déli Ali attirèrent mon attention. Déli Ali est un des trois dentistes que j'ai signalés. Je m'en approche. Les femmes font la queue en attendant de se faire arracher les dents. Toutes sont muettes. Quand Déli Ousta les fait asseoir sur une pierre et tire, vous ne pouvez imaginer ce qui s'envole au ciel comme cris...

Plusieurs personnes entourent la patiente : les uns la tiennent par les bras, d'autres la maintiennent assise par les épaules. Quelques femmes pren-

(1) Praticiens dentistes qui sont autorisés, dans certaines localités où il n'y a pas de dentiste, à assurer certains traitements.

nent dans leurs mains les dents qui ont été cassées au cours de l'extraction et les contemplent.

Certaines balancent la tête d'un côté et de l'autre, en attendant leur tour. Tandis que je regarde les caillots de sang, par terre, le dentiste m'aperçoit. Dans un coin, quelques œufs. Il s'imagine que c'est ce que je regarde et levant sa pince :

– J'ai gagné ces œufs avec ça, *Hodja!* m'annonce-t-il triomphalement.

Bien qu'adroit à ce métier, l'un des autres dentistes semble avoir plaisir à faire souffrir les gens, et se permet mille plaisanteries. L'année dernière, en arrachant une dent à un de mes collègues, il l'a cassée; c'est pour cela que mon troisième collègue a préféré ne pas aller chez lui, bien que sa dent lui fît mal pendant des jours et que sa figure fût enflée.

Il n'y a pas trace de ce qu'on pourrait appeler pitié chez cet homme. Il attache le bout d'un fil de fer à la base de la dent, et l'autre bout à une enclume (il est forgeron de son métier). Puis il prend une tige de fer rougie au feu et l'approche de la bouche du patient. Le pauvre homme fait un bond si brusque en arrière, qu'il arrache la dent lui-même...

Une autre fois, il a serré les pinces sur la dent du malade et l'a traîné, hurlant, dix bonnes minutes! ce n'est qu'après qu'il a arraché la dent.

Mon collègue a dû souffrir mille morts pour se résoudre à affronter ces tortures et aller finalement chez le forgeron se faire arracher une dent.

– Que veux-tu faire d'autre, frère? dit-il. Un homme qui tombe à l'eau se cramponne même à un serpent.

Il y a très peu de gens qui n'aient de maladies de peau. Les mains et la figure des enfants en sont particulièrement affectées. Pourtant les gens vont voir les magiciens, le vendredi, pour qu'ils soufflent et écrivent sur leur mal. Il y a beaucoup de magiciens, le choix est considérable. Allez chez celui qui vous plaît mais n'oubliez pas d'emporter avec vous un paquet de cigarettes. C'est Dieu qui fera cesser la souffrance, de toute façon. « Nous ne sommes que des intermédiaires », disent-ils sans détour. Voici comment ils procèdent : après avoir « soufflé » sur les endroits enflammés ou blessés, comme on souffle sur une flamme, ils humectent la peau autour du mal et griffonnent quelque chose, en lettres arabes, avec un crayon indélébile. Si ce n'est qu'une maladie de peau, ils écrivent partout sur le mal.

Un jour, j'ai l'idée d'un mauvais tour : je fais une marque avec le tampon de l'école sur le front et les joues de cinq ou six enfants dont les visages sont atteints. Vous ne pouvez pas savoir comme l'encre du cachet s'imprima bien. « Là, leur dis-je, ça ne sort pas toujours de la main des *Hodjas* et moi je les fais gratis... » Quand les *Hodjas* ont entendu parler de ça, ils sont entrés dans une grande colère : « Ainsi, un infidèle, qui ne fait ni ablutions, ni prières, croit qu'il peut chasser le mal avec son écriture étrangère ? » (1).

Le couteau est-il plus puissant que le souffle, ou le souffle plus acéré que le couteau?... Nous en arrivons à un point où nous ne pouvons plus faire de distinction. A force de vivre au milieu de toutes ces superstitions, on finit par y croire.

La femme d'un de mes collègues a fait une sérieuse blessure à la tête de son enfant, à force de lui faire des saignées avec un couteau. Il m'arrive de passer par là; la fillette est assise au pied du mur. Husseïn-le-Malade va « souffler » sur elle. Je m'approche d'eux. Le *Hodja* bat le briquet et l'éteint en le frappant sur le haut de la tête de la petite fille. Puis, il écrit quelque chose et recouvre l'endroit où il a frappé. J'interviens :

– Ces blessures ne guériront pas en soufflant

(1) L'introduction de l'alphabet latin par Ataturk date de 1928. Fidèles à l'écriture du Coran, les réactionnaires du village considèrent les caractères latins comme étrangers, alors qu'ils ne le sont pas plus que les caractères arabes.

comme ça, pas même avec le meilleur onguent du monde; je peux vous l'assurer. A présent l'enfant est chauve, c'est regrettable, mais au moins, n'esquintez pas son cerveau!

– Qu'est-ce que tu dis, Maître? Mon souffle est plus puissant qu'un remède ou un couteau. Toute la magie guérisseuse de Dieu est cachée dans le souffle. Jusqu'ici, toi, tu n'as rien vu, mais moi, qui te parle, j'ai vu le souffle d'un grand *Hodja* transporté dans un sac de cuir, d'un village de la province de Kayseri dans un autre, et employé à petite dose comme remède contre la maladie.

Quand j'étais enfant, si j'avais mal à la tête ou à l'estomac, ma mère jetait aussitôt dans le feu une poignée de graines de rue (1) et je devais tenir mon nez dans la fumée. Cela pouvait être considéré comme première précaution contre la maladie. Ensuite, il y avait toutes sortes de fumigations; et plus tard encore, c'était le moment d'employer la gamme des remèdes de bonnes femmes; crottes de chien ou de chèvre, fumier de chameau pilé en emplâtres sur les endroits douloureux. Et si cela ne m'avait pas guéri, on me faisait certainement manger de la viande de chien ou autre chose du même genre.

Vous remarquerez que tous ces ingrédients dont se servent les villageois sont gratuits. Le médicament est l'article que l'on peut trouver le plus abondamment chez nous. Si une application externe semble ne pas être efficace, on dit : « C'est une maladie intérieure », et l'on prépare des viandes ou autres choses à manger, sans frais peut-être, mais sans résultat non plus... C'est à la fin seulement que la chose devient onéreuse : le mal empire et le remède est plus difficile à trouver. Je peux en parler savamment car j'ai vu et expérimenté beaucoup de ces cures!

J'ai été témoin d'une méthode de fumigation que

(1) Peganum Harmale.

je n'avais jamais vu pratiquer auparavant. On coupe un très petit morceau dans le linceul d'un mort, on le fait brûler et on fait respirer la fumée au malade. Ce procédé passe pour être efficace contre le mal et pour être en même temps un acte de piété. Quand ma grand-mère a été malade, j'ai vu qu'on apportait le bout d'étoffe et qu'on le brûlait. Elle ne se lassait pas de louer cette méthode. Comme la plupart des gens ne permettent pas à n'importe qui de couper le linceul de leur mort, tout le monde ne peut y recourir. Cette difficulté augmente sans doute le mérite de celui qui accomplit la pieuse action.

Vaut-il mieux avoir la gale et se gratter, ou être sans moyens et méditer sur son sort?

Ici nous avons les deux.

Ayant eu à faire au hameau voisin de D... avec l'instituteur, nous sommes allés jusqu'au vignoble, à cinq kilomètres du village. Le gardien est venu vers nous. Comme d'habitude, nous lui avons donné les paquets de cigarettes que nous avions apportés et nous avons bavardé.

Tous les ans, cet homme garde les vignes. On pourrait croire qu'il fait partie des champs et des montagnes. Il a une forte charpente et le teint sombre; aussi l'appelle-t-on « l'Ours Noir ».

Son aspect misérable m'a serré le cœur. Est-ce l'Ours Noir qui est galeux ou la gale qui est l'Ours Noir?

Tout de suite, il s'est plaint de son effroyable mal, et dans l'idée, peut-être, de nous demander conseil, il a découvert son ventre. Les lèvres et les mains du malheureux tremblaient de souffrance. Ses sous-vêtements n'étaient que lambeaux, et, sous ces loques, en guise de bandage, il avait mis des feuilles de betterave. Je préférerais, pour ne pas vous dégoûter, ne pas insister sur les poux qui y grouillaient... Si j'avais seulement osé poser ma main sur son ventre, elle en aurait été couverte! Mais – il n'y avait pas de place où l'on pût poser la main... Sous les feuilles de betteraves, ce n'était que plaie, et une plaie tellement ouverte que les boyaux avaient l'air de vouloir sortir... Il n'était pas ravagé qu'au ventre, croyez-le bien : sa poitrine et son cou portaient tout autant de blessures.

Chaque année, du printemps à l'automne, il se passe de lit. En a-t-il seulement un en hiver? Je me le demande. Il vit n'importe où, au milieu des vignes, dans les poux et la crasse. Sa gale a commencé cinq ans plus tôt, et rien n'a pu le guérir. Il a eu beau consulter les vieilles et les anciens du village, sa maladie a atteint cet effroyable stade :

– Je ne peux ni dormir ni me reposer, et Allah ne veut pas prendre ma vie. Et ça me démange! Je ne peux pas gratter les plaies. C'est le plus terrible.

Le gardien reçoit trente ou quarante *kilés* de grain comme salaire annuel et peut à peine nourrir sa famille. Que faire? Je n'ai pas osé lui dire d'aller voir un médecin. Dans son hameau, il n'y a ni médecin ni remède... Ce village est loin de la ville, et l'homme n'a pas plus d'argent dans la poche que de vêtements sur le dos; le malheureux!

J'ai gardé un triste souvenir de certaine soirée d'hiver, qui s'annonçait bien monotone. – Il est encore tôt. Nadjiyè a allumé le feu; elle essaie de préparer un repas pour les malades. La porte s'ouvre, ma sœur Aychè entre. Elle ne s'exprime que par signes et je me dis : « Le froid lui a paralysé la langue. » Il y en a tant, ces jours-ci, de ces gorges brûlantes ou de ces voix enrouées. Puis j'ai remarqué sa gorge enflée. Ma mère l'examine, et tout de suite, a compris : la diphtérie! Quelle panique! le cou de la gosse est dur comme pierre. Elle respire à grand-peine. Ça l'a prise dans l'après-midi et l'enflure va en augmentant. Convaincre les gens d'aller voir un médecin. Celle-ci également, il faudra qu'elle endure ses six heures de route.

J'échange un regard avec ma femme Nadjiyè (1) :

(1) En 1948, au début de l'ouvrage, l'instituteur Mahmout Makal était célibataire; il s'est marié par la suite.

la décision est prise. Mais ce n'est pas tout; il reste à convaincre mon père. Tandis que j'explique la chose aux parents, ils semblent me comprendre et me croire.

– Alors, Père, il faut que nous trouvions quelqu'un qui veuille nous conduire en voiture.

Personne ne bronche. Mon père parle de bricoles à faire dans l'étable, de la vache qui ne se nourrit pas, du fumier frais qu'il faudrait entasser dans un autre coin : ça servira à boucher les fentes, dans la porte de l'étable. C'est clair, il ne prend pas la chose au sérieux. Quelle bataille, pour le décider à agir! Enfin, ça y est, mon père s'en va chez Kabaktchi Kadir pour demander la voiture. Moi, je file chez *Hadji* Ahmet pour trouver une couverture en peau de mouton : il faut arriver au bourg sans que la malade prenne froid par cette nuit glaciale. Impossible de trouver une peau de mouton; je perds là un bon moment, puis je rentre, pensant trouver la voiture devant la porte : pas de voiture. J'entre dans la maison; la guérisseuse Adifè est en train de faire fondre du plomb... Ah! mon Dieu! Ah! dans un coin près du feu, une autre femme fait cuire des œufs au plat. Ma mère assise dans son lit écrase du raisin sur la planche à pain. Personne ne pense à la voiture, et encore moins au médecin. Elles ont tout arrangé entre elles! Et dans cette épaisse fumée qui emplit la pièce de ses poisons, elles n'arrêtent de tousser... Bien que personne ne voie son prochain, les ordres lancés dans les intervalles entre les quintes de toux circulent d'un bout à l'autre de la chambre et des propos aigres-doux vont bon train. La pauvre Aychè est recouverte d'une courtepointe; comme elle ne peut pas se coucher, parce qu'elle étouffe, elle est assise recroquevillée dans un coin. Elle regarde tout ce monde s'agiter pour elle. Si après tant d'efforts, elle ne guérit pas, « c'est qu'elle est une vraie ingrate », comme dirait Havvâ, la voisine.

Behidjè s'affaire, toute malade et grelottante de fièvre qu'elle est; elle aide Aniche. On a nettoyé et mis devant Adifè la casserole dans laquelle elle doit fondre le plomb. Les mains tendues vers la flamme, la guérisseuse se réchauffe en observant les poêles dans lesquelles se trouvent respectivement du plomb et des œufs. Il y a une joie secrète dans ses yeux; on le sent. Il y a de quoi! car dès qu'elle aura versé le plomb fondu de la poêle dans la casserole, la silhouette de la personne qui a donné le mauvais œil y apparaîtra, tous ceux qui sont là vont l'accabler, en disant : « Maudit diable aveugle, maudit soit ton œil aveugle, ton sale œil! » Alors seulement le maléfice du mauvais œil perdra son pouvoir, ne vaudra plus rien! Il suffira de mélanger le raisin aux œufs cuits au beurre et d'en faire une compresse brûlante autour du cou de la malade qui devra se couvrir bien chaudement et se reposer. Au matin, vous verrez que sa gorge ne sera plus enflée et tout sera fini!

Mon père semble rassuré. Il se tourne vers moi :

– Allons, recouche-toi, mon fils. Dieu tout-puissant est là-haut. Ce n'est ni toi, ni moi qui pouvons détourner la destinée de notre étoile. Je ne me laisserai pas dire : « Kara Ismail a amené sa fille chez le médecin, elle est morte et son corps est resté en ville! » Si elle doit mourir, qu'elle meure chez elle, ici, devant mes yeux.

Malgré ces paroles, il cède devant mon insistance et celle de Nadjiyè. Après un long moment, il échange un regard avec les autres puis s'en va chercher une voiture.

Je sors aussi, mais je n'ai pas la force d'aller moi-même chercher une voiture, je ne tiens plus debout. J'ai le vertige à en mourir. Adossé au mur de la maison voisine, les yeux ouverts dans le noir, je songe à tous ceux qui vivent ici. Il n'est plus neuf heures du soir, ni dix heures, il est bien minuit. J'espère entendre le bruit des roues. J'attends.

Ce n'est pas le bruit de la voiture, c'est celui des sandales caoutchoutées de mon père.

– Qu'as-tu fait père? Où est la voiture?

– Ne sois pas pressé, ce n'est pas le moment de

chercher une voiture. Regarde, j'amène la grand-mère Hatidjè. Voyons voir aussi ce qu'elle fera.

Sans rien ajouter, mon père grimpe vers la colline au-dessus du village. Ah! s'il avait seulement pu voir l'expression de mon visage!... Hatidjè se dirige vers la porte de la maison restée ouverte. La fumée ne savait plus par où s'échapper, elle tournait en rond à l'intérieur de la maison; on continuait à alimenter le feu.

– Apportez-moi vite un peu de cendre du *tandir!*

Maintenant, on aura beau dire, ce qu'elles ont décidé, elles le feront. Je vais tout de même auprès d'elles. En un clin d'œil, Hatidjè s'enduit le doigt de cendre et le plonge dans la gorge d'Aychè. Vous comprenez, la cendre a un pouvoir guérissant et empêche le doigt de glisser...

Il ne faut plus attendre, il faut que je prenne l'initiative; mais dans l'état où je me trouve... J'appelle Nadjiyè :

– Aide-moi à chercher une voiture, lui dis-je.

Appuyé sur son bras, et secoué par des éternuements, je vais frapper chez Kabaktchi. A force d'appeler, nous le réveillons, mais ce n'est pas sans mal.

Voilà Kabaktchi qui ouvre sa porte, il tousse à s'en étouffer et sans arrêt. A force d'explications, il comprend enfin.

– Puisque c'est pour toi, j'arrive.

Ouf! La voiture attelée, vite à la maison et vite en route.

Oui, mais à la maison, on n'est pas d'accord et c'est une séance de palabres. La nuit! L'hiver! tous les arguments sont bons. On n'en sortira pas sans un coup de force. D'un clin d'œil, je fais signe à Nadjiyè qui empoigne Aniche et la fait asseoir à terre. Moi, j'attrape Hatidjè à bras-le-corps et la dépose auprès d'Aniche. Reste Adifè : c'est sur elle que compte ma mère qui de son lit lui fait des signes, du doigt et de l'œil; on l'entend dire du bout des lèvres :

– Ne la donne pas surtout, ne la donne pas.

Adifè enlace solidement la malade. Pendant ce temps, du dehors, notre conducteur, appelle :

– Hé! faites vite, les chevaux vont attraper la mort!

– Viens plutôt nous aider à sortir la malade!

Misère! notre conducteur est le gendre d'Adifè! Par bonheur, il n'en fait pas cas; il prend sa belle-mère par le bras et l'envoie choir de l'autre côté de la pièce. Seulement tout ce bruit a réveillé les enfants, et c'est une mêlée générale. Aychè, elle, est à bout; plus rien ne la touche. Et autour, les femmes qui nous lancent d'immondes injures. Je perds patience; nous leur arrachons la malade. Au moment de passer la porte, dernier sursaut : on nous attaque par-derrière. Ma mère est sortie du lit, elle s'est mise de la partie, et les voilà toutes cramponnées à nos vêtements : le cocher, abasourdi, ne sait que faire au milieu de cette troupe de femmes échevelées. C'est la pauvre Aychè qui en pâtit. Elle ne peut ni parler ni remuer, et pendant qu'on se tiraille, la voilà qui s'écroule sur le seuil.

C'est à ce moment qu'on voit arriver mon père, serrant un paquet dans ses bras, un gros paquet enveloppé d'une couverture de laine, et qu'il dépose à terre en entrant. Il ouvre : c'est une oie! Il la reprend dans ses bras. Et nous sommes là, immobiles, à le regarder. Encore un échec...

Ils se jettent sur la bête, comme si c'était leur bouée de sauvetage. Ah! j'ai beau crier. Ils défont le bandage aux raisins et œufs, et se mettent à égratigner le cou d'Aychè avec la patte de l'oie, son cou frêle avec cette patte dégoûtante. L'opération finie, on replace le bandage – Hatidjè couche Aychè sur ses genoux; on lui ouvre la bouche, et qu'est-ce que je vois? mon père qui essaie d'introduire la patte de l'oie dans la gorge. Sur ce, Aychè vomit. De bon augure! on répète l'opération trois fois. D'après Adifè, telle est la plus récente méthode pour traiter la diphtérie.

C'en est trop! Je ne veux plus rien entendre, ne vois plus rien; je suis déchaîné; je lui arrache presque les bras et les jambes, à cette pauvre Aychè, la jette sur la voiture, et allez, Kadir, fouette les chevaux!

CHAPITRE V

LES ARAIGNÉES

Nous avons aussi les *cheiks,* ceux qui font partie d'un Ordre. De quel Ordre, ils n'en savent trop rien. En tout cas, les *cheiks* fourmillent. En 1947, j'en ai vu cinquante dans un village de cent cinquante feux : et c'était le plus pauvre en *cheiks* des trente et un villages que j'ai visités.

Les jeunes gens sont très attirés par l'Ordre. Ils laissent croître leur barbe, se désintéressent du monde, et n'aspirent qu'à la sainteté. Ils jouent du tambourin jusqu'à l'aube et s'enrouent à réciter les prières.

J'ai vu à C... Mehmet Efendi, le chef suprême des *cheiks* de la région. Vénérable personnage, à ce qu'on dit; il ferait réciter la prière du vendredi devant la *Kaaba* de La Mecque. Enfin c'est la rumeur.

Qui veut entrer dans l'Ordre va lui demander conseil – avec un présent. Il ne sort guère, mais il attire une foule de visiteurs qui le couvrent d'inimaginables cadeaux.

Un soir d'hiver, dans la salle commune du village, nous voyons arriver treize de ces pèlerins. Dans quel état; ils font pitié. Ils viennent des villages d'Ak... et Aj... : cinq heures de marche sous des torrents de pluie. Nous les invitons à rester auprès de nous. Croyez-vous? on dirait que l'orage leur fait plaisir. Il paraît que Dieu les éprouve : « Vous êtes partis? Eh bien! on va voir si vous avez peur, on va voir si les pèlerins vont tenir bon. » Ils sont tous *cheiks*. Le plus jeune a dix-neuf ans et c'est un véritable *Hafiz* (1).

Je dispose six lits dans la pièce, où nous allons dormir à quatorze. Je suis décidément très gentil! et puis je n'ai pas le choix. A peine couchés, ils se relèvent. L'un d'eux se saisit de morceaux de fer (qu'il doit appeler cymbales), un autre de son tambourin, et le jeune *Hafiz* d'entonner :

Au ciel avec Jésus
Avec Moïse sur la montagne de Tor...

⁂

L'hiver a été long. La moisson a peiné à sortir de la boue. Un hiver comme ça, c'est Dieu qui l'envoie parce que ses serviteurs se sont détournés de lui! et on peut compter ceux qui n'entrent pas dans l'Ordre. Mehmet Efendi, qui a fort à faire avec tout ce troupeau, embauche des bergers pour la tonte. Un chef est désigné dans chaque district, qui parlera en son nom et conseillera les candidats. Dans notre village, c'est *Hadji* Husseïn, fils de Véli *Hodja*, qui est désigné; il est nommé « caporal Cheik ». Il dépend de Mourtaza *Hodja*, de B..., qui rend des comptes directement à Mehmet Efendi.

Hadji Efendi se rend à la mosquée avant tout le monde. Le soleil n'a pas touché la marque du seuil qu'il est déjà installé, déjà incliné, déjà tremblant; ses balancements durent jusqu'à ce que les gens soient assemblés. En dehors des heures de prières, il n'a qu'une occupation : harceler les gens, les presser d'entrer dans l'Ordre. Tous les moyens lui sont bons. Et quand son homme a cédé, il faut le préparer à comparaître devant Mourtaza *Hodja :*

(1) Un *Hafiz* sait réciter le Coran par cœur.

quelle attitude? quel cadeau? Le bougre se procure le cadeau avec mille difficultés. Enfin, on l'inscrit sur la liste, on transmet son nom au chef *cheik*, puis aux gens du village et des alentours. Il s'en va recevoir les instructions.

A son retour, il laissera pousser sa barbe. Puis il ira de village en village faire connaissance avec les autres amis de l'Ordre. Cette tournée sera de trois ou quatre jours durant lesquels il n'aura qu'une pensée, trouver un chapelet à quatre-vingt-neuf grains. Chapelet, ablutions, offices : ces trois activités « font » le *cheik* parfait.

Peu de gens ont échappé aux griffes de *Hadji* Efendi. Je peux citer le caporal Gani et ses frères. Il sait ce qu'il doit leur dire pour en être respecté : « Ce n'est pas tout de marmonner :

Oh! Allah
Eau, pilav,
Allah hé!
Café, thé.

Tâchez surtout de mettre du cœur à l'ouvrage. Restez chez vous, soignez vos champs et vos vignes. Après quoi, on verra bien celui qui est véritablement aimé de Dieu. »

Bien entendu, ces sages paroles ne produisent pas un aussi bel effet que des discours enflammés. Les gens écoutent Gani, ils sourient et passent leur chemin.

Et *Hadji* Efendi, lui, qu'est-ce qu'il raconte pour attirer tout son monde? J'ai interrogé des hommes qui venaient d'entrer dans l'Ordre. Telle était la réponse ordinaire : « Si vous faites bien ce que le *cheik* vous dit, si vous suivez la route qu'il vous indique, vous allez au ciel, même avec des péchés par milliers. Non seulement les péchés d'hier sont lavés, mais ceux d'aujourd'hui et de demain ne comptent plus. »

Ça doit être vrai, parce que cette « élite » ne

s'abstient d'aucun vol, d'aucune fourberie. Elle se moque pas mal de la propreté. Et ceux-là même qui possèdent un peu de décence et de vergogne les abandonnent une fois entrés dans l'Ordre. Et ne parlons pas de leur saleté : à quoi peut ressembler un garçon de quinze ans qui laisse pousser sa barbe? à un véritable chimpanzé. Mais le chef des *cheiks* n'a-t-il pas déclaré : « Une fois que votre barbe a poussé, tout ce que vous faites est sanctifié; vous allez droit en Paradis. » C'est bien simple d'aller en Paradis!

Un jour, je réussis à poser la question à *Hadji* Efendi :

– Voyons, être *cheik*, c'est être juste, propre? Eh bien! on peut dire le contraire de tous les vôtres.

– Ne dites pas cela, Mamid Efendi! c'est une hérésie!

Et il se rue dans la salle commune pour me dénoncer :

– Il renie tout! le Coran! les miracles! Il renie même Allah!

Les hommes qui entrent dans l'Ordre cessent tout travail. Ils se rassemblent, prennent un tambourin, et déclarent : « Aujourd'hui, nous allons à tel endroit. »

Ils passent dans un village quatre ou cinq jours à mendier; puis le quittent, non sans entraîner avec eux quelques convertis. Quand ils ont fait le tour de quelques villages, ils forment une caravane de cent ou cent cinquante hommes. C'est alors le moment d'aller se présenter au chef. Quant à savoir qui les loge et les nourrit, c'est un problème : il vaut mieux parler de miracle. S'il le faut, ils resteront allongés au pied d'un mur, l'estomac creux : il suffit de croire qu'on est en Paradis...

Et pourtant, ils ont sur le dos un sac bien bourré : à croire qu'ils s'en vont faire leur service militaire dans le désert du Yémen. Mais il s'agit de présents mendiés pour Mehmet Efendi. Comme dit le donateur : « Ce que nous avons offert, ce n'est pas perdu. Car le *cheik* est un saint! qu'il prie pour nous! et les bénédictions du Ciel pleuvront sur notre tête. » Il ne se demande même pas, le pauvre diable, comment il se fait alors que sa misère n'ait pas de fin.

Il faut voir les ramasseurs d'argent qui opèrent dans les villages. Ils se présentent dans la salle du *Mouhtar;* on leur serre les mains, on leur offre l'hospitalité, on les installe aux places d'honneur; alors, ils exhibent un papier signé du chef. Le *Mouhtar* échange quelques mots avec ses voisins qui s'en vont par le village en quête de provisions; ou encore, ce sont des *cheiks* qui vont de porte en porte, avec leur âne. Tout le monde met sa contribution dans le panier. Au seul nom de Mehmet Efendi, le plus démuni est prêt à s'ôter le pain de la bouche.

Les offrandes s'amoncellent dans la salle. On les vend ensuite à un riche de l'endroit pour en faire de l'argent et les saints percepteurs partent pour le prochain village.

La dernière fois, les ramasseurs d'aumônes avaient bien présenté les choses : « Mehmet Efendi est en dette de mille livres! » En trois jours de quête, la somme était dépassée : pour vous, tous ces braves gens aplaniraient les montagnes si vous leur plaisez. J'imagine cette générosité au service des villages eux-mêmes! Elle servirait à les régénérer au lieu d'engraisser de vils charlatans... Essayez de discuter avec ces pauvres gens, de leur dire : « Mehmet Efendi a atteint la sainteté? pourquoi donc une prière ne suffit-elle pas à le libérer de sa dette? » Vous entendrez toutes sortes de reproches : « Pitié pour toi! comment peux-tu dire des choses pareilles? Mécréant! ne crains-tu pas Dieu? Il va te changer en pierre! Le *cheik* doit déjà savoir ce que tu viens de dire!... »

Parce que le *cheik* sait tout ce qui se dit, en tous lieux. Un jour, une troupe chemine vers C... Les gens sont éreintés, ils ont déposé leurs fardeaux. Deux hommes, chargés de grosses courges, se disent :

– Ces courges, bien sûr, c'est de la primeur; mais tu ne crois pas que le *cheik* Efendi en aura déjà mangé? D'ailleurs, on n'offre pas des courges; comme cadeau, c'est plutôt mesquin.

Ils se débarrassent de leur pesante offrande et continuent leur chemin.

Dès que le *cheik* Efendi les aperçoit, il les apostrophe :

– Et alors ces courges? Pourquoi les avez-vous jetées?

Il savait déjà!...

De retour au village, ces gens sont restés sans manger tant ils étaient mortifiés. « Non! surtout pas! attention, il entend tout!... » Bientôt chacun tremblait. Vous auriez cru que vraiment le *cheik* écoutait la moindre parole par un petit trou du mur. Je dis au caporal Gani :

– Qu'est-ce que tu penses de cette affaire de courges?

– J'ai envie de m'asseoir et de pleurer... Ah! ces discoureurs, ces misérables, ces voleurs! Qu'ils crèvent! S'ils sont des saints, qu'ils aillent vivre au Ciel – pas ici!

Il arrive que le chef ait des besoins supérieurs à la valeur des offrandes déposées à ses pieds. Un mot aux *cheiks* du district, et ils organisent une réunion, dans une maison convenable, tranquille, celle du caporal *cheik* par exemple. Là, ils fixent la quantité des biens à ramasser. Puis, par groupes de quatre ou cinq ils vont dans les villages.

⁂

Le chef possède quatre paires de chevaux d'attelage, et des vaches à lait, et des moutons, à n'en savoir que faire. Quant à la main-d'œuvre, il n'a qu'à faire un signe et les fidèles accourent.

Cette année, le *cheik* a épuisé sa provision de paille. Quand les fidèles viennent aux nouvelles, on étudie le problème de la paille. « Ah! la paille du Père Vénérable est épuisée! et nous, à quoi servons-nous? » Et ils s'envolent comme des perdrix dans toutes les directions. Les paysans, vous croyez qu'ils en ont, de la paille à donner? Allez-y voir! Ils se sont lamentés pendant les six mois d'hiver à cause de la paille. Il y en a au moins pour leurs bêtes? Des squelettes! Mais je suis tranquille pour celles du Père Vénérable; elles doivent être bien grasses...

⁂

Après deux jours de pluie, l'intérieur de l'école est un lac. Je suis établi au bord du lac, à contempler le mobilier qui baigne... Entre un *cheik.*

– Tu as du sucre? prête-nous un kilo de sucre! Nous allons chez le Père Vénérable et voulons emporter quelque chose.

– Ce n'est pas le moment.

– Les bêtes attendent, vient dire un autre *cheik.* Elles sont chargées.

Je sors avec lui et qu'est-ce que je vois? Trente-six énormes sacs sur dix-huit ânes!

– Qu'est-ce que c'est?

– De la paille, Efendi. Notre Père Vénérable n'en a plus. Nous avons raclé le fond des granges.

– Mais vous avez assez pleuré, sur le manque de paille! Qu'est-ce que vous allez faire pour vous en sortir?

– Dieu aura pitié! Le plus pressé, c'est de donner un coup de main au Père Vénérable! Ensuite on s'arrangera. C'est bientôt l'été.

Et les voilà partis. Le lendemain, d'autres convois se mettent en route, et on voit passer les villageois des environs. De la paille et encore de la paille! Mais dans les villages, plus un brin. Je finis par m'en mêler :

– Allez, ça suffit! avec les chargements qui sont déjà partis, on pourrait nourrir les bêtes de trois villages. Vous allez garder ce qui reste.

– Nous, ce que les autres donnent, ça ne nous

regarde pas. Ils sont pieux, parfaits; à nous de l'être aussi.

– Et sans paille, qu'allez-vous faire?

Le *cheik*, lui, ne sait plus où mettre la paille dans son village.

– Ah! Efendi! si le monde tient debout, mais c'est grâce à l'homme au visage rayonnant! Si Dieu donne l'abondance au village de C..., c'est bien à cause de lui. Nous, on n'a rien. Eux, la fortune est à leurs pieds : c'est par la volonté d'Allah.

Si on veut se rapprocher de Dieu, on peut « faire retraite ».

Mais avant de faire retraite, il faut la permission du chef. Cet hiver, deux personnes seulement l'ont obtenue, les *Hatibs* (1) des villages de G... et d'A... Ces retraites durent quarante jours. Ils se sont enfermés dans leur maison; ils sont allés se nicher derrière une cloison de couvertures et de vieilles loques.

Quand ces gens se mettent en retraite, ils étendent sous eux une couverture et apportent les livres et leur chapelet. Le temps de la méditation commence.

Le matin, on leur passe un petit bol par un trou de la cloison : de la soupe de lentilles, sans sel. Celui qui apporte et celui qui prend ne se voient pas. Même chose pour l'eau des ablutions rituelles. Ils vont à la mosquée, mais le vendredi seulement et sans se faire voir. Ils portent d'épais voiles noirs, et sont conduits par deux ou trois personnes qui les font entrer quand le service commence, de sorte que personne ne s'en aperçoit. En moins de deux, ils récitent leurs prières dans le dos des autres, et avant que l'on ne se retourne, ils ont filé.

Dans les villages voisins, les gens prient pour qu'ils sortent sains et saufs de la retraite.

Cette année, on attendait avec impatience le dernier jour de la retraite. Enfin ça y est. Les gens

(1) Prédicateurs.

grimpent sur leurs ânes et vont à G... On fait sortir *Hatib* Efendi de son trou, et tout voilé, on le mène à la salle commune du village; deux cents personnes pour lui rendre les honneurs. « L'homme qui regarde la face du *Hatib* est digne du ciel. » A cette seule pensée, la joie inonde les visages. « *Hatib!* » Ils crient tous à la fois. « *Hatib!* que ma vie te soit sacrifiée! montre ton visage, que nous puissions vite le voir avant de mourir! Quand nous aurons baisé ses mains, nous mourrons heureux! »

⁂

Une fois, nous étions assis dans la chambre du caporal Gani. C'était le 21 février, un jour de poudrerie : une des pires poudreries que j'aie jamais vues. De vrais coups de balai dans les rues; les gens revenaient de la mosquée après les prières de l'après-midi...

La conversation porte sur des histoires de misère et de privations. Soudain la porte s'ouvre. Entre un jeune homme, bien mis, une petite valise à la main. Le col du manteau relevé, attaché avec une épingle. En passant le seuil, il a ôté l'écharpe qui lui protégeait les oreilles. Les mains et la figure sont rouges de froid.

Qui est-ce? Que fait-il ici? On le regarde avec surprise. J'ai un peu honte de ma tenue, car il est, ma foi, très élégant. J'ai pris l'habitude de me vêtir comme un villageois. A mon âge, j'ai déjà le visage ridé, et là-dessus je porte une barbe de plusieurs jours. Mon pantalon est rapiécé (de mes mains) et mon paletot cache les trous de ma veste. Il vaut vingt-huit livres (j'ai supplié le tailleur de me faire crédit) et il a l'air plutôt miteux.

Pas un bruit. Les yeux sont tournés vers le nouveau venu. Il a les mains engourdies et deux jeunes gens se lèvent pour l'aider. Ils lui retirent son chapeau et le secouent, puis son paletot, puis ses chaussures. Il vient s'asseoir. Nous ne savons toujours rien. Pas un mot.

– Soyez le bienvenu! dit le caporal Gani. D'où venez-vous, *Agha*, et où allez-vous, si vous permettez que je vous questionne?

Le visage sévère, le visiteur se met à parler lentement.

– Je suis de Kirchéhir. J'étudie à l'école des *Hafiz* de Kayseri. J'ai terminé mes études, et maintenant je rentre dans mon pays. On m'avait dit qu'il y avait à Konia un *Hodja* de grand savoir, et je voulais prendre des leçons auprès de lui, jusqu'à ce que je sois plus âgé. Alors, je suis allé de Kayseri à Konia (par cet hiver de fin du monde!) et j'apprends qu'il est mort (que Dieu vous accorde longue vie!). Mais j'arrive au bout de mon argent. Je dois vous dire que je ne suis pas en bons termes avec mon père. Voilà trois ans qu'il ne m'a pas plus écrit qu'envoyé d'argent.

« J'ai rendu visite au *Hodja* de la mosquée la plus fréquentée de Konia et lui ai exposé ma situation. C'est, lui aussi, un homme très savant. Il m'a amené à la mosquée. J'ai lu un passage du Coran et l'assistance en a été émerveillée. »

(Même admiration dans la salle. Les gens sont tout oreilles, et le petit *Hafiz* ne cesse de grandir à leurs yeux éblouis.)

« Ensuite, ils ont collecté pour moi quatre-vingts livres. J'en ai dépensé soixante pour ce paletot. Il me restait vingt livres en poche. « Avec cela, tu n'iras pas loin. Va donc à A...; puis on t'enverra de village en village, jusqu'à ton pays. Tâche de voir Mehmet Efendi à C... » J'ai trouvé sa maison et j'ai été son hôte pour toute une journée. Le *Hodja* de la grande mosquée est aussi un homme excellent : j'y ai recueilli cinquante ou soixante livres. Hier Mehmet Efendi a trouvé deux personnes pour m'accompagner jusqu'à T..., puis j'ai grimpé jusqu'à votre village.

« Le Père Vénérable vous adresse toutes ses bénédictions. Tenez, il vous envoie une lettre (il tire un papier de sa poche et le montre). – Deux personnes de C... m'ont accompagné jusqu'ici et sont reparties. J'ai appris qu'il y a à C... un instituteur, vous savez, un de ces insensés... « Ne lui donnez rien », a-t-il dit en parlant de moi. Alors, il y a eu du vacarme dans la salle du village, les *cheiks* l'ont pris à partie; ils l'ont jeté dehors et l'ont poursuivi. Je vous le demande : « Qu'est-ce qui peut venir de bon de ces fils d'âne? J'espère que vous, au moins, vous n'avez pas d'instituteur dans votre village? »

Je suis assis à côté de lui. On me regarde. Ça, pour sûr, je suis l'instituteur. Que dire, que faire? Faut-il se laisser traiter de « fils d'âne »? Des montagnes couvertes de neige, des montagnes sombres m'environnent, l'ignorance me cerne. Un oiseau avec ses ailes ne pourrait s'échapper. Ces gens noieraient un homme dans une cuillerée d'eau.

Essayez de discuter, sans passion, avec raison, avec logique. Essayez de faire sauter un fossé à un chameau. Il faut céder ou partir. Partir? mais j'ai une chaîne au pied...

J'ai mal au crâne. Je suis assailli de tous côtés par le diable : « Tu ne vas pas te laisser insulter comme ça, tout de même? »

Un homme seul, contre cette force obscure; que peut-il faire? Comment combattre les forces obscures, voilà mon souci, justement. Quelle sorte de langage ces hommes pourraient-ils comprendre? Je réfléchis, mais ne trouve aucune solution; je ronge mon frein. Et le *Hafiz* continue :

– Le soir, j'ai récité le Coran à C... et j'ai invoqué le nom d'Allah jusqu'à l'aube. Presque tout le monde est *cheik* dans ce village. Et ici?

Tous en chœur :

– La même chose, *Hafiz* Efendi! La même chose!

Ma parole, ce bonhomme a un poil du diable! Je n'y comprends plus rien. Tout à l'heure, on parlait misère, les gens ne savaient comment me déballer leurs soucis tant il y en avait. Maintenant ils ne tiennent plus en place; ils sont dans l'allégresse! Le *Hafiz* parle toujours :

– Ils ne voulaient plus me lâcher. J'ai eu toutes les peines du monde à les quitter. Ils me disaient :

« Reste donc jusqu'au printemps, nous irons dans les environs et recueillerons un tas de choses pour toi. » Quand je leur ai fait comprendre que je ne pourrais pas rester, ils ont ramassé quatre ou cinq *kilés* de blé, l'ont vendu et m'ont mis l'argent dans la poche. Mais vous voyez, mon grand espoir est ici, dans votre village. Mehmet Efendi me l'a dit, il en était certain. Eh bien! je compte sur vous.

Ce bruit! ce vacarme! « Soyez tranquille! Ah! soyez tout à fait tranquille! » Et que je te serre la main, et que je te donne l'accolade, et que je t'embrasse! Il y en a qui me crient : « Mamid Efendi, ici, ce n'est plus votre place. Filez! » et qui supplient l'autre : « Ne partez pas, *Hafiz* Efendi. Restez avec nous. Nulle part, on ne fera pour vous ce que nous allons faire. Tout ce que nous récolterons, nous le mettrons à vos pieds. »

Mais le *Hafiz* doit repartir demain. Il ordonne que « son dû » soit collecté et que soient désignés sur-le-champ les guides qui le conduiront au village voisin. « N'ayez pas de souci! Par Allah! nous vous y porterons sur nos épaules! »

Ce jeune homme, je vais tout de même lui poser quelques questions. Il dit qu'il a vingt ans. Je le harcèle un peu. Il fronce les sourcils, ça m'est égal; je suis tout disposé à sourire et à passer outre. Mais comment admettre ces escroqueries?... Tout de suite, les gens du village font bloc autour de lui.

– Laisse-le, Efendi! Pour l'amour de Dieu, laisse-le en paix. Tu n'es pas digne de verser de l'eau sur ses mains. Voilà ce que nous appelons un homme. Toi, retourne à tes livres.

Et un tas d'autres insolences. Ce n'est pas facile à avaler. Déjà ma position n'était pas enviable; mais cette fois, je dégringole. On veut me chasser : « Fiche le camp! »

Le soir est venu; ils se lèvent pour aller à la mosquée et nous sortons ensemble. *Cheik* Djélal arrive en courant et saisit le *Hafiz* par le bras.

– Ne pars pas! Ce serait si bien si tu restais ici! Tout est facile! C'est à toi que nous confierons nos enfants. Tu as honoré notre village; tu as fait beaucoup pour son renom. Dès que tu t'occuperas de nos enfants, l'instituteur pourra s'en aller où il voudra.

La nouvelle s'est répandue de maison en maison, de pièce en pièce : il y a un *Hafiz* au village! Et on n'oublie pas d'ajouter : « L'instituteur s'est attaqué à lui... » Tout le village s'assemble devant la salle commune, et ce ne sont qu'accolades et embrassades. En un clin d'œil, les enfants m'ont tourné le dos; pas à pas ils suivent le *Hafiz*. Ces mêmes enfants qui, du plus loin, accouraient pour me saluer, voilà maintenant qu'ils baisent la main du *Hafiz* et se précipitent vers la mosquée. Pour moi, dans cette tourmente de neige, ils n'ont qu'un regard effronté, et me font la moue. Mon cœur me fait mal; je reste cloué sur place, seul.

Le vent est infernal. Qu'importe le vent? De toute ma vie, je n'ai souffert si cruellement. Je crains de m'écrouler, de me mettre à pleurer. Comme je reprends le chemin de l'école, j'entends des gens qui parlent derrière moi.

– Ces instituteurs, ou quel que soit leur nom – on devrait les chasser; on devrait les empêcher de s'en prendre aux *Hodja* et aux *hadji*. C'est du joli! un étranger! nous le supportons, et voilà, il perd toute retenue. Il essaie de chasser notre visiteur. Mais ma parole, il mériterait la mort!

Je devais avoir une conversation avec le caporal Gani et dormir dans la salle commune parce que ma chambre est glacée. Chez moi, c'est pire que dehors et je n'ai plus de quoi me chauffer. Le vent souffle dans le poêle. Je me sens abandonné au milieu de cette tempête. Et quand je pense au réconfort que j'ai trouvé tout à l'heure dans la salle commune!...

Le caporal Gani est furieux. Il comprend ma situation :

– Tu ne peux pas passer la nuit dans cette salle! Viens dormir chez moi.

Mais je ne veux pas déranger les siens. Il faut

retourner à l'école. Pas de pétrole dans la lampe, pas d'huile dans le pot, pas un sou en poche. Il y a quelques croûtes de pain mais je n'ai pas le cœur de manger ça. Poudrerie au-dehors, poudrerie au-dedans! La faim se fait sentir, mon nez coule – et mes yeux aussi.

Et pendant ce temps, le *Hafiz* est assis sur des coussins et débite son histoire. Comme je n'y suis pas, il peut parler tranquille. Qui sait, il appelle peut-être de nouvelles malédictions sur ma tête. Maintenant, on doit lui baiser les mains, lui baiser les pieds. Ils se réjouissent. Et moi, que fais-je ici?

Dans les villes, on entend la radio, les restaurants et les cafés sont pleins de monde; on mange des choses appétissantes, les gens sont heureux. Et puis on fait des discours : « Notre pays... notre patrie... » Il y a quelque part un conférencier qui donne des explications sur le « problème des villages ». Il doit dire que la situation s'améliore, que le progrès se fait à grands pas. Et pendant ce temps, les forces obscures vont leur chemin; au pas de course. Qui le sait? Qui s'en soucie?

Jusqu'au matin, mi-dormant mi-veillant, le corps gelé, je suis la proie des cauchemars. Vers midi, le fils du caporal Gani m'apporte un peu de fumier sec à brûler et quelques morceaux de pain frais. Caporal Gani, que Dieu te bénisse! Je me souviendrai de toi jusqu'à la fin de mes jours.

Dès qu'il a la moindre difficulté, le villageois court s'agenouiller chez le *Hodja*. Petits problèmes qu'on résoud avec un peu de bon sens, ou affaires compliquées qu'un tribunal même ne réglerait pas sans peine, le révéré personnage tranche en deux minutes. Sans dire un mot, le coupable comme l'innocent baisent la main du *Hodja* et s'en vont. Celui qui a eu gain de cause se rengorge, et l'autre se console en disant :

– Le doigt coupé par le *chériat* (1) ne fait pas mal.

(1) Loi coranique.

Un *Hodja* remplit l'office de juge pour trois ou quatre villages. Le juge de cette région-ci, où se trouve notre village, est Mehmet *Hodja*, d'Apsari. Celui de Ekedjik est Nedjati *Hodja*.

Comparaître devant le *Hodja*, cela s'appelle « aller demander conseil ».

Selon la gravité de l'incident, on le porte devant le *Hodja* du village ou devant le *Hodja* principal. Exemple : Chikik avait chassé deux de ses femmes.

– Ce n'est pas une affaire très importante, le *Hodja* du village la réglera, décident les pauvres femmes en se précipitant chez lui.

Aussitôt, le *Hodja* convoque chez lui Chikik Bekir et lui dit :

– Tu devras inviter l'*Imam* (1) et les Anciens et tu leur donneras deux repas séparés. Et puis, tu retireras devant toute l'assemblée les paroles que tu as dites à tes femmes :

« A présent,vous n'êtes plus toutes les deux que mes sœurs aînées dans ce monde et dans l'autre. » Nous ferons un nouveau contrat et tu reprendras tes femmes.

Chikik s'exécute...

Dans un certain sens, ce procédé peut être considéré comme assez judicieux : si les malheureuses étaient allées en justice, Dieu sait combien de temps l'affaire aurait traîné. Et, d'ailleurs où était le certificat de mariage exigé par le Tribunal?

Même ceux qui s'estiment lésés par la sentence du *Hodja* se disent :

– Il vaut mieux un petit préjudice ici que de gagner devant les tribunaux et perdre trois ans.

Des tribunaux, on s'en passe souvent. En voici un autre exemple :

Je me rends dans la salle du *Mouhtar*. Tout le monde y est debout... Apparemment, quelqu'un prête serment. Après le serment, nous nous

(1) Prêtre musulman.

asseyons. Puis, entre un autre homme; tout le monde se relève, moi de même. Le nouveau prête serment aussi. Un autre arrive; à ce que je comprends, on fait prêter serment à tout le village.

Le caporal Véli prend le Coran et répète les mêmes paroles à chaque nouveau venu. Je finis par comprendre toute l'affaire. Je pensais qu'on exigeait un serment de tous ceux dont on n'était pas sûr, mais je vois que chacun y passe. Deux gardes ont été mobilisés et font le tour des maisons pour une convocation générale. Après avoir prêté serment, les nouveaux venus s'en vont. Le caporal Véli a si bien répété les mêmes paroles à chaque personne que je les ai apprises par cœur :

– Ecoute, frère, depuis dix ans, nous faisons des estimations; nous payons des frais de voyage, nous allons au Tribunal. Ça suffit... Pour régler cette affaire de Soussouz (c'est le nom de la terre en litige), nous n'avons plus qu'un moyen. Si tu veux savoir, voici ce que nous avons décidé : nous avons divisé le village en équipes; à chacune, nous avons désigné un gars costaud qui connaît son affaire. Chacun d'eux veillera à ce que ceux de son équipe soient munis d'armes. C'est aujourd'hui vendredi. Lundi les gens de C... (le village rival pour la terre en question) viendront à Soussouz pour labourer; nous irons labourer aussi. Et ce jour-là on verra ce qu'on verra... Si ça résiste, nous tirerons dedans. Veux-tu jurer sur ta religion et ta foi que tu ne trahiras pas le village, et que si les choses tournent mal à Soussouz, tu ne te sauveras pas?

L'homme jure en grondant qu'il fera ce qu'on lui demande, et tend la main en signe de promesse. Quand chacun a fini de prêter serment, nous nous asseyons jusqu'à l'arrivée du suivant, et quand le caporal Véli a fini de parler, nous nous relevons.

Tout le monde sait plus ou moins de quoi il est question, et moi, je commence à m'ennuyer terriblement; mais les autres sont en effervescence.

Il y a ceux qui acceptent résolument de répéter ce qu'on leur demande; ils gagnent l'approbation des *aghas.* Il y a ceux qui hésitent : ils se couvrent de honte et on les contraint tout de même de jurer.

Voici quelques exemples des questions qui sont posées au *Hodja* principal :

– Mon mouton s'est jeté sous un chariot et a été tué. Dois-je ou ne dois-je pas perdre la valeur de mon mouton?

– J'ai loué un champ, mais il ne donne aucune récolte. Faut-il payer la location ou non? etc...

Dans de pareils cas, on commence par se battre! Les voisins interviennent et se prononcent :

– Toi, tu as raison. Toi, tu as tort.

Et ils ajoutent :

– Dites donc, pourquoi vous fatiguez-vous à discuter? Il y a une justice de Dieu et le *Chériat* (1). Prenez vos bâtons, et allez demander conseil à Apsari.

Les parties intéressées s'en vont par des routes différentes pour éviter de se battre à nouveau, obtiennent la décision du Tribunal et reviennent apaisées.

J'ai dit que le juge du district d'Ekedjik était Nedjati *Hodja.* C'est chez lui que l'on se précipite dès qu'une dispute s'élève dans la salle commune du village. On va droit à son étable. Ceux qui viennent des villages voisins vont d'abord à la salle commune pour chercher un guide et se rendent chez le *Hodja*

Quelques invités rentraient d'une noce : une dizaine d'entre eux veulent voir le *Hodja* :

– Pendant que nous sommes ici, allons lui soumettre nos affaires.

Je vais chercher Djambas l'Aveugle et j'y vais aussi. J'ai eu une dispute avec Djambas (il est au village de Yagla) au sujet de la conscience et des ablutions rituelles : impossible de nous mettre d'accord. Voici ce qu'il affirme :

– Les infidèles n'ont pas de conscience : Dieu n'a créé que les Musulmans avec une conscience et

(1) Voir page 151.

vous n'avez qu'à boire dans le creux de votre main un peu d'eau sale des ablutions pour obtenir la plus haute récompense de Dieu.

Moi, je défends l'opinion contraire.

Après avoir, chacun à son tour, baisé la main du *Hodja,* installé dans son étable, nous nous agenouillons devant lui.

A mon avis, les jugements rendus par le *Hodja* ne sont ni bons ni justes. Mais ce n'est pas à moi de le dire. Ceux dont l'affaire est terminée expriment leur satisfaction, offrent les paquets de cigarettes qu'ils ont apportés et s'en vont.

Voici un de ces cas mal jugés qui me chiffonnent. Un artisan a embauché comme apprenti, pour un an, le fils d'un des plaignants. Après avoir travaillé deux mois, le garçon refuse de continuer son travail. Son père demande le paiement des deux mois de labeur et se heurte à un refus.

– Que ton garçon revienne prendre son poste, et il sera payé; s'il ne revient pas, je ne donnerai pas un traître sou.

Déclaration du *Hodja :*

– Dans le *Chériat* (1) de l'Islam, il est écrit qu'il ne peut pas y avoir de paiement pour un travail à moitié fait. Je te le dis (il s'adresse au père du garçon), penses-tu que tu recevras ta récompense si tu dis seulement la moitié de ta prière de midi et laisses l'autre moitié sans la dire? Tu n'as qu'un péché de plus... Cet homme a mis sa confiance en ton fils et en toi, tu l'empêches de travailler, le travail restera inachevé, et l'on ne trouvera peut-être personne d'autre pour le faire. Il pourrait se plaindre, lui, alors que c'est toi qui le fais. Tu es un pauvre homme, aussi; allez, ne prolongez pas inutilement cette querelle; personne ne doit rien à personne.

Vient notre affaire. Traitant le premier sujet, le *Hodja* décide :

– Dieu n'a gratifié d'une conscience que les

(1) Voir page 151.

Musulmans. Pourtant j'ai montré que la conscience n'est pas une chose visible à l'œil nu et j'ai soutenu qu'un étranger qui exécute un travail soigné a plus de conscience qu'un Musulman qui met, par exemple, des semelles de carton à une paire de souliers...

Rien à faire, le verdict est déjà rendu.

Vient la seconde question : C'est une action hautement méritoire que de se tourner vers La Mecque, de boire au creux de sa main un peu d'eau qui a touché le corps d'un homme fidèle au Prophète Mahomet (c'est-à-dire l'eau qui a servi à ses ablutions). Ainsi parle le *Hodja.* Tous les assistants soutiennent aussi la thèse de Djambas l'Aveugle. Je suis battu.

La mosquée est le temple du savoir pour les villageois. On peut dire que ce sont les exhortations des *Hodjas,* le vendredi, et les sermons du prédicateur qui donnent le ton à la vie du village. Certains jours de fête, des *Hodjas* encore plus importants viennent prêcher, et cela donne à la cérémonie l'attrait supplémentaire de la nouveauté.

– Oh! congrégation des Musulmans! Dieu tout-puissant déclare dans le sacré Coran...

Ainsi commencent-ils : et ces sermons, lus par les prédicateurs sont souvent pleins de sages préceptes. Cependant ils finissent toujours par insulter l'assemblée et par promettre aux fidèles qu'ils iront brûler en enfer.

Quelle que soit la sentence prononcée par le *Hodja,* la congrégation l'accepte. Ce n'est pas comme une leçon, car vous ne pouvez pas être en désaccord. Pas d'objections en religion : vous devez écouter, même si vous écoutez des bourdes. Et à la sortie, tous sont démoralisés. Vous ne pouvez plus penser à rien d'autre qu'au moment où vous irez brûler au feu éternel. On en vient naturellement à regretter d'être venu au monde.

L'homme désire vivre comme un être humain et posséder quelques vertus; mais, si nous en croyons le *Hodja*, il n'est pas possible de vivre comme un être humain. Ou bien la chance vous aide dès le moment de votre naissance et vous allez rejoindre les *Houris* du Paradis, sans ouvrir les yeux sur ce monde; ou bien vous vivez, et alors vous commettez un tas de péchés, avec comme seule perspective d'aller brûler à jamais.

Cette année, Molla Sàdik est de service à la mosquée du village, comme *Hodja* et comme Prédicateur à la fois. Le vendredi matin, en particulier, il commence l'exposé des mystères du ciel et de l'enfer. Pendant le sermon, il discourt sur les prières et les ablutions rituelles : on en vient à se demander si le mahométisme n'est pas qu'ablutions et prières.

Un jour, en visant ceux qui ont un tas de bonnes excuses pour ne pas dire leur prière, il parle ainsi :

– La prière est une dette. Si un vrai musulman, qu'il soit malade ou empêché de quelque autre façon, laisse passer le temps sans prier, le Dieu tout-puissant lui fermera les portes du Paradis. Supposez une femme en train de mettre au monde : si l'heure de la prière arrive, avant que l'enfant ne soit tout à fait né, la tête se présentant à peine, elle doit prier! même dans cette situation difficile! Si elle ne le fait pas, non seulement, son propre salut lui sera refusé, mais encore, le salut de cet enfant qui est en train de naître!

Il prononce ces mots, les yeux fixés sur le livre, mais je ne sais pas s'ils y sont vraiment écrits ou s'il nous livre là son opinion personnelle.

Que ne va pas faire un de mes voisins, ce même jour, après avoir entendu ce sermon? Il va lever un bâton sur sa femme qui gît au fond de son lit, exténuée, malade à mourir.

– Qu'est-ce qui ne va pas, voisin? Es-tu devenu fou?

– Devenu fou? Que non! Je retrouve plutôt la raison. J'ai été terriblement impressionné à la mosquée, à midi. Tu y étais, toi aussi? Qu'est-ce qu'a dit le *Hodja*? Au lieu de rester là, comme si elle avait je ne sais quelle maladie... si elle n'oubliait pas ses prières, Allah est tout-puissant, il lui effacerait tous ses péchés et elle mourrait purifiée, hé?

Je tremble pour la prochaine accouchée...

Un bienfaiteur a paru dans le village : c'est Emine Ousta. Il y avait, au centre du village, un endroit où pendant des années de l'eau avait suinté. Il y a creusé un trou, menant seul son travail à bien. Il a bien cherché un homme à la journée, mais il n'en a pas trouvé un seul parmi ceux qui s'allongent sans rien faire au pied des murs. Ceux qui ne se sont même pas approchés d'Emine Ousta pendant qu'il travaillait n'ont pas été les derniers à se précipiter avec leurs seaux dès que l'eau a commencé à sortir d'un tuyau en glougloutant.

Mais, peu de temps après, un bruit s'est répandu : notre *Hodja* Nedjati, dont la réputation s'étendait dans tout le voisinage, avait eu un rêve. Les anges, paraît-il, désapprouvaient ce travail. Quelque grande malédiction, venant de la puissance céleste, allait s'abattre sur le village. Cette eau n'était pas bienfaisante.

En entendant cette prophétie, l'eau devait cesser de couler, n'est-ce pas? Eh bien non, elle a continué tranquillement. Quelqu'un de sensé a interprété le songe :

– Efendi, le *Hodja* voulait que nous autres, nous allions moins souvent chercher de l'eau, pour que sa propre famille en profite.

J'étais une fois dans une bourgade de l'ouest de l'Anatolie. Débarque un *Hodja,* du genre tyran, qui se dit de Manissa. Pleins d'enthousiasme, les villageois répandent la nouvelle : « Un très grand *Hodja* est arrivé. » Le matin, ils se rassemblent à la mosquée. A midi, nous y sommes pour la prière du vendredi. La mosquée est bourrée de monde. Le muezzin ne cesse de prier... « O assemblée des

Musulmans! serrez-vous, serrez-vous!... » Et nous nous collons les uns aux autres.

Voyant en face de lui un si grand nombre de fidèles, le *Hodja* élève la voix; il en dit des choses et des choses! Il se lance sur le thème connu : « Ceux qui ne prient pas, ceux qui ne jeûnent pas... »

Mais voilà que parmi ces corps entassés, quelques-uns se mettent à somnoler. Et notre *Hodja* de fulminer :

– Honte à vous! Vous ne savez rien faire d'autre que de vous asseoir, à moitié endormis. Vous ne venez dans la maison de Dieu que pour y poser vos derrières sur la pierre. Vous la souillez, cette maison. Vous envoyez vos enfants dans des écoles où ils apprennent l'écriture des infidèles (1) sans un sentiment de honte, sans en rougir. Vous ne pensez jamais qu'ils brûleront sur un gril, et vous aussi... Honte sur vous! Dans tout le village, il n'y a pas une école de Coran, de prière. Honte à vous! Pensez-vous que vous agissez en Musulmans, quand vous vous contentez d'empocher ce que vous gagnez!... etc., etc.

Pendant trois heures, le discours se poursuit. Tandis qu'il dit son sermon, je regarde autour de moi pour voir si quelqu'un fait des objections, ou s'irrite des méchancetés et des insultes du *Hodja*. Pas le moins du monde! tous approuvent en branlant du chef.

Puis le *Hodja* monte en chaire; de là-haut, il parle encore une heure. Enfin, nous disons nos prières et sortons. J'ai le cerveau engourdi et le corps brisé comme s'il s'échappait à l'instant de l'enfer.

A la sortie de la mosquée, on a étendu un tapis devant la porte. Chacun tire sa bourse et jette son offrande au *Hodja*. Personne n'y manque. Une seconde fois, on fait avec Hamdi *Hodja* une collecte dans les boutiques pour le *Hodja* étranger...

Ce soir-là, je suis en visite et dis à l'ami qui me reçoit :

(1) Voir plus haut la remarque sur l'alphabet latin introduit en 1928 par Ataturk (p. 129 note 1).

– Dis donc, il n'y est pas allé un peu fort, ce *Hodja*?

– Ce que tu viens de dire ici, qu'aucun autre ne l'entende. On te traiterait d'infidèle, et alors, personne ne te regarderait plus.

Au Ramazan et à la veille de *Kourban Bayram* (fête du sacrifice), on commence à s'agiter dans le district de Ekedjik. Montés sur des ânes, dans des voitures, tout le monde s'en va au village de C...

Il y a là, dit-on, un « poil béni », qui a été apporté par Ahmet Efendi, et mis dans la mosquée. Remercions Dieu qui ne prive personne de l'honneur de contempler un poil, un unique poil de la barbe du Prophète, d'un *Bayram* à l'autre, et de réciter la prière de midi en présence du cheik Efendi!

Les disciples et les croyants quittent notre petit bourg dans un nuage de poussière et roulent vers C... à grande vitesse, empilés dans des camions. L'âme débordante d'enthousiasme, la bouche sèche et la langue lasse à force d'invoquer le nom d'Allah, ils reviennent par la route, dans l'ivresse de leur adoration, sans même prendre du repos. Et souvent, ils obtiennent l'exaucement de leur prière. C'est-à-dire que le camion verse en route et ceux qui s'entassaient à l'intérieur en une masse confuse, font le sacrifice de leur vie et comparaissent devant Dieu.

Pendant un de ces voyages de retour, Selam *Hodja,* en capotant, tua dix de ses disciples. Il était très tourmenté :

– Comment se fait-il que Dieu, qui a pris la vie de ces gens, un jour béni où justement leurs péchés avaient été pardonnés, n'ait pas pris la mienne? Quelle a été ma faute? Ah, le révérend *Cheik* a bien senti que nous allions avoir un accident, mais il a dit seulement : « Ne partez pas, restez ici aujourd'hui. » Et en route, pour faire œuvre pie, j'ai pris le volant des mains du chauffeur (le camion était à lui) et – je ne sais comment c'est arrivé – crac! nous voilà retournés, au fond du précipice!

Que peut-on faire, Efendi? Ce n'est que la volonté de Dieu!

Les facilités accordées ces dernières années pour faire le pèlerinage de La Mecque ne sont pas à dédaigner. L'homme qui vend ses champs et ses outils, et s'en va en pélerinage, pense qu'il se débarrassera de ses péchés dans les montagnes de Médine, comme le serpent se dépouille de sa peau.

En les créant, Dieu a mis, dit-on, un signe sur le front de ceux qui feront le pèlerinage : « O créature, tu feras le pèlerinage et deviendras *Hadji* » (1). Et quand le jour est venu, il les appelle; quoi qu'il arrive, il faut partir. Il y en a aussi qui n'ont pas d'argent et disent : « Partir, ce n'est pas écrit sur nos fronts; on ne nous en a pas donné les moyens. » Aussi se demandent-ils s'ils n'ont pas commis quelque péché, pendant qu'ils étaient encore dans le sein de leur mère. Tout de même, il faut qu'il y ait eu beaucoup d'appelés, car bon nombre des nôtres sont partis ces quatre dernières années.

Il y a ceux qui emmènent leur femme. La plus heureuse d'entre elles est probablement Hadji Lipbik (c'est son surnom), dont le mari est Abdi-le-Chauve.

Abdi-le-Chauve a vendu ses champs pour trois mille livres environ, puis il s'est mis en route avec sa femme Lipbik. Leur fils unique Ahmet, qui restait sans personne, a été mis en apprentissage. Dans leur imagination, ils se voyaient mourant là-bas, allant ensemble au paradis où ils arriveraient en bonne place. Et Ahmet, laissé sans père, sans mère, sans terre, n'avait qu'à se débrouiller comme il pouvait et gagner sa bouchée de pain au service d'un autre.

Mais Dieu ne prit pas leur vie. Et le suicide n'est pas valable, paraît-il. Aussi, les a-t-on vus revenir, dans un état lamentable. Abdi-le-Chauve avait la

(1) Pèlerin de La Mecque.

dysenterie. Les *cheiks* à la tête du cortège jouaient du tambourin et chantaient des cantiques très émouvants. On s'embrassait et on s'étreignait, à ne plus savoir quand ça allait finir! Mais bien sûr, l'odeur d'un *Hadji* pénètre quiconque l'embrasse. Plus vous avez d'occasions de l'embrasser, mieux c'est.

Hadji Lipbik ne cessait de crier à la foule, du haut de la voiture :

– Salut! Salut!

Pendant ce temps, son mari était là allongé au fond du chariot, insensible à tout.

Abdi-le-Chauve ne se remit pas de la maladie attrapée en Arabie; après avoir souffert pendant deux jours, il trouva le bienheureux, l'éternel repos.

Oui, ils atteignirent tous deux la félicité sans fin. Le mari, pour être mort peu après avoir fait le pèlerinage, sans même un regard pour ce monde. Et sa femme également, bien qu'elle n'ait pas quitté cette terre avec lui, et qu'elle n'ait plus de mari. Mais elle est délivrée d'une grande inquiétude : c'est d'être tentée par le démon.

A présent, Ahmet, père de deux enfants, traîne dans la misère et maudit ses parents, tandis que *Hadji* Lipbik, qui a trouvé asile dans la maison d'un de ses gendres, du matin au soir jacasse avec les hommes dans la salle commune du village. On estime qu'après le pèlerinage, il n'est plus nécessaire d'éviter la compagnie des hommes. Il est bon pour eux de rencontrer quelqu'un qui a fait le pèlerinage. On se remémore les premiers jours du retour de *Hadji* Lipbik! Les gens se bousculaient et se disputaient les chapelets qu'elle rapportait, montaient l'un sur l'autre pour apercevoir l'image de la *Kâaba*, à l'extrémité du chapelet dont elle avait fait don à Chaban *Hodja*. Chacun pouvait renifler une bouffée de parfum sur le morceau de coton qu'elle rapportait. Qui sait pendant combien d'années ce morceau de coton sera vénéré? Tous les enfants nouveau-nés l'auront sous les narines.

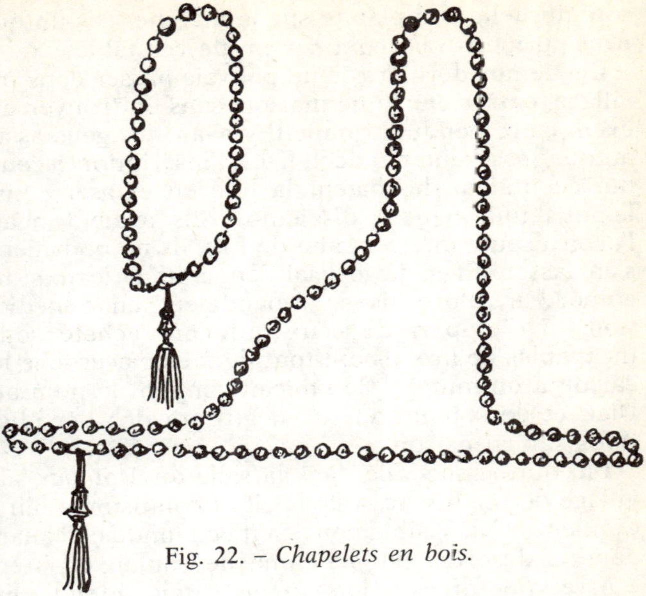

Fig. 22. – *Chapelets en bois.*

Un poème sur un sujet religieux, imprimé sur une mince feuille de carton, est vendu au marché pour dix piastres. Chaque fois que je vais en ville, je croise le colporteur, un homme à la figure maigre : il est là, avec son lot de cartons sous le bras, récitant par cœur, à voix haute, ce qui est écrit sur ces cartons. Le son de sa voix est si émouvant que les passants se sentent obligés de le lui acheter.

La mort suffit. Le feu infernal suffit.
A la fin, une poignée de terre suffira pour votre peine...

Il chante à tue-tête, et les gens s'attroupent autour de lui.

Où que j'aille, je trouve une de ces pancartes : hôtels, auberges de villages, boutiques, demeures, partout on peut la lire et la relire.

Les villageois l'apprennent par cœur. Pas un qui n'ait entendu l'homme, depuis un an, poursuivre son éternelle complainte sur le marché. Pas un qui n'ait pu mettre la main sur un de ces tableaux.

Ces temps derniers, je ne pouvais passer dans un village, entrer dans une maison, sans en trouver un exemplaire pendu au mur. Il y avait des gens assis autour, essayant de déchiffrer l'inscription : ceux qui écoutaient, hochaient la tête en extase. « Lis-le-nous tout haut », disaient-ils. Ils avaient beau l'avoir écouté une centaine de fois, ils ne pouvaient s'en lasser. Et si je le lisais en imitant le ton du colporteur, alors, ils se répandaient en bénédictions! La plupart de ceux qui l'ont acheté sont incapables de lire. Ils ont tout de même accroché le carton à un mur : « Ce tableau contient le nom de Dieu et de son Prophète : il attirera des bénédictions sur la maison. »

Un jour, je suis allé dans la salle du *Mouhtar,* au village de D... Il y avait là, bruit et confusion à faire crouler le toit. Visiblement, tout ce monde chicanait dans le désordre, et personne ne voulait écouter. « Arrêtez », dit le *Mouhtar.* « Mamid Efendi, lis donc cette chose qui est en face de toi, que les *aghas* entendent. »

Le bruit cesse. Je commence à psalmodier. Et voyez! toute trace de colère et d'excitation disparaît. La cause du tumulte est oubliée : « Et maintenant », dit le *Mouhtar,* « cessez de vous disputer et soyez amis. Vous voyez ce que dit l'inscription sur le mur! » A ces mots, les *aghas* commencent à prier : « Que Dieu bénisse ton Père, Efendi, tu nous as sauvés. Nous étions là à nous chamailler depuis ce matin. » Et, un par un, ils s'en vont.

Hadji Ali *agha* avait un goût prononcé pour les dessins. Il n'en faisait pas lui-même; il n'avait jamais eu l'idée d'en faire un métier, mais ce qu'il aimait, c'était en orner les murs de sa chambre et raconter d'interminables histoires à leur sujet, à tous ceux qui venaient chez lui.

Les dessins qui étaient dans sa chambre, du reste, avaient souvent été faits n'importe comment, sans souci de ressembler à l'original. Les gens qui vont d'une ville à l'autre, en proposant des livres de religion, vendent aussi de ces images. Il y avait, par exemple, des portraits d'Ataturk, Ineunu, de Tchakmak (1); des vues des funérailles d'Ataturk avec le cortège des grands ambassadeurs étrangers.

Dans les villages, les gens achètent beaucoup les livres de contes et de légendes, mais peu d'images, car on prétend qu'une malédiction pèse sur les maisons où on en accroche. Mais, voilà, Hadji Ali, lui, les aimait et les accrochait dans sa chambre.

Une femme du voisinage, ayant besoin de consulter le *Hodja,* entre dans sa chambre; il n'y a personne. Quand elle aperçoit tous ces portraits qui la regardent, du haut des murs, dans cette pièce silencieuse et déserte, cette femme, qui n'avait jamais rien vu de pareil de sa vie, s'évanouit sur le seuil de la porte. On la ranime. Mais la pauvre femme, qui était enceinte, fait une fausse couche.

Une des femmes qui l'ont soignée lui demande pourquoi elle s'est évanouie : « Tu n'as pas vu? » répondit-elle, « Azraël, l'Ange de la Mort, m'attendait sur le mur! »

Si l'une des vertus demandées à l'homme qui prie et pratique sa religion est une conscience pure, le principal instrument de la dévotion, qu'il est tenu de posséder, est le chapelet. Chez nous, personne ne suspecte la droiture d'un homme qui a son chapelet à la main, que son cœur soit juste ou pervers. Et si en plus, il porte une barbe, alors c'est parfait.

De nos jours, où petits et grands envahissent la mosquée (2), il ne reste plus personne qui n'ait son

(1) Maréchal de l'armée turque, décédé.

(2) Le laïcisme d'Ataturk, son action radicale contre les centres religieux rétrogrades avaient abouti à détacher le peuple, relativement, des activités religieuses traditionnelles. C'est à partir de 1946, date où le régime des partis multiples est entré en vigueur, que s'instaura une surenchère électorale exploitant les sentiments religieux.

chapelet. Si quelqu'un le perd, il va de village en village; il s'adresse à ceux qui ont été en pèlerinage; et quoi que cela puisse coûter, il finit par en découvrir un. Il y a un an ou deux, il fallait courir pour en trouver, mais les pèlerins en ont rapporté des chargements. Pourtant, quand vous en cherchez un, ce n'est pas toujours aisé.

Fig. 23. – *Ecriture sainte ornementale sous forme de tableau.*

Naturellement les chapelets dont je vous parle ne sont pas ceux à gros grains que les oisifs tripotent et qu'ils appellent *saksaki.* Non, ils ont quatre-vingt dix-neuf petits grains, et on les appelle *Koka.* Les meilleurs de ces articles se vendent de dix à quinze livres.

Toute chose a son signe visible : vous devez discerner à la barbe, à la prière sur les lèvres, et, troisième et principale condition, au chapelet dans la main, ceux qui ont compris la traîtrise de ce monde et se sont mis au service de la vie future. De même qu'il n'y a pas de professeur d'université sans sa robe, pas de « monsieur » sans cravate, ainsi, pas de musulman sans chapelet.

*
**

Par principe, je ne m'occupe guère des faits et gestes ni de l'apparence extérieure des gens. Je vais tout de même évoquer l'histoire du caporal Ali qui avait perdu son chapelet.

On le lui avait pris; dans sa poche, peut-être; ou bien il l'avait laissé tomber en marchant. En tout cas, il ne l'a jamais retrouvé.

Il a interrogé les habitants, jeunes ou vieux, un par un. Bientôt il a envoyé le crieur public promettre une récompense de deux mesures de blé : Aucun résultat. Il a fait ensuite le tour des villages voisins pour se procurer un chapelet. Il ne l'a trouvé qu'à Geudeler, mais le propriétaire de cette pièce rare s'obstinait à en demander douze livres! et le caporal Ali n'avait que trois cent cinquante piastres sur lui. Il s'en est retourné, accablé de regret.

Pendant quelque temps, il a cherché le moyen de transformer ses trois cent cinquante piastres en douze livres. Impossible d'arriver à la somme voulue! Comme un habitué du tabac qui n'a plus de cigarettes, ou comme un homme devenu fou à force de guetter les coups de sifflet du veilleur du village (1), il était exaspéré. C'est alors qu'un colporteur est arrivé. Il avait déjà fait de bonnes affaires, si bien qu'il ne lui restait plus que deux chapelets. On a couru le dire au caporal.

– Ah! bon, je vais les acheter tous les deux!

Les deux hommes ont conclu l'affaire pour un *kilé* de blé. Le blé valant dix livres le *kilé,* il achetait donc ses chapelets à bon marché. Mais voilà qu'en puisant dans sa fosse à grain, en raclant le fond, il n'en a retiré que les trois quarts du blé demandé! Il a trouvé le quart qui manquait, chez son beau-frère Hadji, fils de Ali *Hodja.* Je ne l'ai pas félicité :

(1) Il existe en Turquie des veilleurs de nuit payés par la communauté. Ceux-ci donnent des coups de sifflet intermittents durant la nuit pour signaler leur passage.

– Caporal Ali, tu as vidé ta réserve de grain et tu lui as tout donné!

– Efendi, si vous mourez de faim dans le village et si vous allez à la porte de quelqu'un, votre voisin trouvera bien la moitié d'une miche de pain à vous donner. Quant à ces bienheureux objets, voilà, on n'en trouve pas.

– T'aurais dû en prendre un. Pourquoi deux?

– Eh! Ce sera peut-être le tour d'un autre idiot de perdre son chapelet. Et que je perde mon honneur, si je lui cède celui-ci pour moins de vingt livres!

Il est curieux de voir comment les appétits matériels de nos villageois s'accordent avec les idées inculquées par les *Hodjas* qui s'efforcent de tuer en eux le désir de vivre en ce monde, qui leur enseignent la haine de la vie terrestre. Ces mêmes gens, vous les verrez fouler aux pieds leurs sentiments, trahir leurs coutumes et leurs traditions pour un bout de tissu de cinq piastres. Comme tout le monde en fait autant, il n'y a pas à se gêner. C'est ainsi qu'on peut se prendre au collet deux heures seulement après avoir porté en tombe un être cher et après avoir pleuré ensemble. Ennemis jurés, on ne se réconciliera pas avant des années, à l'occasion d'une fête religieuse...

Il s'agit évidemment de partager les biens du défunt. Pour les champs, les vignes, les vergers, on peut attendre le lendemain. Mais le mobilier, et ce qui est dans la maison! Il y en a qui doivent repartir; il faut donc partager tout de suite. Est-ce que les parents qui habitent dans la maison du mort ne vont pas cacher, voler ce qui a de la valeur?

Au village, la coutume veut que l'on ne fasse pas attendre le mort. On appelle le *Hodja* aussitôt (le lendemain matin, si la mort est survenue pendant la nuit). Le *Hodja* taille le linceul et lave le mort. A ce moment, la nouvelle du décès se répand dans le village; on creuse la tombe, les hommes font leurs ablutions et se hâtent vers la mosquée pour la prière des morts. Tout ce qu'il y a de femmes et de jeunes filles au village se réunit à la maison mortuaire : les lamentations et les cris de douleur se répandent. Les parents du mort entonnent l'éloge funèbre et vantent les qualités du disparu. Puis on porte le corps à la mosquée, on récite les prières et on se rend au cimetière. Les notables du village qui ont assisté aux funérailles s'assemblent dans la salle commune; ils mangent le repas que la famille du défunt a préparé puis se retirent en se souhaitant de « rester en vie ».

Les femmes, restées dans la maison mortuaire, prennent congé de la même façon, après avoir partagé, elles aussi, un repas. Oh! ces femmes! Alors que tout est encore sens dessus dessous dans la maison, elles ne s'y assemblent que pour faire les dédaigneuses, pour dire combien la demeure est misérable :

– Oh! ma chère, on a cuit le *pilav* sans beurre. Oh! ma chère, même un chien galeux ne voudrait pas dormir dans le lit du malade.

Il y en aura pour des années. Elles ont, naturellement, les défauts qu'elles critiquent chez les autres.

Les lamentations et l'enterrement ne durent pas plus de trois heures. Et nous en arrivons à l'affaire essentielle. Bien entendu, les enfants n'ont pas le droit de se partager les biens du vivant de leurs parents. C'est quand le père est mort que se pose le problème dont je voulais vous parler. Si le père a un fils et une fille mariés, ils font tout de suite le partage entre eux. S'ils ne sont pas d'accord (et je n'ai jamais vu qu'ils le soient), on va chercher le Conseil des Anciens.

L'homme riche du village, Véhbi-le-Manchot, souffrait de l'épaule depuis sa jeunesse. Il se résignait bien à sa souffrance mais on le considérait comme une moitié d'homme. C'était une blessure de guerre qui l'avait estropié et il en avait pâti toute sa vie. Le gouvernement lui avait octroyé une pension. Il avait déjà du bien (terre et maisons) et avait placé sa pension dans des affaires prospères; il était donc devenu, dans la force du terme, « l'homme riche du village ». Dernièrement, son heure a sonné; il est mort. Dieu l'ait en sa sainte miséricorde!

Il laisse derrière lui une vieille femme, deux filles et trois garçons, mariés tous les cinq. Le père est mort dans la matinée; à midi, le quartier résonne d'un bruit de querelle! Tous harcèlent leur pauvre vieille mère :

– Donne-nous l'argent que notre père a économisé.

– Mes enfants, il l'a placé dans des champs; il a acheté des vignes, des choses comme ça.

Personne n'écoute, chacun discute.

– Toi, la fille. Quand il est mort, tout le monde était affolé. Tu en as profité. Tu as ouvert le coffre et as pris l'argent...

– Békir, c'est toi qui l'as volé...

A la fin des fins, ils se partagent les plats, les casseroles, les couvertures, les sacs. Et ils se séparent brouillés. Quelques jours plus tard, ils vont en ville pour toucher l'allocation de décès; ils y vont tous mais par des chemins différents. La banque remet l'argent à leur mère. Croyez-vous qu'ils vont le lui laisser? Pas du tout. Ils mènent grand bruit, l'injurient et lui arrachent l'argent; puis retournent chez eux.

Le plus pauvre du village, Tchalik Ali, soixante-dix ans, est mort également. Lui aussi, il s'était estropié mais en tombant d'un rocher alors qu'il gardait des troupeaux. Tchalik avait élevé deux enfants. Il avait vécu de l'aumône des villageois, s'était couvert des vêtements des morts qu'on lui donnait. Si un mort est riche, ses vêtements sont en effet, partagés entre les pauvres. Dernièrement, on lui avait donné le vieux manteau de Hadji Mehmet.

Depuis l'automne, il était malade. Les voisins apportaient le pétrole pour entretenir le bois résineux qui l'éclairait, près de son lit. Avait-il seulement une cuillerée de soupe? Je n'en sais rien. Il a vivoté ainsi jusqu'en avril.

Tchalik avait donc deux fils, de trente et quarante ans. Ils avaient quitté leur père quand ils étaient jeunes et s'étaient mariés tant bien que mal. Ils étaient très pauvres, eux aussi, et quand leur père est mort, ils n'ont pas pu patienter. Le soir même, ils ont fait un tas d'histoires; après quoi, l'un est reparti avec l'âne qui servait au pauvre homme à ramasser des bouses, et l'autre avec le vieux manteau dont il était question tout à l'heure. A chacun sa part.

***

Fatma Tchopour, ma voisine, est morte hier. Deux ou trois heures avant sa mort, ayant eu envie de thé, elle m'a fait envoyer un message. Je lui en ai préparé et le lui ai apporté : « Dieu te bénisse! » m'a-t-elle dit et elle m'a raconté qu'elle avait la gale depuis un an.

Que vous disais-je? Avant qu'on ait eu le temps d'emporter la morte hors de chez elle, sa petite-fille Aychè avait volé une pièce de sa coiffure qui s'était détachée (un morceau de métal rond, qui valait bien vingt ou trente piastres tout au plus). Alors, la fille aînée de Fatma Tchopour s'est précipitée sur l'enfant, oubliant ses larmes, son nez qui coulait et son chagrin. On a eu bien du mal à les séparer.

Nous sommes assis à la maison, ma sœur Behidjè et moi; et voilà qu'apparaît un insecte aux longues pattes, qui se fraie un chemin en descendant depuis la voûte, le long du mur noirci.

Je demande toujours aux gens de la maison les noms de ces insectes qu'on trouve par poignées sous les objets, dans les coins sales et sans air de la maison. Savoir leur nom, j'y arrive : mais je m'inquiète de ce qu'ils mangent, de leur utilité ou de leur malfaisance.

Pour commencer, une maison dans laquelle vous

ne trouvez pas de fourmis n'est pas une maison prospère. « Une maison sans fourmis n'a pas de chance », dit ma mère.

Sur ces bestioles, ma mère est intarissable : « Ça s'appelle une *ossourgan!* (1). Ce sont des insectes de la même espèce qui sont attirés, quand les journées sont chaudes, par les crottes d'animaux et qu'on voit rouler leur petite boule. Mais cette variété-ci ne vole pas et elle est plus grande. Elle vit dans les maisons; on en trouve à mille pour un sou dans les crevasses des murs et sur les poutres. De temps à autre, une de ces bêtes lâche prise et vient choir à terre. Quand la porte est ouverte, les poules n'arrêtent pas de guetter ce qui se passe à l'intérieur et elles se précipitent sur l'insecte. On a beau crier : « Dehors, sales bêtes! Ouste! » Celle dont l'œil est le plus perçant donne du bec sur l'insecte et l'emporte au-dehors. Bien entendu, les gens n'admettent pas ça :

– Elles vont chasser la prospérité de chez nous, ces poules!

Et les enfants, armés de bâtons, volent au secours du scarabée en détresse et tentent de l'arracher du bec de la poule.

Ai-je besoin de vous dire que cette vermine a envahi nos affaires, y fait ses nids et s'y reproduit tant qu'elle peut. Les récipients où l'on met le *boulgour* et les autres aliments ne sont-ils pas faits de fumier séché? Si vous vous préparez à cuire le *pilav,* il est très important de le retirer d'abord de sa jarre et de le répandre sur un plat, afin d'en retirer les différents insectes qui l'habitent, ainsi que les crottes de souris, les toiles d'araignées, et j'en passe.

Cette fois-ci, je pose une question à Béhidjè (elle a treize ans) :

– Comment s'appelle-t-il, celui-ci?

– Chameau de Dieu!

(1) *Ossourgan :* scarabée noir. Les paysans turcs les appellent aussi « insectes à sandales ».

– Pourquoi? Qu'est-ce que Dieu vient faire là?

– Cette bête travaille au service de Dieu, tout comme le chameau qui apporte des provisions à la maison. Ainsi ce chameau porte des provisions à la maison de Dieu.

– Et où est-elle, la maison de Dieu?

– Là! (elle montre le trou du toit, c'est-à-dire le ciel).

– D'où viennent-elles, les provisions de Dieu?

Béhidjè suppose que Dieu reçoit tout ce que les mendiants ramassent en harcelant le monde. Ainsi les mendiants seraient les enfants de Dieu? Et quant à la façon dont le petit insecte transporte des provisions, elle avoue :

– Il a la force que Dieu lui a donnée. Ça, on ne peut pas le comprendre.

– Et comment est-ce qu'il les porte au ciel?

– En descendant et en remontant le long des murs. Je t'ai dit que c'est Dieu qui lui donne la force.

– Où as-tu appris tout ça?

– C'est notre mère qui me l'explique. Tu n'as rien écouté, toi?

– Qu'est-ce qui va se passer si je tue celui-là?

– Mais tu es fou, Mamid! ce serait du joli! Qu'est-ce que Dieu ne ferait pas pleuvoir sur la maison! Finie, la prospérité; finies, nos bénédictions.

*
**

C'était le tour d'une de mes voisines, dont le fils fréquente l'école du quartier (1), de préparer la nourriture du *Hodja.* Elle a pris la chose à cœur :

– Il n'y a plus de beurre dans la maison! On ne peut pas apporter n'importe quelle nourriture au *Hodja.* Il voudra sûrement du *manti* (2), pour le moins, et du *baklava* (3). Il en faut, du beurre, pour ça!

(1) Ecole coranique.
(2) Sorte de ravioli.
(3) Gâteau de pâte feuilletée, arrosé de sirop.

Elle avait à la maison un boisseau de seigle, l'a mis sur le dos de son mari pour qu'il aille le vendre au marché et qu'il rapporte du beurre. Dans ma sottise, je m'en étonne :

– Mais le *Hodja* est un être humain comme nous! Est-ce qu'il ne peut manger la même chose que nous?

– Ah! le *Hodja* l'a bien dit aux enfants! Dieu mange du *baklava* tous les jours. S'il n'en mange pas lui aussi, ça ne fera pas plaisir à Dieu. Il pensera moins à nous et il sera en colère.

Eh oui! même la nourriture est affaire de niveau. Puisque Dieu est le plus grand, il convient que la nourriture soit la plus coûteuse. Au village, on raffole du *baklava* et c'est un grand luxe : c'est donc du *baklava* que Dieu doit trouver dans son plat. Tu ne peux pas saisir ça tout seul! Pauvre sot d'instituteur que tu es!

⁂

Tous les jours, j'attache un balai au bout d'un grand bâton, et je nettoie. Mais, le lendemain, dans l'intervalle des poutres, le devant des fenêtres, dans les ouvertures, je retrouve des toiles d'araignée. Même mon veston que je n'ai pas porté pendant deux jours et qui est pendu à une cheville, en est couvert et devant et derrière. Il est évident que c'est l'humidité et la saleté qu'il leur faut avant tout.

D'après ce qu'on nous explique, les araignées se divisent en une foule d'espèces. Il y a des araignées propres et travailleuses; et d'autres, paresseuses, qui tissent leurs toiles avec négligence. Certaines ont vite fait de raccommoder leurs toiles brisées; d'autres en refont toujours de neuves. Mais elles sont toutes utiles en ce qu'elles détruisent les insectes nuisibles.

En tout cas, tant qu'on n'aura pas construit une autre maison, tant que je n'aurai agrandi mes fenêtres, bouché les fissures, je devrai me contenter de balayer tous les jours les toiles d'araignée. Mais là n'est pas le problème : il consiste à le faire admettre par ma mère! Comme les autres, c'est une amie fidèle et une protectrice des araignées. Elle n'a jamais voulu me laisser détruire leurs toiles. Elle ne cesse de répéter que j'irai brûler éternellement en enfer pour les innombrables péchés que je commets.

C'est à peine si la lumière pénètre dans l'étable et la grange par un petit trou percé au sommet. La grange et l'étable, vous le savez, sont creusées dans le rocher et s'enfoncent sous terre. Tout, y compris cette petite fenêtre, est tapissé de toiles d'araignée. J'en balaie chaque coin, à bout de bras, à la lumière d'une torche (car, même en plein jour, il y fait aussi sombre que dans un cachot). Pendant que je nettoie un côté, l'autre reprend son aspect primitif. C'est désespérant! Et ma mère essaie d'arrêter mon zèle en disant que je suis bien cruel pour ces pauvres bestioles :

– Tu n'as encore rien vu, mon agneau, tu ne sais rien. Ecoute, pendant qu'Ali, le bienheureux, fuyait les infidèles, il grimpa sur un peuplier. Il paraît qu'il y avait là une perdrix et que la perdrix se mit à chanter :

– Ali dans le peuplier! Ali dans le peuplier!... une scie... une scie...

Elle voulait dire aux infidèles : « Prenez une scie et coupez le peuplier : Ali est dessus. » Et parce qu'elle a fait ça, depuis lors, le monde entier est l'ennemi de la perdrix. Dieu déclare :

Que ta crête soit rouge sang,
Que ton enfant par toi soit maudit,
Que le monde soit ton ennemi.

Et maintenant, les petits de la perdrix, aussitôt éclos, sortent et quittent leur mère en se dispersant. Leurs becs sont couleur de sang et les chasseurs les poursuivent.

Quand Ali-le-Bienheureux put s'échapper de son peuplier, il se réfugia dans des ruines, en écartant les toiles d'araignée. Aussitôt qu'il fut entré, les araignées tissèrent un voile par-dessus la porte. Les infidèles arrivèrent et virent partout des toiles d'araignée : « Il n'y a personne ici, les araignées n'ont pas été dérangées », se dirent-ils, et ils s'en allèrent. Et c'est ainsi que les araignées sauvèrent Sa Sainteté Ali-le-Bienheureux. Depuis ce jour, c'est le plus grand des péchés que de tuer des araignées. Aie pitié d'elles! renonce à cette habitude, mon petit; je t'en prie! Elles tissent de si jolies toiles... comme du fil de soie! C'est une honte de leur vouloir du mal. Quel tort te font-elles?

Telles sont les croyances de ma mère, et celles de la mère de ma mère, et de la grand-mère de ma mère...

Un de mes amis, qui étudiait à Istanbul, vient un jour me voir au village. Dans la soirée, après avoir tout visité, nous allons, une torche à la main, à l'étable. Nous passons un bon moment à examiner les insectes empilés dans les crevasses moisies et les toiles d'araignée qui s'étalent et recouvrent coins et recoins de cette caverne obscure. J'essaie d'éclairer mon ami dans l'obscurité épaisse de l'étable. Nous réussissons même à photographier les festons de toiles d'araignée qui garnissent l'unique ouverture, trou du toit.

On entend la voix de ma mère :

– Pour l'amour de Dieu, mes enfants, ne touchez pas aux araignées : c'est un péché!

Mon ami est terriblement déconcerté.

– Mahmout! La malpropreté, l'état primitif de ce village – je te jure, c'est indescriptible!... Mon cher ami, des maisons et des étables dans cet état! C'est encore l'âge de pierre, que nous connaissons seulement par les livres d'histoire! Que Dieu ait pitié de ceux qui vivent ici... Et c'est qu'ils vivent là-dedans, dis donc! et tout le monde est content de son sort. Est-ce que l'on ne fait aucun effort pour se civiliser dans ces villages? Et comment les bêtes peuvent-elles vivre sans air, sous terre comme elles sont ici?

– Ne t'en fais pas! en hiver nous clouons les portes et fenêtres pour que les bêtes n'aient pas froid. Et aussi, bien sûr, les fenêtres de la maison.

J'ai affecté de plaisanter... Nous courbons la tête pour sortir, nous époussetons les toiles d'araignée qui nous couvrent. Jusqu'au matin, nous ne trouvons pas le sommeil. Nous parlons, à n'en plus finir. Mon ami ne peut se faire à l'idée que les villages soient aussi arriérés et vivent dans un tel état de saleté. Le jour se lève, enfin : c'est comme une évasion.

Mon ami est surpris que j'aie pu, après cinq ans d'études, et avec trois ou quatre livres, vivre ici sans tomber malade. Je m'en tire en le faisant rire :

– Nous marchons vers notre destin final et il est déjà à moitié enterré!

Et nous rions tous les deux. Nous rions, certes, mais mon ami est accablé. Ce qui le réconforte, c'est qu'il est tombé dans ce traquenard en le voulant bien, et qu'il va pouvoir s'en dégager.

Ma mère vient interrompre notre conversation et recommence ses histoires d'araignées et de perdrix! La patience de mon ami est presque à bout : il commence à frémir.

Nous nous mettons à manger la nourriture que l'on a mise devant nous. Soudain, mon ami saute sur ses pieds et empoigne sa bicyclette.

– Il faut absolument que je parte. Il le faut!

Je lui fais un bout de conduite, et au moment de la séparation, il s'écrie :

– Rien à faire! On ne peut vivre ici. Personne ne peut supporter ça. Trouve un moyen et sauve-toi!

DEUXIÈME PARTIE

L'ÉCOLE

CHAPITRE PREMIER

PENDULE À TRAIRE

Il faut une grande journée de route pour aller du village de Nurguz où j'enseigne, à celui de Demirdji, où se trouve ma famille. C'est un voyage que je fais cinq ou six fois par an. A dos d'âne. Quand le mauvais temps rend les routes impraticables, j'en ai pour dix ou onze heures. On ne rencontre personne en chemin, sauf parfois les bohémiens, qui portent sur leur visage tanné la couleur de ces flancs de montagne où ils vivent.

Le jeudi 15 décembre, on doit recenser les enfants âgés de sept à seize ans, les inscrire et les recevoir. Mon père m'apportera mes affaires plus tard. En attendant, je n'ai qu'à mettre dans un sac ce dont j'aurai besoin jusque-là, charger l'âne et me mettre en route.

Il est six heures du matin. L'animal n'avance pas. Je me dis : « Ça ira sûrement mieux plus loin. » Mais un moment après, l'âne ralentit davantage encore. Son nez coule. Il doit être malade; la nuit dernière, tout allait bien, mais...

Si seulement j'avais laissé l'âne et la besace à la maison! Je renonce à l'idée de le monter, pourvu qu'il marche convenablement devant moi! Je l'aurais bien laissé à la traîne, pour continuer, mais nous sommes à une bonne distance du village et il est maintenant difficile de revenir en arrière. Il n'y a plus qu'à crier des : « Allez, hue! »

La bête va devant moi, doucement; je règle mon allure sur la sienne, et tant bien que mal, nous progressons. Il est neuf heures et il fait joliment chaud! Paraît un avion au-dessus du mont Hassane, volant d'Adana à Ankara. En deux minutes, il disparaît derrière le mont Ekedjik, juste au-delà du but de mon voyage.

L'âne et moi, allons notre chemin, à notre pas, avec une pause de temps en temps. Après bien des efforts, nous avons couvert le tiers de la route, et déjà voici l'après-midi. Je me fâche contre l'âne; rien à faire. Je marche devant, le tirant par les rênes; je marche derrière en lui tapant dessus : aucun résultat. Je me sens vaincu. L'avion revient et nous survole. Et nous, quelle distance avons-nous parcourue? dans les deux kilomètres. Pendant ce temps, l'avion paraît être allé jusqu'à Ankara et en être revenu.

Le soir vient puis la nuit puis minuit. Nous allons toujours, l'âne devant et moi derrière. Mes oreilles bourdonnent. Tout au long de cette interminable route, je n'ai pas rencontré une seule créature sauf les insectes qui volent en essaim autour des yeux de l'âne. Grâces au ciel : la lune brille.

Bref, nous sommes plus morts que vifs et je ne vaux guère mieux que l'âne malade. Je ne sais pas comment je fais pour marcher encore. Mes genoux cèdent. J'ai la langue collée au palais. J'ai du pain dans mon panier mais je n'en ai aucune envie. Epuisés, nous trébuchons d'un côté, trébuchons de l'autre. Au chant du coq, nous arrivons. L'école est sur la route, et le village un peu plus loin. Dès qu'il se trouve devant l'école, l'âne s'allonge cependant que je me laisse aller, le dos au mur. L'aube pointe, il commence à faire jour. Impossible de garder les yeux ouverts. La fatigue et le manque de sommeil m'ont abruti.

Après un court repos, je me lève et donne à l'âne un peu de grain tiré de la besace. Il mange, sans se dresser, et ressuscite un peu. Alors, je peux le mettre sur ses pattes; comme le soleil monte, je le conduis à l'étable de mon voisin.

– Tu dois avoir bien marché, Mamid Efendi! me dit le voisin. Tu as dû partir dès les premières heures du jour.

Pendant une quinzaine de jours, ici, je fais ce que je peux pour l'âne; et quand mon père vient, je le renvoie avec lui. Mon père compare l'état de l'âne avec son état précédent, sans savoir que la pauvre créature a été malade dans l'intervalle et rit de ma mésaventure.

– J'irai bien à Ankara avec cet âne en un jour et une nuit, me dit-il. Tu as oublié comment on conduit les ânes, un point c'est tout! A quoi pensais-tu sur la route, je me le demande? Tu oubliais que tu conduisais un âne, c'est clair!

Me voici dans un village d'environ sept cents habitants. Cette année, pour la première fois, s'y trouve une école. Quand les quatre murs ont été montés, le Conseil des Anciens a décidé à l'insu de l'administration, de couvrir le toit n'importe comment, le plus vite possible, avec des roseaux, des nattes, etc... Jusqu'ici, c'est une partie de la mosquée qui a tenu lieu d'école; aussi se sont-ils dépêchés d'en finir.

Il y a pas mal de temps que les murs sont montés : s'ils ne sont pas recouverts d'un toit cette année, la pluie les fera crouler. En 1936, les quatre murs d'une école comme celle-ci ont été désagrégés; ils sont tombés faute de toit et les villageois se sont partagé les pierres.

Les gens me disent maintenant : « Efendi, si vous n'étiez pas venu, nous aurions encore démoli cette école-ci. Ainsi on en aurait bien encore pour dix ans, à peu près. Mais cette fois-ci, ça n'a pas marché. »

C'est donc un problème que de nous loger dans la mosquée jusqu'à ce que la couverture du bâtiment scolaire soit achevée.

Le *Hatib* est inflexible : « Je ne peux pas ouvrir la mosquée pour qu'on y enseigne l'écriture des infidèles », dit-il. Tout ce que dit un *Imam,* la congrégation le répète. Les gens du village sont prêts à intervenir. Fort heureusement, l'instituteur a la parole convaincante, le caractère plaisant, et il a su se faire aimer. Il suffit qu'on dise qu'il ne lorgne pas les femmes et les filles, que c'est un garçon convenable, alors tout va pour le mieux.

Après avoir donné des leçons dans la mosquée pendant deux mois, nous prenons possession de la partie de l'école qui a été couverte.

Et l'équipement? direz-vous. Qu'allez-vous chercher là? La peau de mouton nous sert de siège. Quant aux bancs et au tableau noir, en connaît-on seulement les noms?

Avec l'ouverture de l'école, les difficultés sont loin d'être terminées. Il s'agit ensuite de persuader les pères d'envoyer leurs enfants à l'école. Ne pas être en règle avec la loi 4274 sur la fréquentation obligatoire de l'école, ne les impressionne pas.

– Tu es un paysan, toi aussi, Efendi. Tu es l'un des nôtres. Je te dis cela parce que tes paroles m'ont touché. Sinon à quoi sert de mettre l'enfant à l'école? Il n'a qu'à faire comme son père. Qu'il apprenne à conduire une paire de bœufs et s'occupe de ses affaires. Tant qu'il en saura assez pour se débrouiller pendant son service militaire et pour écrire une lettre – c'est tout ce qu'il lui faut. Plus que ça, c'est un péché.

Dieu merci, ils ont entendu parler des difficultés qui attendent les soldats illettrés. Mais il n'y a pas dix personnes au village qui aient appris à lire et à écrire pendant le service.

Dans mon zèle, j'ai appris aux enfants de la première classe à lire un journal.

La salle où je dois faire la classe n'est toujours pas couverte. Nous nous réfugions dans la chambre du maître recouverte d'une charpente dernier modèle! A force de s'asseoir par terre dans l'humidité, voilà tous les enfants malades à nouveau... Où est le beau temps?

Il y a autant de poussière chez nous que de sable dans la mer. Nous en avalons des quantités :

– Mes enfants, cette poussière va finir par nous avoir.

– Maître, c'est tout de même mieux que le froid au-dehors.

Je suis logé dans une des chambres. Pour l'instant, il vaut mieux ne pas balayer. Il est suffisant de ramasser les bouts de papier et ce qui traîne à terre. La poussière recouvre tout. Nettoyez tant que vous voulez; le temps de se retourner, la poussière reprend sa place. Lavez-vous la tête au-dehors et rentrez, elle se couvrira de poussière comme si vous aviez affronté une tempête de sable.

Pourtant, rendons grâce de cela aussi. L'hiver approche de nouveau; gare à nous s'il est rude et nous oblige à faire des cours comme par les années passées, à ciel ouvert.

Je voudrais me procurer un bon vieux poêle, car la bouse devient cendre avant de chauffer, et la cendre est plus redoutable encore que la poussière. Froid ou poussière? je me demande ce qu'il faut choisir... Et tous les matins, quel problème que de se nettoyer le nez et la gorge, encrassés comme des cheminées d'usine!

J'ai fait un fourneau dans une des chambres en assemblant deux pierres dans un angle. C'est là que je fais ma cuisine.

J'ai lu dans un périodique que, bientôt, l'énergie atomique ferait tout le travail. En deux minutes, les aliments seront cuits et posés devant vous. Oh, ma mère! vite, apportez-moi ça!

Dans quel pays, ce périodique paraît-il? L'atome, ici, on peut s'en passer. Efforçons-nous seulement de connaître les inventions qui, en mille ans de civilisation, se sont répandues de par le monde. Ça nous suffirait amplement.

A force d'écrire à l'inspecteur, d'écrire au ministère de l'Education, à force de bousculer le *Mouhtar*, je parviens à attirer l'attention sur l'école. Un ordre arrive enfin pour collecter d'urgence les arriérés de la taxe du village et les affecter aux besoins de l'école. (Il s'agit d'un impôt particulier à chaque village.)

A présent, nous allons collecter cette taxe auprès des villageois et acheter des bancs, des vitres et un poêle pour l'école. Le *Mouhtar* a l'air d'être d'accord et ne soulève aucune difficulté.

Nous réclamons un crieur public mais personne ne se présente. Le veilleur de nuit fait la tournée, maison par maison. Mais les uns l'évitent, les autres se prétendent malades; d'autres coupent court avec un « non » tout net.

Pour l'école seule, il y a six cent cinquante livres au budget du village : mais en main, il n'y a pas même dix sous. Si nous ne faisons pas quelque chose, nous n'en finirons jamais : nous nous jetons dans la mêlée. Le secrétaire de village, le Conseil des Anciens et moi-même, nous nous décidons à faire des saisies. Le peu que nous récoltons dans les maisons atteindra, peut-être! le montant total de la dette. Depuis 1944, en pratique, rien de ce qui est dû n'a été payé. Chacun doit au moins trente livres!

A la première maison, les gens rentrent précipitamment, sous nos yeux; ils s'enferment à clef. Plusieurs membres du Conseil sont d'avis d'enfoncer la porte; mais nous passons notre chemin. Pendant ce temps, tous ceux qui nous ont aperçus et ont compris la situation, bouclent leurs portes et se cachent. Quelques-uns, par dignité, laissent leur porte ouverte; ils nous supplient de remettre le paiement au lendemain. Notre seule recette de ce jour-là monte à quatre livres d'arriérés datant de 1944! Evidemment, si l'on pouvait récolter les arriérés, combien d'écoles ne pourrait-on pas construire! Mais le villageois est-il en état de payer ses dettes?

On a tant fait auprès des Anciens qu'ils n'osent

pas enterrer l'affaire comme ils l'ont fait tous les ans. Ils écrivent à l'agent du district pour lui demander une force de gendarmerie. Les gendarmes arrivent; d'autorité ils mettent sous séquestre tout ce qu'ils trouvent dans les maisons : des couvertures de laine, des sacs, des ustensiles de cuisine, des *kilims*... Ces objets sont empilés chez le veilleur de nuit. Et maintenant, je suppose que nous devrons faire des bancs d'école avec le cuivre des casseroles et le parquet avec des haillons et des sacs!

J'ai cinquante ou soixante élèves. Nous essayons en grelottant, de tenir jusqu'au début de février; parfois, en faisant beaucoup d'efforts, nous nous débrouillons pour nous réchauffer un peu. Mais quand vient février, un février agressif, méchant, alors nous sommes vaincus et abandonnons la partie. Parmi tous mes élèves, un ou deux seulement ont encore un peu de bouse à brûler chez eux : ce sont les enfants des *aghas* qui ont plus de deux bœufs. Si je leur demande d'apporter quotidiennement un petit morceau de combustible, leurs parents accepterons-ils? eux qui, dans deux jours, en seront peut-être privés eux-mêmes?

Ainsi, chaque fois que je hasarde quelque chose comme : « Demain, c'en sera fait de nous – qu'allons-nous faire? » c'est le silence complet! Ils baissent seulement la tête comme pour dire : « Que peux-tu attendre de nous? » Sans aucun doute, ils ne ménageraient pas leurs vies s'ils y pouvaient quelque chose. Eh oui, qu'y peuvent-ils? Et que puis-je faire, moi aussi, seul comme je le suis, condamné à me battre contre le froid impitoyable?

Je ne sais pas ce que vous feriez à ma place. Voici ce que je me dis : « Mon vieux, la mort est la volonté d'Allah. Je livre une espèce de combat : si je meurs, je serai un martyr; si je survis, je serai un héros! » Cette pensée me rend joie, espoir et énergie. Quelquefois, quand je me sens découragé, je vais à la salle commune où nous nous serrons les coudes, riant ensemble de nous voir grelotter. Mes mains et ma figure tournent au pourpre, mes cheveux se dressent sur ma tête, et si je me tiens debout un moment, mes jambes flageolent. Toutes les nuits, en me couchant, je m'enveloppe de mon mieux; mais ce que j'entasse sur moi peut-il me garantir d'un froid pareil? Pendant la journée, c'est une autre affaire. On marche, on travaille, on n'a pas trop le temps de sentir le froid. Mais quand vient la nuit – Dieu nous préserve! – le froid vous transperce jusqu'à la moelle. Parfois, je médite avec philosophie et me dis : « Eh bien, me voilà mis à l'épreuve. Après cela, plus rien ne pourra m'abattre. » Et avec de telles pensées, – qui me tiennent chaud au cœur – je ne m'inquiète plus de mon corps.

Regardez les yeux des enfants : ils sont sans lumière. Regardez leurs joues : elles sont pâles. Parlent-ils? Leur voix est sans vie. Les nez coulent, les têtes penchent de côté. Des enfants, ça devrait être potelés! Si vous touchez leurs joues, les couleurs devraient y paraître. Dès l'âge de dix ans, les pommettes marquent leur visage. Ils sont pathétiques, ces gosses! Regardez, mais regardez-les! Votre cœur se serrera de pitié.

J'ai fait une enquête sur ce que mes élèves mangent chez eux. J'ai posé mes questions à trois moments différents : novembre, janvier, avril, pour tenir compte de la saison. Les élèves répondent un à un.

Le samedi 9 novembre, après la seconde classe. Sur les trente et un enfants de cette classe, vingt et un sont venus à l'école, affamés, sans avoir rien mangé; dix ont eu du pain sec. Le 11 novembre, dans l'après-midi, les trente et un avaient tous eu des pastèques (pas mûres) et du pain.

Au second sondage, dans l'après-midi du mardi 21 janvier : quatre enfants ont eu seulement de la soupe; six du *boulgour pilav;* seize, du pain trempé dans de l'eau; cinq, du *pilav* réchauffé; cinq, du *pekmez;* deux n'ont pas trouvé leur mère à la maison et reviennent affamés; sept ont pleuré en demandant : « Qu'est-ce que nous allons manger? » et on leur a donné du pain sec; onze ont mangé de l'oignon et du pain.

Le printemps vient, et il n'y a plus rien à manger avec le pain. La farine même manque. Gondja Derviche a déjà épuisé sa provision. Aussi a-t-on dû faire une quête de farine pour elle. Maintenant, presque tout le monde mange du *djadjik* [au *pilav*(1)] le matin, du *djadjik* et du pain à midi et encore du *pilav* au *djadjik* le soir! Ceux qui n'ont pas de farine ont du *djadjik* tout seul.

Le 1er avril au matin, douze enfants arrivent le ventre vide; onze ont eu du pain sec, sept du *pilav* au *djadjik.* Un élève est absent. L'après-midi, les trente présents ont tous eu du *djadjik* et du pain.

Quand je parle de *djadjik,* ne vous figurez pas une appétissante salade au yoghourt. Où trouverions-nous ça, ici? Pour nous le *djadjik,* ce sont des herbes et des graines comestibles.

Pendant tout le printemps, les femmes et les jeunes filles errent par monts et par vaux : jusqu'au soir, elles remplissent des sacs et des paniers de diverses herbes et graines sauvages. On les sale, puis on les roule dans de grandes feuilles de pain mince et tendre. Ou bien on les fait bouillir et on les mange à la cuiller.

Par une journée ensoleillée, je fais ma leçon dehors. Dix-huit fois, les doigts se lèvent : les enfants me signalent les poux qu'ils ont vus sur le cou de leurs camarades assis devant eux.

Comme d'habitude, je renvoie les pouilleux chez eux. On n'a rien vu sur le cou des autres et je n'inspecte pas le linge. Quand ils reviennent, c'est toujours la même histoire : leur mère ou leur sœur les ont déshabillés et ont épouillé la chemise, le linge et la culotte. Puis elles renvoient les gosses à l'école « Viens voir un peu », dis-je, et j'ouvre le col

(1) Sorte d'herbe.

pour regarder : les vivants et les morts sont mêlés! la patience, la résistance, le sentiment humain, tout s'envole. J'ai mal au cœur.

Je ne comptais pas sur une telle invasion de poux! Je me disais : « C'est la première année mais tout va bien se passer : mes élèves n'auront plus de poux. » Mais nous ne finissons pas l'année scolaire sans cette catastrophe.

Maintenant, j'ai un pulvérisateur. Plusieurs fois, j'ai fait sortir les enfants et les ai fait passer à la pompe, un par un. J'ai utilisé plusieurs bouteilles de DDT. Leurs mains, leurs figures, leurs vêtements, leurs corps même se mettent à sentir la poudre. Je les fais se déshabiller et les vaporise soigneusement. Aucun résultat!

Les villageois, eux aussi, connaissent la pompe; ils savent que j'en ai une et viennent me la demander. Au début, je la leur donnais vide, et c'était une pitié, car ils me la rendaient sans avoir pu s'en servir. Vide, ils l'emportaient; vide ils la rapportaient, parce qu'ils n'avaient pas osé me demander avec quoi la remplir. C'est ce que j'ai appris par la suite. Je pensais qu'ils avaient ce qu'il fallait. Maintenant, je leur pose la question, et, au besoin, donne l'insecticide avec la pompe.

Je me dis souvent : « Si seulement j'avais quelques piastres, j'achèterais au moins une bouteille d'insecticide par maison et assez de pompes pour tout le monde. » Mais où aller prendre cet argent?

Un homme entre et s'assied. Et voilà, les poux sur son col, sur son pantalon : deux par deux, trois par trois!... Une autre fois, je bavarde avec un voisin; il en écrase un sur son pantalon.

– Je l'ai attrapé tout à l'heure chez Mollah Mehmet. Tenez, en voilà un autre qui doit venir de là.

Mes élèves et mes visiteurs grouillent de poux. Serais-je le seul à n'en pas avoir? Vais-je en être privé?... Je suis bientôt en train de me tortiller comme si un scorpion était entré dans mes vêtements et je me déshabille tout de suite. La voilà : sacrée bestiole, la taille d'une jeune sauterelle!

La vie est aisée pour ceux qui ont leurs affaires bien réglées. Où qu'ils aillent, leurs soucis ne sont pas grands : amour, regrets, mal du pays... Moi, j'ai renoncé à tout cela; je ne pense qu'aux difficultés de l'heure. Il est vrai qu'aux beaux jours j'ai pu vivre avec mes souvenirs, bons et mauvais. Tout ça, c'est fini!

Quel mauvais temps, cette année! On dirait qu'il guette l'occasion de nous faire du mal : tout notre ouvrage commence à aller de travers. Nous avons ouvert l'école, et, pendant un mois et demi, j'ai fait la classe assis au pied du mur. Mais le 25 novembre arrive et nous sommes pris au dépourvu comme le djinn de *Deli Oglane*(1) : il neige.

L'année dernière, chaque enfant apportait sa peau de mouton. Pas cette année. Inutile de poser des questions : c'est le père qui l'a vendue. Quant aux bancs, ils ne sont pas venus jusqu'ici; nous n'avons pu ni en trouver, ni en acheter. Aux fenêtres, pas de carreaux. Les enfants, en arrivant de chez eux, s'assoient tout frissonnants sur le sol en terre battue, soufflent dans leurs doigts et claquent des dents(2). La neige entre par la fenêtre et leur tombe sur le dos.

Devant tout cela, que dois-je faire? Vais-je les condamner à mourir sur place ou les renvoyer? Il me semble plus raisonnable de les renvoyer.

Je m'en vais à la salle commune du village.

– Mais qu'est-ce qu'on va faire dans des conditions pareilles?

– Tu as bien fait de les renvoyer chez eux, Efendi.

– Efendi ou pas, j'ai bien fait, certes. Mais faudra-t-il continuer comme cela? Il faut que vous trouviez un moyen.

(1) Allusion à un conte populaire.

(2) Les températures centigrades minimales sont en 1948 respectivement d'octobre à mai les suivantes : X : 4,3; XI : – 2,3; XII : – 6,6; I : – 1,5; II : – 2,4; III : – 4,8; IV : 2,2; V : 8 pour la région de Nozdè.

– Tu en sais plus que nous, toi. Fais comme te semble bon; comme l'année dernière.

Par un temps pareil, ceux des enfants qui vont pieds nus ne peuvent pas du tout venir en classe. Plus de la moitié des élèves sont malades, grippés; ceux qui viennent, avec mille difficultés, et que je suis obligé de renvoyer chez eux, sont au nombre de vingt à trente pour les deux classes.

Comme si je pouvais me protéger moi-même! Des clous pointent sur ma figure. J'ai un mal du diable à me raser, et il n'y a pas de coiffeur : tant pis, je laisse pousser barbe et cheveux. Deux mois se passent pendant lesquels je n'arrive pas à me servir d'une lame Gillette. Me voilà avec des cheveux jusqu'aux oreilles et partout de la barbe. J'ai honte, je suis fâché contre moi-même. Et je déclare aux enfants :

– Si je laisse pousser ma barbe, c'est parce que vous ne faites pas attention à ce que je dis.

Enfin à force de chercher, un des enfants me signale l'existence d'une tondeuse. Je convoque son propriétaire.

– Je ne pourrai pas te raser!

– Eh bien, attrape les cheveux et coupe tout, que j'en sois débarrassé.

Et je me fais entièrement tondre. Après quoi, je peux, avec bien du mal, me nettoyer et supporter le rasoir. Quelle affaire de fou, se couper les cheveux comme ça! Pendant quelques jours je m'enveloppe la tête, et puis ce que je redoutais m'arrive : la grippe me cloue au lit.

Je suis tout seul; pas moyen de trouver un remède. Toutes les communications avec la province sont coupées. Il a neigé, personne ne passe par ici. Je déniche enfin une espèce de remède (« Mitol », d'après l'étiquette) : un soi-disant médicament pour le rhume. Je m'en mets dans le nez. Le soir, je bois un peu de tilleul bouillant. Je mets dans mon poêle une bouse de vache séchée et m'allonge dans la poussière et la fumée. J'empile sur moi tout ce que je possède; je m'entortille la tête et me couvre jusqu'aux yeux. Mais rien ne me fait transpirer. Il faut dire que la chaleur du poêle est bien faible, que l'eau coule du toit, que le sol est en terre et que le gel a brisé ma cruche de terre.

Les murs de l'école ont été élevés il y a cinq ans. Cette école, c'est vraiment une petite maison comme les enfants en construisent en jouant. On voit tout de suite qu'elle a été faite n'importe comment avec des pierres grosses comme le poing. Les pluies de ces cinq années ont littéralement pourri les murs, faits de boue au lieu de mortier. D'ailleurs qu'est-ce qui n'est pas pourri? Ni les portes, ni les fenêtres ne tiennent en place. Pas de plâtre à l'extérieur; j'en ai seulement crépi les murs intérieurs avec de la boue. On a l'impression que si quelqu'un s'appuyait dessus un peu trop fort, tout s'écroulerait. Aussi avons-nous passé ce printemps dans une crainte perpétuelle. Il était facile de prévoir comment cela finirait.

Ma mère étant tombée malade, j'ai quitté l'école deux jours, le samedi et le dimanche pour aller dans mon village. Et qu'est-ce que je trouve à mon retour? le mur de la façade à côté de la porte d'entrée s'est affaissé.

– La pluie l'a fait déménager, disent les gens.

Je ramasse les pierres éparpillées; tout s'est effrité, tout a fondu. Et maintenant que la partie couverte est tombée, on ne peut guère espérer que les autres parties exposées depuis cinq ans résistent aux pluies à venir.

Vous connaissez l'histoire de *Nasrettin Hodja*(1), qui avait suspendu sa robe à une corde pour l'aérer. Tout à coup, un vent violent s'élève, souffle et emporte la robe. Le *Hodja* dit :

– Grâces soient rendues à Dieu! et se met à prier.

– Comment ça, tu pries? lui demande sa femme.

A quoi il répond :

(1) Personnage légendaire, héros d'histoires humoristiques et riches de sagesse.

– Ah, femme! j'aurais pu être dedans! Où est-ce que je serais maintenant!

Moi, j'aurais pu être sous les murs quand ils se sont écroulés. Aussi, je rends grâce à Dieu, m'en étant tiré à si bon compte.

Oui, mais que faire à présent? Le mur ne peut être réparé. Les fondations ne valent rien : en faire de nouvelles? quel problème... Je me demande s'il faut rire, pleurer, me frapper les genoux. Allons, mes amis, que dois-je faire?

Du 15 au 20 avril, pendant cinq jours, il a plu sans arrêt. L'eau a filtré du toit de l'école comme si elle gouttait d'une passoire. Ce flux d'eau sale a fini par faire un petit lac à l'intérieur du bâtiment. Un autre côté du mur s'est effondré. J'ai dû renvoyer les enfants. Ce sera déjà très bien si je parviens à nous sauver, moi et mes affaires. Et où pourrais-je aller ailleurs dans le village? Les autres endroits sont encore pires.

Que peut posséder un pauvre diable? Je pose sur les rebords des fenêtres ce qui peut y tenir et sauve ainsi la moitié de mon bien.

Comme le sol est en terre, je creuse un trou dans la boue au milieu de la pièce; l'eau qui goutte à l'entour vient s'y rassembler. Je pioche la terre sèche et en apporte à l'intérieur avec le tiroir à cendres; je la tasse dans un coin, j'y dispose mon matelas mouillé; je cloue les draps au mur, ils me feront une magnifique tente sous laquelle, en me pliant en deux, je serai au moins au sec, comme un oiseau dans son nid. Je suis blotti sous ma tente. Quand l'eau s'étend et se rapproche de moi, je me lève et puise avec un bidon de fer blanc un peu de cette eau que je verse par la fenêtre.

Personne ne passe. Chacun a ses propres misères. Moi aussi, je vis mon aventure. Me voilà, campant sur la rive, suivant la chute des grosses gouttes tombées du toit, qui éclaboussent les murs et font de larges cercles... J'ai bientôt des crampes à force de rester assis, plié en deux. De temps en temps, j'étends les jambes au-dehors, tant pis pour moi. A part mes sorties pour les latrines, je passe de la sorte cinq jours et cinq nuits. Par bonheur, quand j'avais quelque argent, j'avais eu la bonne idée de m'acheter un petit réchaud à alcool. Comment aurais-je pu allumer le poêle? J'avais fait passer le tuyau par la fenêtre et l'eau tombait dedans. Et cette casserole qui ne veut pas bouillir sur mon réchaud! Je peux tout juste faire frire des œufs. Du pain, du sel, des œufs.

Tantôt je médite. Tantôt je dors. Impossible d'exprimer les états par où je passe. Quand je me vois ici, en cette école abandonnée, loin de mon village, j'ai peine à y croire – et pourtant c'est vrai.

C'est au début de 1950 qu'on m'a muté, sans crier gare, de Nurguz à C... Ce grand village n'avait pas encore d'école. Nous étions deux instituteurs et nous avons commencé par travailler dans la mosquée, après avoir inscrit les enfants dans la première classe.

Pendant un mois, nous enseignons sans difficulté. Puis une histoire de clef vient tout compliquer. Les premiers jours, le *Hodja* laissait la porte ouverte après la prière du matin; à midi, il ne la fermait pas à clef. Notre travail finissait au moment des prières de l'après-midi.

A présent, voici la mosquée fermée. En attendant leurs maîtres, les mains et les pieds brûlants de froid, les enfants s'impatientent en voyant que leurs instituteurs, eux non plus, ne peuvent mettre la main sur la clef. Ils commencent à raconter les on-dit qui circulent dans la salle commune du village. Les villageois, paraît-il, avaient commencé par laisser faire.

– Qu'ils fassent donc leurs classes pendant deux ou trois jours, ils en auront vite assez!

Mais quand ils ont vu que nous tenions bon, ils ont essayé d'agir sur le *Hodja*.

– Et si tu ne leur donnais pas la clef? La mosquée ne ressemble plus à une mosquée. D'ailleurs les prières dites là où ce garçon fait sa classe à ses jeunes ânes, elles ne sont pas valables.

Je dois dire que les élèves, à tour de rôle, nettoient la place chaque jour; et nous les surveillons pour qu'ils ne traînent pas leurs doigts sur les murs. C'est bien grâce à nous que la mosquée a si bel air – mais qui va le croire?

Aussi, je choisis les plus grands parmi les enfants qui attendent à la porte en grelottant et les envoie au *Hodja,* qui nous refuse pourtant la clef. Nouvelle ambassade : nouvel insuccès. Je déchire une feuille de mon carnet et lui envoie une lettre commençant ainsi : « Mon très honorable *Hodja.* » Pas plus d'effet. A la fin, je vais moi-même à la conquête de la clef. Le temps de parler de l'humanité, de l'Islam, du devoir, et d'essayer avec mille arguments de convaincre l'assemblée dans la salle commune, il est déjà midi bien passé. Les enfants, grelottants, sont rentrés chez eux... Mon collègue vient aussi m'aider à réclamer la clef. Nous ne commençons nos leçons que l'après-midi.

Mais ce n'est pas fini! Pendant plusieurs jours nous ne pouvons mettre la main sur ce lourd morceau de fer – gros comme le canon d'un fusil! Il nous est tout simplement impossible d'entrer. Comme cette mosquée, fréquentée surtout par les rats, est aussi glaciale qu'un caravansérail et qu'il n'y a pas de poêle, les enfants sont heureux d'éviter les leçons.

Un jour, je n'y tiens plus :

– *Hodja,* ce bienheureux morceau de fer, vous ne nous le laissez pas voir souvent.

– C'est la clef du paradis! Si je vous la donnais, ce serait un sacrilège. C'est un péché, vous savez, que d'introduire à la mosquée les images de l'alphabet des enfants et leur faire réciter ces paroles d'infidèles. C'est défendu par le Livre Sacré.

Nos villageois sont créés pour servir la religion. Mais ils ne montrent aucun intérêt pour cet esprit de la religion qui signifie unité, concorde, amour et respect pour les autres, pour ce qui conduit l'homme à la justice et à la perfection.

« *Le cœur rend grâce, les lèvres récitent la prière.* » Par exemple, on dit que les ablutions sont une question de propreté. Cependant un homme qui fait ses ablutions se contente d'une trempette de ses mains et de ses pieds sales, et puis les essuie.

– Voyons, le but des ablutions est d'être propre.

Dites cela, on ripostera :

– Tu es un infidèle!

⁂

Nos élèves se sont toujours rendus à la mosquée dès leur plus jeune âge. Mais des bruits commencent à courir sur l'instruction religieuse dans les écoles. On dresse l'oreille.

Les anciens du village viennent me trouver :

– En voilà assez du savoir. Laisse aux enfants un peu de temps à midi et dans l'après-midi pour qu'ils puissent faire leurs dévotions.

– Mais qu'est-ce qu'un petit enfant a à faire avec des dévotions?

– Dieu le sait. Il l'accepte. C'est de l'autre monde dont nous avons réellement besoin. Toi, tu te contentes des biens de ce monde. La science actuelle, c'est l'étude de l'âne ou du cheval; du vent, tout cela!

Ils ont appris avant moi que l'instruction religieuse était inscrite au programme de l'école primaire et qu'un livre de cours avait paru. Ils sont venus me questionner : « Quand vas-tu l'enseigner? quand vas-tu commencer l'instruction religieuse? »

Le livre est arrivé, mais il est destiné aux élèves des quatrième et cinquième classes; or, nous n'avons que les deux premières classes. « Pourquoi n'enseigne-t-il pas ce que le Gouvernement ordonne? » disent-ils. Ils me cassent la tête, menacent d'envoyer une pétition. Peut-être l'ont-ils fait? D'ailleurs, ils m'ont déjà mené la vie dure, la première année.

– Personne ne vient jamais ici, Efendi. Qui pourra savoir ce que tu fais? Tu as l'air d'un brave garçon. Pour l'amour de ton père et de ta mère, cesse donc de faire des lectures sur l'âne et le cheval et enseigne les prières aux enfants. Fermons cette classe. Toi et Kèlèche *Hodja,* vous enseignerez ensemble. Avant que ton inspecteur ne passe ici, tu auras trié les garçons avec le caporal Isâ; vous les lui présenterez et voilà tout...

Ils disaient de même l'année dernière, mais à présent que le Gouvernement a donné des instructions, ils se demandent pourquoi je ne commence pas tout de suite. « C'est suspect! » J'essaie de leur expliquer :

– Les leçons de religion sont pour les quatrième et cinquième classes. Si Dieu le veut, nous l'enseignerons dans les années à venir. En tout cas, je leur apprends tous les jours ce qu'on trouve dans ce livre : « Respecte ton père et ta mère, ne t'éloigne pas de la vérité, sois propre, ne vole pas, etc... »

– Tu appelles ça une classe de religion, toi?

Un jour, dans la salle commune du village, je lis et explique le livre du commencement à la fin.

– Bravo! Tu l'as bien lu et bien expliqué! Mais qu'est-ce que nous allons en tirer de ton livre? Il ne dit même pas la manière correcte de faire ses prières à Dieu.

Il y a là une histoire de miracle qui les enchante : le passage qui décrit comment la famine se transformait en abondance là où passait Mahomet.

– Quels hommes que ces Démocrates! (1). Tout ce qu'ils disent, ils le font. Cette année, ils mettent au programme des leçons de religion; l'année prochaine ils prendront le pouvoir, ils vont nous rendre tout le reste, l'écriture arabe et le fez avec, et nous jetterons enfin ce maudit chapeau de mécréant (2).

(1) Se préparant à venir au pouvoir durant les années 1946 et 1950, le parti démocrate fit campagne dans les villages pour l'abandon des réformes d'Ataturk. Les villages se trouvent en Turquie sous la coupe des aghas (paysans riches) et du clergé musulman; cette campagne trouva donc un large soutien auprès de ceux-ci qui avaient tout intérêt à un retour à la vie traditionnelle et archaïque.

(2) Une loi votée en 1925 interdit le port du fez et oblige les hommes à porter le chapeau.

Vous le voyez, les hommes de l'opposition n'ont qu'à aller de l'avant dans cette voie. Ils ont d'ailleurs largement exploité cette tendance. Qu'ils défendent tout, excepté l'enseignement religieux; ils se trouveront au pouvoir.

Un jour de froid, nous mettons dans le poêle deux morceaux de bouse séchée, et nous nous asseyons autour. Nous grillons par-devant; un air glacé nous frôle le dos. Il y a là deux instituteurs et quatre de nos voisins; en tout six personnes. A ce moment, arrive un visiteur, la tête emmitouflée et les yeux protégés contre le froid. Il ôte ses sandales et ses molletières, empoigne la cruche, boit une lampée d'eau et s'assied au milieu de nous. Il vient, nous dit-il, de A..., village du district de Kotchhissar. Sa sœur refuse d'épouser son fiancé; il est donc venu demander à un *Hodja* renommé, qui vit dans un des villages de Ouloukichla, une amulette « pour enchaîner le cœur ».

Après l'échange des saluts de bienvenue, nous bavardons, mais notre hôte va bientôt perdre son calme!

– D'où sont ces jeunes gens?

– Ce sont nos maîtres d'école, répond Halil Dèdè.

– Seigneur! Halil Dèdè, est-ce vrai? Aurait-on introduit chez vous aussi cette invention-là? Dans notre village, il y a cinquante enfants qui apprennent le vrai turc (dans nos villages, c'est l'arabe qu'on appelle le turc – et le turc est baptisé « langue des infidèles »). Quelques-uns ont déjà lu deux ou trois fois le Coran. Au village de Sofoular, c'est mieux encore! Le village de Hasrav a un instituteur; l'autre jour, un inspecteur est venu et n'a pas trouvé un seul enfant en face du maître. Parlez-moi des gens de Hasrav, voilà de vrais Musulmans! Tous les enfants du village sont à l'école du *Hodja*. L'inspecteur a parlé un bout de temps et a dit : « Arrangez-vous à l'amiable. » On dit qu'au commencement de l'année prochaine, les choses vont changer et les classes seront supprimées. Et le vrai turc reprendra sa place.

Les remarques du visiteur sont approuvées. Un des hommes du pays dit avec un soupir :

– Ah! en l'année 1341 (1), nous prenions nos leçons à l'école coranique. Il y avait un *Hodja* qui s'appelait Osmane Efendi et qui venait de Nevchéhir. C'était un bon *Hodja;* il avait un grand cœur mais était terrible; il a sauvé bien des âmes en ces temps-là! Oh! ma tête! ma tête! il faut briser ma tête! J'en avais assez de la baguette du *Hodja* et je ne prenais pas tout ça au sérieux. Nous étions trois, qui ne pouvions plus tenir et nous nous sommes sauvés. Maintenant, c'est trop tard.

Les années passent; les choses ne changent guère.

Tous les matins, portant leurs peaux de mouton, les enfants de notre village vont aussi à l'école du *Hodja,* dans les quartiers éloignés. Halvay et Asma, du village, viennent spécialement pour apprendre aux enfants à psalmodier le Coran et essayer de faire un *Hafiz* de chacun d'eux. (Ces *Hodjas* touchent trois cents *kilés* de grain par an, plus les honoraires pour les vendredis et autres services).

Tous les jours, nous entendons, voyons les mêmes choses. Le *Hodja* de Baymiche a formé bien des *Hafiz.* A Sapmaz, les enfants récitent tout le Coran comme des rossignols. En grandissant, ils fournissent des *Hodjas* pour tous les villages. Personne ne sait former un enfant comme le *Hodja* de Tcheltek. Je ne sais plus quel autre *Hodja* ne lâche pas un seul gosse à l'instituteur.

Je pourrais continuer tant que vous voudrez. Il n'y a pas un village de ces régions où l'on ne trouve une école religieuse. Un jour, il est même arrivé d'Ourfa un *Hodja,* tout plein d'une prétendue érudition, déclarant qu'il allait fonder une *médrésé* au village de C... Les préparatifs sont en cours.

(1) Année de l'Hégire, c'est-à-dire 1924.

Personne, à moins d'y vivre, ne peut imaginer ce qu'est notre région. Sur cent cinquante enfants, il y en a peut-être dix qui viennent à l'école de bon cœur. Même quand on brandit la loi, même quand on se fâche avec tout le monde! Et ceux qui y viennent ne travaillent pas. Au moment des cinq prières quotidiennes, hop! vous voyez tous les enfants filer à la mosquée. Le reste du temps, leurs pères leur enseignent assidûment l'Appel à la Prière et les *sourates* du Coran en arabe.

Le père d'un de mes collègues ne cache pas son regret d'avoir laissé son fils devenir instituteur.

– Tout le monde va retourner aux *Hodjas*. Pourquoi lui ai-je permis d'être instituteur? S'il était *Hodja* à présent, il gagnerait deux fois plus et on le respecterait davantage.

En tout cas, tous les jours chez lui, il exerce son fils cadet et lui apprend l'Appel en arabe. Il lui enseigne l'ancienne écriture. L'enfant vient à l'école; c'est comme s'il était muet.

– Voyons, mon petit, pourquoi n'as-tu pas étudié tes leçons? Ça ne suffit pas de m'écouter. Regarde tes livres; ils expliquent ce que je vous dis. Si tu lisais tes livres, tu apprendrais bien mieux.

– Mon père ne me laisse pas lire, Maître.

– Ah oui?

– Il m'apprend les prières. Nous lisons le Coran. Il m'apprend à chanter l'Appel. Il dit : « Tout ça pour toi n'a pas d'importance. »

Et les enfants de l'école rivalisent pour lire le Coran, apprendre les prières et chanter l'Appel.

Il faut avoir vu aussi les paysans qui vont « prier la pluie ».

Sur la petite place, devant la porte de Seyfi *Hodja*, les cris des enfants s'élèvent vers le ciel.

– On prépare la mariée de la pluie! Allez la voir si vous voulez, on l'habille dans l'étable!

Un moment plus tard, la mariée de la pluie déambule dans le village. Ruelle après ruelle, on la fait passer chez tous ceux qui ne sont pas allés aux champs.

La mariée, c'est un homme vêtu avec les fripes d'une vieille. On la mène en laisse et elle s'arrête devant chaque porte, criant vers l'intérieur de la maison. Sa tête est couverte d'un sac. Elle tient à la main un bâton dissimulé, au bout duquel est attachée une corde. Véli, qui dirige l'opération, tire là-dessus pour conduire la mariée, tout en chantant des cantiques. Les voix ont des intonations douloureuses, dans le grave, mais elles s'élèvent soudain au seuil de chaque maison. Les chanteurs sont dans l'extase. Les femmes, du toit des maisons, regardent passer le cortège; celles-ci se montrent sur le seuil : elles pleurent à chaudes larmes. On les voit détacher le fichu jaune qui leur couvre la bouche et s'en essuyer les yeux.

On chante des cantiques de Veysel Karanî (1), d'Abdulkadir Geylani (2); on chante des mélodies larmoyantes de Younous (3); on improvise aussi des vers comme ceux-ci :

La mariée de la pluie demande des bienfaits
Elle demande du boulgour *et du beurre,*
Des immolations! du poulet!
Une moisson bien riche, elle demande.

Quand les femmes ont bien écouté, elles vont dans la maison chercher tout ce qu'elles peuvent réunir et l'apportent à pleines jupes.

Et personne n'oublie de verser sur les pieds nus de la mariée une ou deux cruches d'eau. Les gosses, eux, n'arrêtent pas de s'asperger avec des gobelets de cuivre : ils en ont le pantalon et la chemise tout trempés.

C'est bien comme si on menait en cortège l'épousée à la maison nuptiale. Chacun dans la foule va, les mains ouvertes vers le ciel. On arrive devant la

(1) Compagnon du Prophète.
(2) Mystique musulman mort en 1166. Fondateur de l'ordre des Kadirî.
(3) Voir page 57.

porte de Seyfi *Hodja*. Dans l'angle le plus reculé de la maison, des sacs sont ouverts où l'on vient de déverser des haricots, des lentilles et toutes sortes de denrées. On a pu réunir six poulets.

Il y a un pot empli de petits bouts d'étoffe que la femme du *Hodja* enlève et suspend sur le foyer.

Vers le soir, le ciel se couvre; des amoncellements de nuages traversent le ciel. Comme on dit : commencer, c'est déjà réussir pour moitié. Quelle joie sur les visages! N'est-ce pas que les nuages sont bien noirs? Ils attendent que le Créateur leur ordonne de crever...

Les femmes qui reviennent de la fontaine ont le pas plus alerte. Les jeunes gens, qui depuis des jours et des jours se sont croisé les bras d'un air préoccupé, ressentent à présent l'excitation générale. Ils organisent un concours de lancement de pierres. Autour d'eux, les gamins jouent à se poursuivre; les uns frappent la paume des autres. L'ambiance est assez celle d'une noce rustique.

Allons, il est temps que les quatre *Hodjas* se distribuent la besogne. Seyfi *Hodja* organise la confection des amulettes.

– Chacun de nous va écrire deux sortes d'amulettes. La première, c'est pour qu'il pleuve, mais ça doit pleuvoir chez nous, pas sur les autres villages. La deuxième, c'est pour qu'il ne tombe pas de grêle ou alors qu'elle aille tomber chez les autres. Attention, qu'on ne mélange pas les amulettes : celle de la pluie, dans un linge blanc! celle de la grêle, dans un linge noir!

Oui, mais ils n'ont pas de papier. On envoie deux gamins à la boutique de Mourad-le-Boiteux. L'encre est apportée de chez le comptable de la Coopérative (c'est moins loin que ma maison). On verse le contenu de l'encrier dans quatre tasses à café ébréchées, qui se trouvaient alignées au-dessus du foyer. Du balai de bruyère, derrière la porte, chacun arrache un brin. Et on se met à tracer les écritures cependant que les assistants fument et bavardent.

Seyfi *Hodja* a des lunettes, lui : les verres tiennent à la monture par des ficelles...

Le voilà qui se penche vers les trois autres et leur murmure quelque chose à l'oreille : « Continuez d'écrire », dit-il tout haut. Et il se tourne vers nous :

– Qu'on aille m'appeler Mehmet-le-Timide! Le fils de Hassan Tchaviche! Djemal-le-Chassieux! et aussi Bayram-le-Poisseux!

Quatre gosses détalent. Au bout d'un moment, on voit venir les quatre hommes qui s'assoient en se frottant les yeux. Les lacets de leurs sandales traînent; leurs chemises ne sont pas boutonnées. Ils dormaient; ils n'ont pas eu le temps.

Ils savent bien de quoi il s'agit, et le *Hodja* le leur répète à présent : il leur confie la mission d'enterrer les amulettes. Ça se passe à la frontière du village; sans qu'on vous voie. Ça, c'est du courage. Tout le monde a du courage, mais un courage pareil, c'est tout à fait à part.

Dans des morceaux de chiffons blancs et noirs, grands comme la main, que l'on a tirés du coffre de la femme de Kel Hassan, le *Hodja* enveloppe les amulettes. Seuls ceux qui se trouvent dans la chambre peuvent assister aux préparatifs et au départ. Les quatre hommes lacent leurs sandales.

Il vaudrait mieux être armé, mais on n'a trouvé que deux fusils en mauvais état. Les lanternes ne valent guère mieux. Et puis, il ne faut pas éveiller les *djinns;* l'obscurité est préférable :

– Pourvu qu'il pleuve, il peut nous arriver n'importe quoi. Pourvu que les autres soient sauvés de la famine, on n'a pas besoin de fusil ni de lanterne. Il arrivera ce qui arrivera.

Et ils s'élancent hardiment dans la nuit, dans quatre directions différentes. Chacun s'en va vers la frontière, pour y enfouir à sept pas de distance deux amulettes, l'une noire et l'autre blanche.

De bon matin, on installe des chaudrons au sommet de la colline des Argatchépé.

La fumée de la bouse s'élève en une large volute, comme pour porter son offrande aux nuages. Et justement voilà les nuages qui ont l'air de se bousculer, comme s'ils étaient sensibles à tous ces efforts. On dirait vraiment qu'ils n'attendent plus que l'immolation pour se changer en eau. Depuis la veille, ils se sont tour à tour amassés puis dispersés, laissant à tout moment espérer le déluge.

Voici à présent les villageois qui grimpent au flanc de la colline, les bras chargés de bouse, de pain, de casseroles, et d'autres qui portent des cruches pleines d'eau.

Il y a derrière le village un endroit qu'on appelle les Quarante-Ruisseaux (parce qu'il y en a vraiment quarante). La veille, on a retiré une pierre de chaque ruisseau et on en a fait un tas au sommet de la colline.

Nous avons fait nos ablutions sur la berge du ruisseau, au sortir du village. Il faut se mettre tout de suite aux prières. Tous les *Hodjas* du village prient rapidement sur les pierres (par bonheur, nous ne manquons guère de *Hodjas!*). Quelqu'un fourre alors les pierres dans un sac et s'en va vers le ruisseau. Là, il attachera la corde du sac à une lourde pierre et l'abandonnera au courant.

Nous nous agenouillons, tournés vers la *Kaaba*. Déjà les yeux des vieillards sont brillants de larmes. Pendant une demi-heure, on lit des passages du Coran. Pour terminer, et afin que chacun comprenne, on récite une prière en turc :

– *Mon Dieu, envoie à tes créatures, dont les mains sont inactives, et dont les yeux sont en pleurs, envoie la pluie. Ne nous prive pas de la pluie, ô Dieu tout-puissant!*

Tandis qu'on prononce l'*Amen*, nos mains passent sur nos visages. Nos regards lassés se lèvent vers les nuages du ciel.

Hadji Bektache, lui dont la barbe est la plus longue, et cinq autres barbus qui le suivent, disposent les poulets en les tournant vers la *Kaaba.* Après la prière rituelle, ils leur tranchent le cou. L'eau est déjà en train de bouillir. On met les poulets à cuire, et bientôt on les sert avec du *boulgour.*

Repas sans gaieté – mais tout de même, chacun a de l'espoir au cœur. Mais cet espoir n'aura pas duré longtemps! car voilà le porteur du sac de pierres qui s'en revient en criant. Les cuillères nous tombent des mains; on court à la rencontre de l'homme qui lance, tout haletant :

– Pas une seconde à perdre! l'eau a emporté le sac!

Et ça, ça veut dire que les prières vont avoir un effet contraire, et qu'au lieu de la pluie, c'est la grêle que nous aurons. Et pourtant, ce n'est pas faute d'avoir enterré les amulettes, hier soir!

Plus un mot. On s'assemble encore une fois pour prier, dans la direction de la *Kaaba.* Cette prière, le *Hodja* la récite avec de tels accents de douleur que même un roc en serait touché...

Et c'est le retour au village.

Le lendemain, j'ai montré aux élèves la rivière qui passe derrière l'école; je leur ai expliqué que des moyens techniques permettraient d'utiliser cette eau pour l'arrosage, et que prier pour la pluie, ça ne servait à rien. Je leur ai lu et commenté un passage de leur livre de lecture intitulé « Le trésor caché » :

Ce n'est pas tout d'aller avec les Hodjas et les pèlerins de La Mecque prier pour la pluie sur les collines en tendant les mains et en s'agenouillant. Vous n'y récolterez que sueur et larmes amères. L'eau, ce grand trésor caché, est sous la terre. Pour combattre la sécheresse de notre sol et utiliser ce trésor, il faut avoir recours à un matériel technique.

Ceux qui exposent de telles idées à des villageois ignorants passent pour des farfelus ou pire encore; c'est pourtant mon devoir d'en instruire les enfants de l'école. Mais quand ils vont raconter cela à leur père, il y a des histoires à n'en plus finir et des insultes qu'un chien n'accepterait pas...

Pour l'anniversaire de la mort d'Ataturk, les élèves ont récité des poèmes. Bien que ce soit l'heure du travail, quelques paysans ont assisté à la cérémonie.

C'est lui qui a sauvé le Turc de la mort,
C'est lui qui a créé la Turquie à nouveau...

Après avoir entendu lire cette strophe, un certain *Hodja*, Mehmet-le-Boiteux, marquait sa désapprobation par d'énergiques signes de tête. J'ai tenu bon :

– S'il n'était pas venu, les chrétiens nous auraient avalés.

– Tu dis peut-être la vérité : il nous a sauvés. Mais les savants *Hodjas* ne mentent pas : ils affirment que la liberté qu'il nous a donnée n'est pas écrite dans le Livre Sacré.

Le jour même, dans l'après-midi, au cours de la leçon de dessin, je dis aux enfants de s'inspirer de quelques-unes des œuvres d'Ataturk pour composer un dessin à leur idée. Ceci se passait au moment où les *Hodjas* espéraient tant revoir le fez et le turban blanc (1). Les enfants ont tous dessiné des écoles, des chemins de fer, des chapeaux...

Ce soir-là, dans la salle commune, le *Hodja* a vu ces dessins de chapeaux dans les cahiers de mes élèves, et il m'a houspillé de la belle façon :

– Les temps sont proches. Notre Prophète a défendu les dessins et les images des idoles. Si on commence à les reproduire, c'est la fin du monde. Tremblez, ce jour est venu... Hélas, pauvre religion musulmane, hélas! On en est arrivé à dessiner un chapeau! Faut-il pleurer ou rire? Ce que le Livre

(1) Selon la loi de « réforme vestimentaire » (votée en 1925), il avait été défendu au clergé musulman de porter le turban et le fez en dehors des heures où ils officiaient.

avait annoncé apparaît à présent. Dans peu de temps, soixante-dix mille têtes de *Hodjas* seront coupées... Ceux qui abandonnent la religion, les croyances, les ablutions, le jeûne, pour s'occuper à dessiner des chapeaux, ceux-là aussi auront la tête coupée!

Cette année-là, le caporal Isâ faisait fonction d'*Imam* à B..., pour un salaire de cent cinquante *kilés* de grain. Il enseignait le Coran aux enfants du village. Il est venu un jour rendre visite à sa famille. Le caporal Isâ n'avait jamais cru au mécanisme de la radio!

– Efendi, comment est-ce possible? Ho! ho! que l'appel de la prière puisse être crié en Egypte et entendu ici! Et pensez à toutes ces voix qu'il y a dans le monde, depuis le matin jusqu'au soir! Comment est-ce que la radio ne les attrape pas toutes à la fois?

Nous avons expliqué, réexpliqué, à nous user la langue, mais il n'y avait rien à faire.

– Non, il y a quelqu'un là-dessous, d'où sort la parole. C'est lui qui parle et on trompe le public.

Et il n'est pas le seul à afficher cette opinion.

Un certain lundi, vers dix heures du matin, je constate qu'il n'y a que dix enfants en classe :

– Maître, les autres sont allés prendre leur leçon, ce matin, à l'école du caporal Isâ. Nous y avons été aussi et nous voilà. Ils reviendront ici tout à l'heure.

Je suis furieux. D'où sort-il donc, ce caporal Isâ? Ainsi il a ouvert une école!

Il y avait une vague rumeur à ce sujet depuis quelques jours. Tous les ans, c'était Nedjati *Hodja,* ou son fils Kèlèche *Hodja* qui tentaient de se mettre à l'enseignement. Cette année, quand Nedjati *Hodja* est tombé malade, le caporal Isâ qui aspirait à sa succession, s'est emparé du poste, et aussitôt, Mollah Mehmet lui a offert sa chambre – celle-là même qu'il nous refusait obstinément quand nous en avions besoin pour notre école à nous.

J'ai réussi à regagner tous les enfants. Maintenant

que je les ai persuadés de revenir à l'école, l'assistance est assez régulière. Il y en a encore qui vont chez l'autre le matin de bonne heure. Ils me reviennent après avoir appris par cœur des prières : « Elham », « Subhane », « Allahumme Salli » (1).

Une semaine plus tard, je ne sais trop quelle idée passe par la tête du Molla :

– Il faut que vous trouviez un autre coin pour vos enfants, dit-il.

Il les met tous à la porte. Si notre école à nous s'était trouvée dans cette situation, nous serions à la rue.

Mais la position de l'autre est bien différente. Les notables et les *aghas* se réunissent aussitôt. Ils pensent que la vieille étable de l'*agha* Hussein fera l'affaire. On conduit les animaux dans une autre étable. Du moment qu'il y a un toit...

La caporal Isâ y continue donc ses leçons. On peut voir les enfants s'y rendre, leurs peaux de mouton sous le bras; les filles sont en majorité.

Un jour, pendant une récréation j'emmène deux enfants avec moi et je vais voir la classe du caporal Isâ. Comme j'approche de la porte, un grand brouhaha de voix me parvient; les enfants récitent tous en même temps. Je pousse la porte. Le *Hodja* se lève. Il m'accueille amicalement et m'invite à partager sa natte. Il y a là soixante-dix ou quatre-vingts enfants. Ils rient, se bousculent et crient, assis sur leurs peaux de mouton. Il y a des bébés sur les genoux de quelques filles. Elles apprennent leurs prières en berçant les tout-petits. Les gens préfèrent envoyer leurs filles ici plutôt que dans notre école. Nous avons pu en inscrire quatre, avec bien du mal, mais leurs parents ne les envoient pas.

Il s'agit de ne pas offenser le *Hodja*!

Impossible de s'asseoir confortablement à cause des roseaux et des toiles d'araignée qui pendent du plafond, lequel n'est pas à hauteur d'homme. Le *Hodja* fait réciter, ou plutôt crier, des *sourates* du

(1) Premières paroles des différentes sourates du Coran.

Coran qu'il sait à moitié par cœur; il dit les mots un par un, et les enfants les répètent ensemble après lui.

Je résiste pendant quinze minutes. Quinze minutes, c'est vrai, mais comment ai-je fait? L'intérieur de l'étable, comme d'habitude, n'a pas été nettoyé. Les trous des murs sont pleins d'insectes. Le sol, le plafond, les peaux de mouton sont couverts de fumier. Une épaisse poussière flotte dans l'air. Partout, d'indescriptibles immondices.

Toutes les semaines, le jeudi, les « cadeaux du vendredi » pleuvent sur le *Hodja* : du tabac, des cigarettes, des plats et des plats de *boulgour*, des haricots secs, du blé...

Tous les jours, chacun à leur tour, les enfants apportent au *Hodja* un coussin ou un siège pour s'asseoir. Ce devoir incombe à celui d'entre eux qui s'est fait tirer l'oreille. Ce jour-là, également, ce même enfant doit pourvoir aux repas du *Hodja*. J'apprends tout cela de mes élèves.

En mai, l'école a fermé ses portes et je suis parti. J'étais de retour en juin. J'ai passé un mois à refaire les plâtres de l'intérieur. Mes élèves, ayant entendu dire que j'étais rentré, viennent me voir. J'ai vu la plupart d'entre eux pendant ce mois. C'est la saison du labour, des friches. Ils dorment dans les champs.

Mais je n'en vois jamais aucun dans ses vêtements de travail; ils passent chez eux pour mettre leur casquette d'école ou leur veste quand ils en possèdent une. Il vaudrait vraiment mieux qu'ils viennent en tenue de travail : quelle différence? Je ne retrouve même plus leur aspect d'hiver. Devant moi, ils ont honte de leurs figures dont la bouche et le nez pèlent! Beaucoup ont les lèvres crevassées, les cheveux longs et embroussaillés. Cela ne les empêche pas de venir me voir. N'est-ce pas pour moi une grande satisfaction?

– Il n'y a rien dans le travail dont vous puissiez avoir honte : je travaille, moi aussi, leur dis-je. Mais je ne crois pas qu'ils en soient très convaincus.

Au commencement et à la fin de l'année scolaire, nous avons une réunion à l'administration de l'Education nationale.

J'avais espéré qu'à la réunion du début d'année, on attirerait notre attention sur notre travail et qu'on nous éclairerait sur tel ou tel point important. A la réunion du printemps, je m'attendais à d'utiles discussions sur des faits dont nous n'aurions pas entendu parler; que nos échecs pendant l'année seraient signalés; que des améliorations seraient exigées ou envisagées.

Rien de ce genre ne se produit. Laissez-moi vous raconter par exemple, la dernière de ces réunions. Nous allons nous asseoir sur les bancs. Arrive l'inspecteur qui commence ainsi :

– Quelques-uns de nos amis, parmi les instituteurs viennent au bourg pour affaire sans en avoir demandé l'autorisation, et sans avoir préalablement soumis leur demande au gouverneur de district. Je ne veux pas que cela se renouvelle.

Voilà, c'est tout. Pas un mot de plus. Et il disparaît. Le fonctionnaire de l'Education nationale inscrit comme premier article du compte rendu de la réunion :

– De l'habitude... d'aller... au bourg... du district... sans autorisation...

Alors je prends la parole : j'explique l'état de notre bâtiment d'école et demande ce qu'on peut faire pour améliorer la situation. Le fonctionnaire me répond :

– Tu passes ton temps à écrire au sujet de cette école ou à en parler. Rien à faire; il n'y a pas de crédit pour ton école, ni au budget national, ni au budget régional. Alors, pourquoi t'obstiner à en parler? Trouve un coin pour donner tes leçons. Et si tu ne peux pas, gobe les œufs des villageois et prends du bon temps.

Et il inscrit un second article :

– En ce qui concerne... la construction d'écoles... là où il en manque... Informations données...

Nous savions très bien toutes les difficultés effrayantes qui nous attendaient dans l'enseignement au village mais il ne m'était jamais venu à l'idée que des camarades instituteurs puissent supporter l'épreuve que je vais raconter.

Moustafa et moi, nous nous sommes connus enfants, étant du même village. Ensemble, nous avons quitté l'école primaire pour aller dans le même Institut paysan. Nous avons été nommés ensuite instituteurs dans deux villages voisins.

Moustafa n'est pas plus tôt arrivé à O... que les Anciens du village et les membres de l'ordre religieux se sont scandalisés : tête nue et en public, il s'assied! Ensuite, ils le tracassent parce qu'il s'installe sur le balcon de l'école. Il se trouve que la fontaine est à côté, et l'on prétend « qu'il ne laissera pas tranquille les femmes et les jeunes filles ».

Vient l'hiver. Deux fois, on fait irruption chez lui. Personne n'en connaît la raison. Il s'en tire sain et sauf. Mais une autre fois, ses fenêtres sont cassées, ses *kilims* volés et d'autres affaires avec. (Il est toujours en procès avec les gens qu'il a soupçonnés.)

Je passe chez lui en allant en ville, car C... est sur ma route. Les vitres ont volé en éclats : rideaux, couvertures, literie, tout est parti... Il a fait faire un constat des objets volés et rédigé une plainte. Il me confie ces papiers pour que je les dépose en ville. Le fonctionnaire à qui je les remets éclate de rire :

– Ils ont été un peu fort!... Voilà ce que c'est que de regarder effrontément les femmes et les jeunes filles!

A mon retour, j'explique la situation :

– Les gens sur qui tu comptais te laissent tomber, mon pauvre ami.

– Frère, que dois-je faire? où faut-il aller? qui écoutera mon histoire?

Il est inconsolable et ne cesse de se lamenter.

L'affaire a eu lieu en février. A la fin d'avril, nous

fermons nos écoles. Nous ne pouvons pas, nous, quitter l'école pendant toutes les vacances. Nous n'avons que deux mois de congé. Mon ami n'a plus rien de ses affaires; comment cuisiner? comment vivre? et il faut surveiller l'école. Viennent les incidents du 20 mai.

On a prétendu qu'il avait fait des avances et dit des insolences à une certaine femme nommée Gandjil. Aussitôt, des inconnus ont saisi le jeune homme au collet, l'ont frappé à la tête avec des bâtons, des pierres et tout ce qui leur est tombé sous la main, n'épargnant ni la figure ni les yeux. Tous les gens du village l'entourent. Son corps n'est que meurtrissures, son visage qu'écorchures. On l'a laissé sur place, en sang, la veste en lambeaux et le chapeau disparu.

C'est dans cet état misérable qu'on le pousse jusqu'à la salle du *Mouhtar*. De là, deux ou trois ignares le conduisent à la gendarmerie, les mains liées.

Pendant ce temps, il y a une atmosphère de fête au village. Les *cheiks* forment un cercle et se mettent à chanter pour se réjouir du sort de l'instituteur. La femme, quel bon prétexte.

L'instituteur aux mains des gendarmes, et la fête terminée, on met la femme dans une voiture, et en route pour la ville. Là, on lui fait déclarer :

– Il s'est introduit de force chez moi...

Cette femme? une vieille chipie de cinquante ans qui vit solitaire.

Mon ami s'endette de quelque deux cents livres : soins médicaux, vêtements neufs et dépenses de voyage pour se présenter au Tribunal. Le voilà maintenant avec deux procès sur les bras; désorienté, exténué, désespéré, faisant la navette d'un tribunal à l'autre.

A présent, toute cette histoire est débrouillée. La femme a avoué. Elle admet qu'elle a menti :

– J'ai été poussée. Des gens sont entrés de force chez moi et m'ont dit que si je ne témoignais pas, ils me rendraient la vie très dure dans le village. Alors, j'ai été contrainte... Je n'ai rien contre l'instituteur.

C'est trop tard : personne n'aidera un instituteur à se réhabiliter. « Il n'a que ce qu'il mérite » disent les gens, et ils ne s'en occupent plus. Et que peut-il faire, ce pauvre garçon? Quand la malveillance est générale où trouver aide et assistance? Comment lutter contre les ignorants et fanatiques qui vous harcèlent? Après un pareil outrage, vous pouvez imaginer quelle sera l'attitude des villageois qui, déjà, ne considèrent pas les instituteurs d'un très bon œil! Du reste, en ville aussi, les gens ont décidé une fois pour toutes que « rien de bon ne peut venir de ces instituteurs ».

Un autre jour, le caporal Younous m'envoie un mot du village de B... : « Viens tout de suite. Il arrive une histoire à l'instituteur. » Kenane est de notre village; c'est mon cousin germain. Quand il a eu son diplôme en 1947, on l'a nommé à G... Il loge dans une pièce de la maison du caporal Younous.

Je me mets aussitôt en route. A peine arrivé, j'entends de tous côtés des nouvelles bien surprenantes. Deux individus, nommés Hasbi et Avni, ont saisit l'instituteur et l'ont jeté à l'eau! On me raconte qu'ils l'ont à demi noyé; puis ils l'ont repêché, et, sans pitié, l'ont frappé à la tête et aux yeux. Le malheureux est sérieusement blessé.

Couvert de sang, un bras cassé, une plaie à la tête, il a réuni ses forces pour se rendre en ville.

– Mais pourquoi diable, ont-ils fait ça?

– Oh, Efendi! On raconte que notre instituteur avait des visées sur Halimè, la nièce d'Avni – c'est pour cela qu'ils l'ont guetté.

Complètement ahuri, je vais chez le caporal Younous. Les gens m'entourent, commentent l'histoire, la déplorent, maudissent ceux qui ont fait le coup. Le caporal Younous m'explique toute l'affaire :

– Une voix criait : « Voisin! voisin! » Je n'ai pas eu le temps de sortir que l'instituteur paraissait à la porte. Quelle pitié! comment te dire?... Il avait été à moitié assommé. Il disait : « Ils m'ont assassiné, voisin! » Ils l'avaient jeté par terre, emporté, précipité à l'eau. Il avait bien tenté de s'échapper, à coups de pierres ils l'avaient achevé. Avni l'avait même frappé à la tête avec la crosse de son revolver. Il m'a dit alors : « Je ne peux rester ici. Donne-moi juste un peu d'argent, si tu en as, pour que j'aille tout de suite en ville déposer une plainte. » J'avais gagné deux livres et demie en vendant deux mesures d'oignons : je les lui ai données. Il les a prises et est parti. Alors, je t'ai envoyé le mot. Je préférais que tu viennes voir.

Que dire? Je ferais bien d'aller en ville. A ce moment arrive quelqu'un qui en revient justement et qui annonce que l'instituteur est sur le retour. Je n'ai donc qu'à attendre.

Il arrive en effet; sa tête blessée est bandée, on ne voit plus que ses yeux. Il est encore couvert de sang.

– Et alors, cousin?

– Ne m'en parle pas! Je suis allé voir des amis pour leur raconter ma mésaventure. Quand ils m'ont vu, ils ont ri et ils m'ont dit : « Va raconter ça à la gendarmerie. »

Et après? Que peut faire un homme sans appui et sans argent? Quant aux coupables, on leur a donné une ou deux bourrades et on les a relâchés.

On a retiré l'instituteur de G... pour l'envoyer ailleurs. Ainsi, la victoire reste aux agresseurs. Et voici le jugement qu'on a porté sur notre ami : « Il n'avait qu'à rester tranquille. Pourquoi est-ce qu'on ne bat pas les autres? » Avec cette façon de penser, si vous avez des ennuis et si vous êtes battu, c'est que vous avez tort. C'est ça, la justice! Evitez d'être battu, sinon ce serait vous mettre la corde au cou!

« Un peigne fin pour une tête chauve. » Je m'obstine à réclamer une pendule pour l'école. Qui m'entend? Comment faire comprendre qu'une pendule n'est pas un luxe à des gens qui admettent à grand-peine l'utilité des bancs et du tableau noir? Au conseil des Anciens, on déclare :

– Ce n'est que du gaspillage! Que compte-t-il faire d'une pendule? Le village a toujours vécu avec la pendule de Dieu; jamais elle ne s'est détraquée depuis le prophète Noé. Ça ne lui suffit pas à ce bonhomme-là, lui qui lit la langue des infidèles?

Quand le *Mouhtar* est allé en ville, il a fait une visite à notre inspecteur et lui a dit :

– Il continue à réclamer une pendule! Il va la traire sa pendule, ou quoi? Pour l'amour de Dieu, Efendi, écrivez-lui donc pour qu'il renonce à cette pendule. Chaque jour, je lui enverrai un mot par le veilleur de nuit, quand le soleil arrivera sur le seuil de la mosquée(1). Le tout est de savoir l'heure, non? Il faut éviter cette dépense.

J'ai publié dans la revue *Varlik* des notes sur ma vie au village, et j'ai dit comment font les villageois pour savoir l'heure qu'il est. L'inspecteur qui a lu mes papiers, répond en riant :

– Dites donc, il paraît qu'on sait très bien lire l'heure dans votre village! J'ai vu ce que votre instituteur a écrit sur la pendule de Kélèche *Hodja.*

– Et qu'est-ce qu'il en a dit?

– Il a dit que c'est une vieille chose. Et qu'elle n'a pas de verre. Et il paraît que le *Hodja* va dire la prière juste au moment où l'ombre de la colline s'avance.

Ils le rendront fou, ce pauvre Kélèche *Hodja.* Maintenant, tout le monde sait, et chacun y va de son histoire. Et ils éclatent de rire, tout en disant :

– Qu'est-ce qu'un instituteur peut connaître aux heures du village?

Mais l'inspecteur a dû donner d'autres détails encore. Les gens d'ici en ont eu vent. Alors nous faisons la lecture dans la salle du *Mouhtar.* Il y a le passage sur « la question de la terre » Le caporal Ali éclate d'un gros rire :

(1) Voir page 39.

– Est-ce que ce n'est pas comme ça que ça s'est passé ?

Et en rentrant chez lui, il dit à sa femme :

– Regardez-moi d'un autre œil à présent ! Mon nom a paru dans le journal. Qu'est-ce que tu dis de ça ?

A C..., mon collègue a fait lui aussi la lecture de mes notes. Il a lu le passage sur le serment secret que nos villageois prêtèrent un jour dans une intention belliqueuse. Les gens de C... écrivent une pétition et disent :

– Comme ça, si une sale affaire nous arrive, on saura qui est responsable !

Mais voilà que le bruit en revient jusqu'à notre village, et les gens m'envoient chercher. L'affaire menace de mal finir et j'ai un mal fou à les apaiser.

– Alors, qu'est-ce que tu en dis, Efendi ? Tu vois ce qui arrive quand on raconte les secrets du village !

– Ne vous faites pas de souci ! S'il arrive ceci ou cela, nous prendrons telle ou telle mesure...

On a tout raconté à Mémiche, de chez *Hadji* Ahmet :

– Il dit que vous vous serviez d'un âne châtré pour tirer la charrue.

Mémiche empoigne mon père !

– Dis à ton fils de se tenir comme il faut et de rester tranquille ! Vois : les gens le respectent et l'écoutent, mais il faut qu'il sache ce qu'on peut dire et ce qu'on ne peut pas dire. Est-ce un homme ? Que je conduise un âne ou un chat, ça me regarde, oui ou non ?

Et partout, Mémiche s'en va récriminant :

– Faut pas s'amuser à se payer ma tête ! Vous savez qui je suis ? On m'appelle le fils de *Hadji* Mehmet ! Qu'il recommence ce gars-là et je lui romprai les os !

Et il faut que j'en fasse des discours, pour calmer Mémiche !

Quant à mon père, du coup, il est monté contre moi :

– Tu n'es pas un homme, mon fils. Ma parole, tu n'arriveras jamais à rien. Au lieu de faire comme les autres, d'essayer d'être meilleur, tu t'en vas travailler contre eux...

Et Bali Mistik : je l'ai nommé en disant que sa moisson de l'année à peine rentrée, la voilà épuisée, une fois de plus; il n'y a plus de pain pour les huit personnes de sa maison, et ils vont quêter dans le village; à la fin il vend sa fille Aychè, – qui a dix ans –, pour cent livres, « à la condition que la cérémonie n'ait lieu que dans quatre ans. » Cent livres, c'est-à-dire de quoi tenir jusqu'au printemps... Ma narration ne fait pas du tout plaisir à Bali Mistik, et les oreilles de mon père s'échauffent de nouveau.

– Ecoute, mon frère, lui est-il dit. Je n'ose plus me montrer. Ton fils, il a affiché je ne sais où que je n'avais pas de pain. Il n'en sortira rien de bon. Une chose pareille ne fait plaisir ni à Dieu, ni aux hommes. Qu'est-ce qu'on va dire, hé, en lisant ça? Mamid Efendi, il n'a pas l'air de réfléchir à ce qu'il fait. Ah! quand j'ai entendu ça, l'autre jour, ma tête allait éclater. J'ai failli venir chez toi pour lui chercher querelle! Tu sais ce que je lui aurais dit? « Ane, fils d'âne! » et je lui aurais dit encore : « Si ma farine et mon pain sont épuisés, ça ne regarde que moi. Et toi, tu peux bouffer ta merde. » Mais par la grâce de Dieu, je n'ai pas perdu patience. On dit bien : « Ne jette pas des pierres à ton chien pour faire plaisir à l'enfant. » Mais c'était pour toi, Ismaïl, sinon je ne me serais pas retenu.

Nouvelle visite de mon père, nouveaux reproches :

– Maudit sois-tu! Dieu m'a fait père! Il a eu raison de dire : « Si ton fils est sage, tu as tout ce qu'il te faut; si ton fils est fou, à quoi bon tout ce que tu possèdes? » Il n'y a rien de pire que d'avoir un fils fou à lier, et moi, j'en ai par-dessus la tête!

Je me lance dans de nouveaux discours; mon père se calme un peu :

– Ecoute, mon fils! Je t'aime encore, je te chéris toujours. Tu as toujours été près de moi dans les moments difficiles. Mais tu devrais te surveiller un petit peu. Pourquoi raconter à tout un chacun les secrets des voisins?

Si on me punissait de mort pour tous les sujets traités dans mon journal, j'aurais déjà cinquante fois perdu la vie. Quelqu'un du district lit au *Mouhtar* mes notes sur les poux avec tous les détails, il lui laisse le magazine. On en fait la lecture tant bien que mal dans la salle commune. Tout le monde est mécontent.

– Mais notre instituteur, il n'est pas devenu fou? Un enfant n'aurait pas fait chose pareille!

Et Molla Mehmet :

– Si ma chambre est pleine de poux, qu'est-ce que ça peut lui faire?

Et Hussein *Agha,* très en colère :

– J'ai un pou sur mon pantalon? Et alors, ça, c'est mon affaire! Nous, on tâche de vivoter comme on peut, et lui, nous couvre de honte devant le monde entier...

Finalement, on m'envoie le caporal Gani en le priant de me répéter ces paroles :

– Il est bon, il est gentil! Que Dieu le récompense! Nous admirons tout chez lui. Il n'a pas un regard pour les femmes et les jeunes filles. Il passe sa vie dans son école, comme un saint. A sa place, nous en aurions crevé. Mais si seulement il voulait renoncer à son habitude de tout écrire!

Résultat : il n'y a plus de paix à la maison, surtout il n'y a plus une minute où je n'en vienne aux prises avec mon père ou ma mère. J'essaie de passer outre en riant, mais alors ils disent : « Il se rit de nous! il se moque de nous! » et se remettent en colère... Il y a plusieurs de mes collègues au village. Eux non plus, ils n'arrêtent pas d'exciter les gens contre moi. L'un d'eux vient faire bondir ma mère en lui disant :

– Vous savez, grand-mère Adviyè, Mahmout, il a

écrit sur votre *tandir,* et sur votre foyer, et sur votre fenêtre, sur votre maison, et sur votre torche. Il note, il annote. Il a tout écrit!

Et voilà ma mère qui se lamente :

– Dieu donne un enfant aux autres gens, et à moi, il m'a donné une pierre noire. J'aurais mieux fait d'aller une fois de plus aux latrines au lieu de te mettre au monde! Tous les gens du village, et nous avec, pour qui nous fais-tu passer?

Impossible de rien lui expliquer. Comment ces pauvres gens comprendraient-ils que leur misère n'a rien de honteux?

Puis vient l'affaire de l'école...

– Il a écrit là-dessus aussi. Y a-t-il quelque chose que le gouvernement ignore à présent? Il a écrit que nous n'avions pas d'argent pour finir le bâtiment de l'école, et que nous ne l'avons couvert qu'avec des roseaux. Il a écrit tout ça!...

Quand mes collègues du district ont vu mes cahiers, ils en ont fait une chanson comique. « Dans quel sacré sujet est-il allé fourrer son nez? » se disaient-ils. Et l'un d'eux a réagi ainsi :

– Comment as-tu pu écrire des choses pareilles, mon cher? Quand nous avons entendu lire tout ça dans la salle commune, nous-mêmes en avons été honteux.

Bref, seul entre tous, le caporal Gani comprend la situation. Partout et toujours, il essaie d'expliquer aux villageois qu'ils se sont mépris, que je n'avais jamais écrit que dans leur intérêt. Et puis il tente de me consoler en disant :

– Ne t'en fais pas, Mamid Efendi; surtout ne renonce pas. Je sais bien, moi, que tu travailles pour nous.

CHAPITRE II

DU NOUVEAU

En ce moment, ce sont les congés. Mais pendant la journée, impossible de lire et d'écrire : il y a des travaux qui pressent. Même si je trouvais le temps, je n'y arriverais pas, à cause du désordre et du bruit. Une seule pièce chez nous, et tout y traîne pêle-mêle. Chaque fois que j'essaie de faire un peu d'ordre, j'ai une fâcherie avec ma mère. Et le lendemain, tout est à recommencer.

Je pourrais prendre mon parti de cette pagaille et travailler quand je suis seul... si j'y voyais clair. Mais pour y voir un peu, il faut ouvrir la porte, et en un clin d'œil, la volaille vient grouiller dans la maison.

Aussi, le vrai moment du travail est-il la nuit. A la fraîche, en été; les autres dorment sur le toit. Je demeure seul à l'intérieur, et au plus profond de la nuit silencieuse, je me sens merveilleusement heureux. C'est le moment de lire et d'écrire. Lire, c'est facile : je m'assieds ou me couche. Mais écrire, quel problème! Et pourtant, il le faut. Au fond de moi-même, une main pousse un invisible aiguillon. Tout ce que je vois, hommes, bêtes et choses, tout semble me dire : « Parle de moi! » Je veux décrire le village inconnu, l'Anatolie. Il faut écrire. Autrement, au milieu de tous les obstacles, je finirais par oublier ce que je sais.

Mais je ne peux pas m'installer. Si je tire de ma valise mes livres et mes papiers, si je me fais dans un coin un nid à moi, comme l'oiseau solitaire, je peux être certain que le lendemain tout le monde viendra y semer le désordre. Les enfants prendront mes papiers, puis les laisseront s'envoler au-dehors. Le seul moyen est d'étaler à terre mes livres et mes cahiers, et de tout remettre dans la valise ensuite.

C'est comme la poule qui va pondre. J'accumule dans ma tête, pendant le jour, ce que je vais avoir à écrire et j'attends le soir avec impatience. Mais je n'ai pas de table, pas de chaise – où trouver ces meubles dans un tel endroit? Une fois, j'ai apporté dans la maison deux grosses pierres, les ai mises l'une à côté de l'autre, et ai placé une planche là-dessus. C'était une table, et je n'en rêvais pas de meilleure. Mais deux jours après, mon père a tout jeté dehors en disant :

– Je me demande ce qu'il va encore inventer, notre fils!

Ensuite j'ai utilisé deux vieilles valises. J'ai eu l'idée de les mettre l'une sur l'autre pour en faire une table. Un coussin pour m'asseoir. Quelques jours après, on m'a encore démoli tout ça. Du reste, c'était inconfortable.

Un dernier moyen, – et c'est ainsi que j'écris ces lignes, – c'est de m'asseoir sur une couverture de crin, un livre sur mes genoux pliés.

Supporter tous ces ennuis, ce serait déjà suffisant. mais ne voilà-t-il pas que mon père, un soir, jette par le trou du toit un regard à l'intérieur : quand il voit que je suis toujours assis, et que la lumière brille, il ne peut se contenir : « Les démons ne le laissent pas tranquille! » Et il court tout droit chez le *Hodja* pour lui demander d'établir une amulette. Mais le *Hodja,* quoi qu'il en pense, refuse de la lui donner. Peut-être le fait que je suis instituteur le fait-il hésiter. Mon père fulmine à présent :

– Il écrit des charmes pour n'importe qui, et pour n'importe quoi, mais quand il est question d'en écrire pour moi, il n'en fait rien! Comme si on n'allait pas le payer!

C'est quand j'entends ces choses-là que les démons s'assemblent dans ma tête...

Une quantité de journaux constitue la plus grande partie de mes affaires. Il en arrive sans cesse, et je les empile dans un coin. Et pourtant, vous n'en trouveriez plus une feuille. J'en ai sauvé péniblement quelques-uns pour en couvrir mes affaires, et les protéger de la poussière. Des articles que j'avais l'intention de découper et de garder ont ainsi disparu. Les gens me prennent même les périodiques; surtout ceux de grande taille, comme *Varlik* et *le Courrier du Village*, sont très recherchés. De ce dernier, je n'ai pas pu sauver un seul numéro.

Ce que les gens font de ces journaux? Ils ne les lisent pas, grand Dieu! Ils en garnissent leurs fenêtres. Ils arrivent les uns après les autres et me disent :

– Un journal, par pitié, monsieur l'Instituteur! Les enfants sont gelés.

– Et alors, comment faisiez-vous auparavant?

– Efendi, nous mettions des sacs et des couvertures. Mais maintenant que Untel l'a fait avec du papier, nous voudrions le faire aussi si vous nous en donnez. Ça fait mieux, vous savez!

Qui osera dire que les villageois n'apprécient pas les belles choses? Allez, il suffit qu'ils s'y mettent. Le caporal Gani, par exemple, les a tous battus; il a entièrement recouvert de papier les deux fenêtres de sa pièce. Pour le collage, il a utilisé de la pâte.

A présent, ma provision est épuisée, et je renvoie bredouilles ceux qui viennent me dire :

– Je vous en prie, est-ce qu'il n'y aurait pas encore un petit bout de papier dans un coin?

– Et si vous vous procuriez des vitres?

– Oh! maître, si nous avions de l'argent pour acheter des vitres, est-ce que nous enverrions notre fils à l'école sans même un cahier?

– D'où te vient cette passion des journaux, me demanderez-vous.

La chose mérite d'être racontée. Quand j'ai quitté l'école primaire, et jusqu'à ma seconde année à l'Institut paysan d'Ivriz, je ne savais même pas qu'on publiait autre chose que des livres de classe.

Au village, isolé de tout, j'avais tout appris par cœur, sans comprendre. Plus tard, je ne sais comment c'est arrivé, alors que j'étais en troisième classe, je me suis tout à coup passionné pour les journaux et les revues. Et quelle passion, mes amis! Il y a eu un moment où je n'ouvrais plus un livre d'étude, tant je lisais de périodiques. Des univers de conte de fées s'ouvraient devant moi, dans les pages de chaque journal, de chaque livre... Et ce monde qui est le mien – si terriblement étroit! s'élargissait toujours, s'élargissait par la connaissance des choses nouvelles; et ma soif d'étude augmentait. Pour la première fois, j'apprenais à penser.

C'est à ce moment que j'ai trouvé l'adresse d'un ou deux périodiques et je m'y suis abonné. J'attendais avec émotion le commencement du mois. Guetter le courrier était devenu une vraie maladie. Nous avions de fameuses disputes avec l'homme qui distribuait les lettres, car elles séjournaient toujours sans raison dans le bureau de la direction.

Cela me rongeait. Personne ne remarquait mon émotion, ni les crises que je traversais. Il m'arriva d'arracher de force des mains du maître de service, les magazines. Quand, par la fenêtre, j'apercevais des rouleaux de papier attachés par une ficelle, je devenais fou; j'aurais pu briser les vitres pour aller les chercher plus vite. Je confiais mes ennuis au Directeur :

– Continue tes leçons. Tu es un garçon sensé; que veux-tu faire des journaux?

Mes amis, eux aussi, se moquaient joliment de moi.

Pour finir, on m'a défendu de lire en classe quoi que ce soit en dehors des leçons! Cela m'a porté un coup très dur. Mais je n'avais plus longtemps à attendre pour gagner ma liberté. Quels rêves magnifiques j'échafaudais! Je me voyais parti pour un endroit plein de mouvement; le courrier arriverait tous les jours; il m'apporterait des livres, des journaux, des revues, quelle joie! Mais il a fallu déchanter : je suis tombé dans un village où ne passe ni route, ni train. Loin de la ville, vous pouvez toujours attendre votre courrier. Je me suis abonné à quelques journaux et revues; mais s'il m'en arrivait un sur quatre ou cinq, c'était bien beau! Tous les jours je cherchais autour de moi un villageois qui aille au bourg. J'écrivais une lettre à l'adresse de la personne qui, là-bas, recevait mon courrier. C'est là que le villageois allait prendre les journaux pour moi, s'il ne les oubliait pas; et cela arrivait souvent; plus souvent encore, il ne trouvait pas l'adresse que je lui avais donnée.

La revue que je recevais le plus régulièrement était *Varlik*. Le numéro qui paraissait le 1er me parvenait au plus tôt le 15 du mois, généralement à la fin du mois. Il y a d'autres magazines qui ne me sont parvenus qu'au bout de trois ou quatre mois.

On m'a envoyé d'Istanbul une lettre recommandée, datée du 28 avril, et je ne l'ai pas reçue. Trois mois plus tard, me parvient une seconde lettre demandant réponse à la première. Je me trouve au bureau de poste du bourg; après avoir cherché partout, j'aperçois ma lettre sous une armoire! Et si je n'étais pas venu la chercher? La lettre aurait peut-être été découverte un jour où l'on aurait fait des réparations, ou si la poste avait été transférée ailleurs. Mais combien d'années après, je me le demande.

Je dis au postier :

– Pourquoi avez-vous attendu comme cela?

– Comme si on n'avait pas autre chose à faire que de nous occuper de ta lettre, me répond-il très en colère.

Au début, je me faisais beaucoup de souci; maintenant, j'y suis habitué. Un journal posté en été m'arrive en automne? Posté en automne, il m'arrive en hiver ou au printemps? Je commence à l'admettre comme chose toute naturelle. A quoi l'être humain ne peut-il s'accoutumer?

Si je n'avais trouvé des intermédiaires en ville, tout se serait perdu. Il y a une armoire au bureau de poste, et les lettres y attendent que quelqu'un vienne les chercher, des semaines, des mois.

L'intermédiaire, je l'ai, c'est parfait! mais les magazines et les livres qui me sont destinés restent entre ses mains; il les ouvre, les lit, les distribue à ses amis et connaissances. Et quand je vais en ville, c'est à moi de les retrouver un par un. Toutes mes lettres sont ouvertes et lues. Nombre de magazines disparaissent. J'aurais pu penser que c'était de la faute du villageois chargé de me les apporter du bourg. Mais, quand je m'en suis occupé moi-même, j'ai vu comment les choses se passaient, et je m'en suis plaint, sans résultat.

De novembre à mars, on peut encore trouver des gens qui vont en ville. Ce sont les rares personnes qui vont aux tribunaux. Ils se mettent en route trois ou quatre jours à l'avance et se reposent dans les villages. Quand ces personnes-là reviennent, nous nous pressons autour d'elles et leur demandons les nouvelles. Mais la réponse est toujours inchangée.

– Pas de nouvelles, sauf que c'est l'hiver et qu'il fait froid.

C'est un problème que de guetter ceux qui partent et qui pourront peut-être rapporter le journal qu'on leur commande. Mais il ne faut pas trop compter sur eux :

– Il fait si froid, je n'ai rien vu; la boutique était fermée.

Plusieurs fois, je leur ai donné une lettre à mettre à la poste; ils me l'ont rapportée, réduite à l'état de chiffon : « Nous n'avons pas trouvé l'endroit. »

Enfin une fois, j'ai vu arriver ce que j'avais commandé. Un homme du village m'a rapporté un

Cumhuriyet (1). Il était daté du 7 février – vieux d'un mois et demi – mais, pour moi, c'était tout à fait nouveau : je suis tombé dessus comme un affamé sur un morceau de pain.

Il y a aussi un journal régional illustré qui nous arrive au village; je le reçois après un séjour plutôt long chez l'épicier. Nous avons également quelques lettres des garçons qui sont au service militaire. Certaines de ces lettres, qui ont fait leur chemin jusqu'au village, après avoir récolté leur part de poussière, ont été écrites en novembre dernier. Il y en a eu qui réclamaient des gants, des chaussettes, de l'argent. Je les ai portées aux pères de ceux qui écrivaient, le 25 mars...

Les villageois sont plus impatients que moi pour les nouvelles.

– Lis-nous ça, Efendi, lis-le; raconte-nous ce qu'il dit.

– Ça n'a pas l'air d'être le journal qu'il nous faut ici. Il n'y a rien dedans qui nous convienne.

Mais ils ne sont pas convaincus :

– Tu nous dis la même chose toutes les fois et tu trouves quand même un tas de nouvelles.

Ça devient une habitude. Bon gré, mal gré, il faut lire n'importe quoi :

– La Direction générale des Statistiques a entrepris de calculer le nombre de chiens qu'il y a dans le pays.

– Hum! ça va mal tourner pour nos chiens! Ils vont encore venir les tuer. Ce n'est pas une bonne nouvelle, Efendi. Allez, regarde plus loin – espérons qu'il ne va pas y avoir une autre guerre? Est-ce que le Russe est de nouveau enragé?

Je lis encore :

– Pour ne pas être dépassé par les Américains, les Russes sont en train de former un bloc en Europe de l'Est.

Et j'explique.

– Bien sûr, qu'ils ne se laisseront pas dépasser, ils

(1) Quotidien turc d'Istanbul.

sont capables de tout! Que leur foyer s'éteigne! Continue, Efendi.

– Voici encore : cinq voyageurs sont morts gelés sur le mont Kaz.

– Cet endroit-là semble pire qu'ici.

Et les voilà partis dans leurs souvenirs, et dans un petit bavardage sur le nombre de gens qui sont morts gelés à tel ou tel endroit, à tel ou tel moment.

– Et maintenant, regarde ce qu'il y a dans l'autre journal.

Celui-ci est une feuille de province, d'une seule page. Cinq ou six annonces de mariage remplissent la première page. Je lis; ça les fait rire!

– Notre journal ne vaut pas mieux que nous-mêmes. Il n'a rien d'autre à écrire. Untel marié, Untel fiancé, ça ne vaut vraiment pas la peine d'être lu et écouté.

Le villageois n'est pas savant mais il est sage. J'en ai connu beaucoup qui commentaient ce qu'ils avaient entendu de manière à faire honte à ces gens que, sans trop réfléchir, nous appelons « éclairés ».

Enfin, je découvre cette phrase dans le même journal : « Le Premier ministre, Chemsettin Gunaltay... » J'en suis tout ahuri. Qu'est-il arrivé à Hassane Saka? Quand ce changement a-t-il eu lieu? Tout le Cabinet a-t-il été changé?

– Hassane Saka n'est plus Premier ministre!

– Est-ce lui qui a relevé le prix du sucre? demande quelqu'un. De toute façon nous n'avons rien à voir avec le sucre. Comment est-il, le nouveau bonhomme?

Les articles, les paroles ou les livres qui ne parlent pas de religion ne comptent pas aux yeux des villageois. Ils écoutent tout ce qu'on leur lit, disent tantôt : « C'est bien », tantôt : « C'est mal. » Mais ils ne manquent jamais d'ajouter ce commentaire :

– Ces choses-là ne nous regardent pas. C'est l'époque qui le veut, mais le principal n'est pas là. Bien sûr, il faut en avoir entendu parler.

Trois ou quatre livres, que j'ai pu me procurer avec bien des difficultés, ont aggravé les choses à leurs yeux.

– Ce garçon est fou! Complètement fou! Il n'y a rien de bon pour la religion dans les livres qu'on lit, rien de bon pour la foi... C'est bien dommage de t'abîmer les yeux pour ça. Si tu veux te donner tant de peine, on dit qu'il y a des livres religieux avec la nouvelle écriture. Pourquoi ne les lis-tu pas? Au lieu de te fatiguer le cerveau sur tes papiers, tu ferais mieux de faire tes ablutions et dire tes prières, et payer ta dette envers Allah. Tu es un garçon bien convenable, honnête, loyal. Mets-toi en règle avec Allah comme tu es en règle avec nous.

Pendant une visite de mon père, ils entament une discussion à ce sujet et provoquent de sérieux ennuis entre lui et moi. Après cela, mon père vient m'admonester :

– Eh oui! tu ne vas plus lire ces ouvrages sacrilèges! A partir de maintenant, si tu ne dis pas tes prières, je cesserai de te considérer comme mon fils. Dieu bon! Où en sommes-nous? Tous s'efforcent d'être de bons Mulsumans, disent leurs prières, se conduisent comme doivent le faire des Musulmans; mais toi, dans ton entêtement, tu te laisses aller à la foi des infidèles, comme si tu avais perdu l'esprit. Si tu entendais ce qu'on raconte de toi...

Je suis une des rares personnes au village qui aient un peu d'instruction, et je crois aussi que c'est moi qui suis allé le plus souvent au cinéma. Mais hélas! je n'ai vu que six films jusqu'à présent. Et encore étaient-ils de l'espèce la plus vulgaire.

Il y a un cinéma dans notre petit bourg. J'y vais une fois par an, deux fois peut-être.

Il y a beaucoup de gens dans notre village qui n'ont aucune idée du cinéma. Comme il y en a qui n'y croient pas ou qui en ont peur. Tazi Arif par exemple, a vu le cinéma pendant qu'il faisait son service militaire.

– Seigneur, il y avait un tas de gens à cheval qui

galopaient. On avait une peur bleue d'être piétinés. Comment vous expliquer? Mes cheveux soudain se dressaient sur ma tête! Dieu merci, ils ont rebroussé chemin tout à coup et sont partis d'un autre côté!

Une fois, en allant toucher mon salaire du trimestre, j'ai vu *L'esclave blanche* au cinéma du bourg. Il y avait exactement trois mois que je n'étais sorti du village. Un jeune compagnon de voyage est entré avec moi. Naturellement, il n'avait jamais mis les pieds au cinéma; j'y allais pour la cinquième fois. Nous, les campagnards, que nous allions en ville une fois par an ou une fois par mois, nous cherchons toujours à nous en retourner le jour même. Mais ce jour-là, nous avions décidé d'y rester la soirée, rien que pour voir le film.

Mon jeune compagnon essaie de s'esquiver en disant : « Oh, ce n'est pas pour des gars comme moi! » Je l'emmène.

Quand ce garçon aperçoit sur l'écran l'eunuque, chef des esclaves, l'émotion lui coupe le souffle. Il me dit à l'oreille : « Oh! ce type tout noir... c'est le balayeur de l'Auberge de la Mort, mais il a changé de costume... » et un tas d'autres bêtises. Pendant une scène tumultueuse, il s'exclame : « Au secours! ils arrivent... » et se cache la tête derrière mon dos. A côté de nous, un jeune gandin s'amuse à nos dépens.

En sortant du cinéma, mon compagnon avait l'air d'un homme échappé d'un champ de bataille ou tiré des griffes d'un mauvais esprit! Enfin, sa respiration s'apaise peu à peu; il se calme mais n'apprécie toujours pas :

– Mon vieux, de ma vie je n'entrerai plus dans un endroit comme ça, je le jure!

J'ai un grand regret, c'est de n'avoir jamais pu assister à une représentation théâtrale, et je ne sais trop quand je réussirai à satisfaire ce désir. Les écoles ouvrent en même temps que les théâtres, et je dois rester à mon travail. Même si j'allais à Ankara

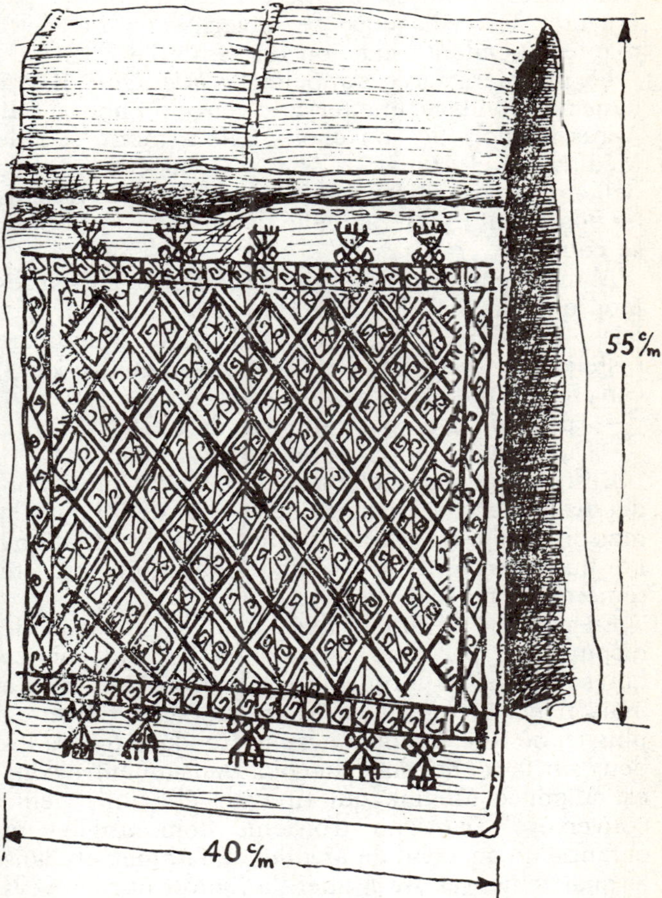

Fig. 24. – *Sac en laine, brodé de couleurs vives, dont on charge généralement les bêtes.*

pendant les vacances; en cette saison, les théâtres sont fermés.

La nuit dernière, dans la chambre des Djilav, nous avons assisté à une vraie scène de théâtre. Deux farces y ont été données. Si ça leur passe par la tête, les villageois se divertissent de cette manière pendant l'inaction forcée de l'hiver.

La première farce s'appelle *La fille d'Edi.* Il y a, dans notre village, une terrible veuve du nom d'Edi. Après la mort de son époux, elle a marié sa fille Médiha à Kel Ahmet, et Ahmet vient vivre chez sa belle-mère. Des deux côtés, ils sont très pauvres; ils ne possèdent ni une parcelle de terre ni un lit pour se coucher.

Ahmet s'embauche comme berger et va garder les moutons dans la plaine de Haymana; il rapporte et laisse aux deux femmes ce qu'il gagne. Mais il ne reste jamais avec elles plus de trois ou quatre jours, car elles s'entendent pour le harceler :

– Tu ne nous as pas rapporté de souliers!

– Tu ne nous as pas rapporté de foulards!

Bref, le pauvre malheureux n'en peut plus! Par-dessus le marché, elles ne veulent pas de lui dans la maison... qui n'est pas au courant de cette situation? La nuit dernière, les veilleurs de nuit ont été témoins d'une scène intéressante.

En passant devant la maison d'Edi, un bruit de dispute leur parvient aux oreilles. Ils vont voir ce qui se passe en lorgnant par le trou du toit. La maison n'a qu'une pièce, noire de suie. Edi et sa plus jeune fille, Gumuche, sont étendues toutes les deux sur le sol nu, dans un coin. Dans un autre coin, est allongée Médiha qui tire sur elle une vieille couverture. Dans un troisième coin, s'agite un enfant d'un an, celui de Médiha et d'Ahmet; et, dans le quatrième, repose Ahmet, la figure tournée vers le mur, le bras droit en guise d'oreiller.

Après avoir fait bien du vacarme au sujet des difficultés de leur existence, Edi, calmée, dit à sa fille :

– Lève-toi, ma fille! Prends la couverture et couchez-vous tous deux sur la paillasse.

La fille, encore furieuse, commence à insulter la mère :

– Si ça peut te faire plaisir, vieille sorcière, lève-toi et prends-le toi-même, ce misérable!

Ahmet ne peut supporter d'entendre pareilles choses :

– Quelle calamité! J'ai la punition que je mérite. Je n'en veux pas de ta couverture et de toi non plus... Tâche d'avoir un peu la crainte de Dieu... Prends avec toi le pauvre marmot – et ne le laisse pas prendre froid!

Dehors, c'est l'hiver. Il fait cruellement froid. Bientôt, les veilleurs en ont assez; ils descendent du toit et entrent dans la maison. Ils flanquent deux coups de bâton à Edi et quatre à sa fille... Ils veulent ligoter Médiha et Ahmet avec une bonne corde, mais comme elle consent à se coucher sous le couvre-pieds avec lui, ils y renoncent et s'en vont.

Et voilà le sujet de la pièce tout trouvé! On appelle Ahmet dans la chambre, et bien qu'on ait entendu l'histoire de sa propre bouche, on décide de la jouer pour la rendre plus vivante. Les spectateurs s'installent contre les murs. La scène est la maison d'Edi. On trouve une paillasse et une couverture. Ahmet joue son propre rôle. Honnouk Dédé met une écharpe autour de sa tête et figure Edi. Un jeune homme travesti joue Médiha. On va chercher un petit enfant et on le met dans un coin jusqu'à la fin de la représentation. Puis chacun s'efforce de reproduire l'histoire dans tout son réalisme : dialogues et action sont très convenablement rendus. Finalement, sur l'intervention des veilleurs de nuit et après leurs efforts pour ligoter ensemble Médiha et Ahmet, la représentation s'achève au milieu des cris et des plaisanteries.

Nos appétits sont aiguisés; nous ne pouvons nous en tenir à cette seule farce.

Honnouk Dèdè met immédiatement en scène un incident qui lui revient à l'esprit et dont il a été témoin pendant qu'il travaillait à Kizilkaya, chez un fabricant d'huile de lin.

Djélal enlève une jeune fille nommée Doudou et se cache avec elle dans une étable. Le Conseil des Anciens, ayant appris dans quelle étable se trouvaient les fugitifs, s'en va, au grand complet, forcer la porte. Nous baptisons la scène : *Jugement par défaut.*

L'étable est simulée par un rideau tendu dans un coin de la salle. La fille et le jeune homme sont derrière le rideau, c'est-à-dire dans l'étable. L'*Imam* et les Anciens, bâtons à la main, s'approchent du rideau-étable. Honnouk Dèdè joue le rôle d'Izzet *agha*, originaire de Kizilkaya. C'est un personnage fort comique, (nous le connaissons, car son village est très proche) et Honnouk Dèdè imite à merveille ses discours et ses gestes. Le voilà qui se met à répéter devant le rideau les objurgations d'Izzet devant la porte de l'étable.

– Djélal! D j e l a - a - a l! ouvre la porte, mon garçon! ou autrement les canailles qui m'accompagnent vont rendre un jugement par défaut! Allons, maintenant, ouvre donc... As-tu enlevé la fille de force? ou avec son consentement? Pourquoi n'ouvres-tu pas, idiot? N'en as-tu pas encore fini, avec la fille? Doudou-ou-ou, ma fille! T'as peut-être un mouchoir fourré dans la bouche?... ou bien, c'est-il que Djélal est en train de te serrer la gorge?

Vous voyez, nous ne sommes pas privés de théâtre, nous non plus.

Les magazines et les livres auxquels je m'étais abonné après mille difficultés me rappelaient de loin en loin que j'étais encore vivant; ce n'était pas suffisant pour me donner de la gaieté et de l'allant.

Impossible de trouver ou d'offrir ce qu'on désire. J'avais envie d'un gramophone... Même si je n'ai pas de disques de rechange, je me jouerai toujours le même pour empêcher mes oreilles de se rouiller, pensais-je.

Un ami qui vivait en ville, et qui connaissait mon désir, m'avait recommandé une radio avec écouteurs, disant que c'était meilleur marché qu'un gramophone. J'avais écrit à quelqu'un que je connaissais à Ankara. J'ai su qu'une radio avec écouteurs, qui pourrait marcher sans difficulté au village, coûterait quarante-deux livres.

J'ai été d'abord très content, espérant que je pourrais me débrouiller, et puis, sept mois tout juste s'étant écoulés, je n'avais pas réussi à gratter les quarante-deux livres nécessaires. J'ai renoncé.

Oui, dans ma situation, une radio n'était qu'un luxe, une absurdité. Mais, que voulez-vous, tout homme a des caprices, et c'en était un!

Chaque fois que j'allais en ville, je faisais des dettes chez l'épicier, et au bout de trois mois, j'allais les acquitter en lui remettant tout l'argent que je touchais.

Je ne me souciais ni de cigarettes ni de boisson, mais j'étais triste de rentrer au village, sans avoir acheté un ou deux journaux, ou quelques sucreries pour les enfants.

Depuis ma naissance, je n'ai jamais su, même en rêve, ce que c'est que d'avoir un peu d'argent sur soi. Dès qu'il m'en tombe dans la main, il est dépensé avant d'entrer dans ma poche.

Une fois, j'avais emprunté dix livres à un ami photographe. Le même mois m'arrive une lettre. « Je pars pour Istanbul acheter du matériel. Rembourse-moi d'urgence. » Je voulais bien, mais je n'avais pas un sou. Pas moyen de trouver dix livres chez une seule personne : très honteux, j'ai dû emprunter à quatre personnes, non sans mal.

Et c'est ainsi qu'en 1950, la radio a fait son apparition dans un village d'Anatolie; dans mon village qui, jusqu'ici et pendant des siècles, avait tourné le dos et fermé les yeux à l'histoire et la civilisation. Le jour même, dans l'après-midi, l'antenne est montée. Devant les gens venus nombreux pour me voir et me souhaiter la bienvenue, je tourne le bouton magique. Tout en fumant les cigarettes que je leur ai offertes, ils écoutent, avec un plaisir mêlé de stupéfaction, les chansons et les nouvelles. Jusqu'à la fin de l'émission, à onze heures du soir, personne ne songe à bouger ni à partir. Tous ceux qui ont appris que j'ai apporté une « boîte qui donne les nouvelles » emplissent la maison, et c'est à peine si, avec la cour, elle est assez grande pour les contenir tous.

L'émission terminée, ils commencent à discuter en branlant la tête :

– Oh, là là! Par la barbe de mon père! qu'est-ce qu'il n'y a pas de par le monde?... C'est une affaire du diable, ce truc-là! Faut-il y croire, faut-il pas y croire?

– D'où est-ce que ça sort? de l'air ou de la terre?

– Combien de temps lui faut-il pour répéter ce qu'on dit là-bas?

– Ça marche tous les jours?

– Si tu parles ici, est-ce qu'on t'entend à l'autre bout?

De tous côtés, les questions fusent. Je m'efforce de satisfaire leur curiosité en expliquant de mon mieux. C'est tout pour ce soir-là. Depuis lors, personne au village ni dans les environs, n'ignore l'arrivée d'un poste de radio.

Ce que je vous raconte là se passait au début de la guerre de Corée; chacun était inquiet et s'entassait quatre fois par jour autour du poste aux heures des nouvelles.

En ce mois de juillet, les paysans étaient à la moisson. Aussitôt leur dîner expédié, ils se précipitaient chez moi et les nouvelles n'étaient pas plus tôt lues qu'ils me disaient :

– Allons, explique-nous...

Parce qu'ils ne comprenaient rien à ce qu'ils écoutaient. Que pouvaient-ils savoir d'Attlee, de Truman, de Mac Arthur! et surtout des problèmes posés! Ils ne comprenaient pas davantage les mots dont se servaient le speaker. Bien sûr, nous sommes des Turcs; bien sûr, le speaker parlait en turc; cependant, ils ne saisissaient au passage que : « Ils sont venus... ils sont partis... ils ont dit... » bref, les mots qui terminaient les phrases! et aussi le nom de nos dirigeants et celui de Churchill. Je m'efforçais de leur expliquer ce que j'avais compris et de les calmer.

Ceux qui couchaient dans les champs m'envoyaient le petit garçon qui leur apporte les provisions.

– Quoi de neuf? me faisaient-ils demander.

Je donnais un résumé des nouvelles : en deux phrases, j'écrivais à ceux qui savaient lire. J'en envoyais davantage à Douran, pour qui je recopiais les communiqués.

Pendant cette période, bien des villageois des environs venaient aux nouvelles, montés sur leurs ânes. Ceux qui ne pouvaient venir envoyaient quelqu'un. Tous les matins, les gens se demandaient entre eux :

– Qui va à Démirdji aujourd'hui? N'oubliez pas de rapporter les nouvelles!

Et le soir :

– Qui est revenu de Démirdji? Que se passe-t-il?

Et ils épluchaient les nouvelles pour y trouver la réponse à tout ce qui leur trottait par la tête.

Cependant, comme toutes les inventions nouvelles, comme toutes les choses encore mal connues, la radio donna lieu à bien des soupçons. Il y avait, c'est évident, des gens qui n'y croyaient pas, d'autres qui y croyaient avec des réserves. Ou bien, il y avait ceux qui avalaient tous les « bobards ». Et aussi ceux qui étaient persuadés que la radio du village ne donnait pas les mêmes nouvelles que celles de la ville.

Un exemple : un paysan revenant de la ville avait soi-disant entendu dire au marché que nos troupes partaient ce jour en avion pour la Corée; et puis, le fils de Ismet Pacha avait tué dans la rue Djélal Bayar (alors Président de la République) etc...

Moi, qui étais régulièrement à l'écoute, j'ai tenté de démentir ces faux bruits :

– Mais non, ce n'est pas ça du tout. C'est un mensonge.

Allez donc leur faire croire le contraire de ce qu'un idiot leur a mis dans la tête! La langue est agile, n'est-ce pas?

– Comment veux-tu que ta radio à toi soit la même que celle de la ville? C'est celle de la ville qui dit sûrement la vérité.

Un jour, mes parents me demandent de ne plus recevoir personne à la maison pour y écouter les nouvelles. Je m'en étonne. Je ne vois pas en quoi cela les dérange puisque je suis installé dans une autre maison, où j'ai mon lit, mes livres, et où chacun se réunit. Pourquoi ont-ils bien pu me dire cela?

Après l'audition des nouvelles et des chansons populaires, je m'arme d'un cahier et d'un crayon et prends des notes pendant la leçon d'anglais.

– Qu'est-ce que c'est encore ça? Celui qui parle une langue étrangère à la radio est sûrement communiste!

Et savez-vous que moi, l'instituteur, j'écris dans la journée tout ce qui se dit par l'antenne de la radio, et qu'ensuite, la nuit, par le fil de terre, je donne à l'étranger des détails sur la misère du village et les scandales. Le village déjà s'agite, et moi qui ne m'en suis même pas douté!

Il faut essayer de montrer aux villageois l'utilité de ce que nous recommandons. Il faut le montrer de façon raisonnable et frappante, et ils accepteront sans difficulté toute nouveauté.

Ils ne se contentent pas d'accepter. S'ils en ont les moyens, ils introduisent volontiers chez eux les objets ou les matières nouvelles dont ils ont constaté l'avantage. Et même s'ils ne les adoptent pas aussitôt, n'est-ce pas déjà une victoire?

Employer des bandages propres, se frictionner

avec une pommade, mettre un cataplasme sur des plaies que les charmes, la sorcellerie ou le fumier d'animal n'ont pu guérir, tout cela crée une mentalité. Tout cela détruit l'espoir en l'efficacité du charme ou de la sorcellerie et met plus bas que terre les amateurs d'amulettes.

J'ai apporté quelques médicaments à l'école – pas grand-chose, la valeur de huit livres : une bouteille d'eau oxygénée, une de teinture d'iode, une boîte de pommade, une de quinine, un paquet de coton, quelques pansements et bandes. J'ai mis à côté une boîte de DDT et voilà une armoire-pharmacie constituée.

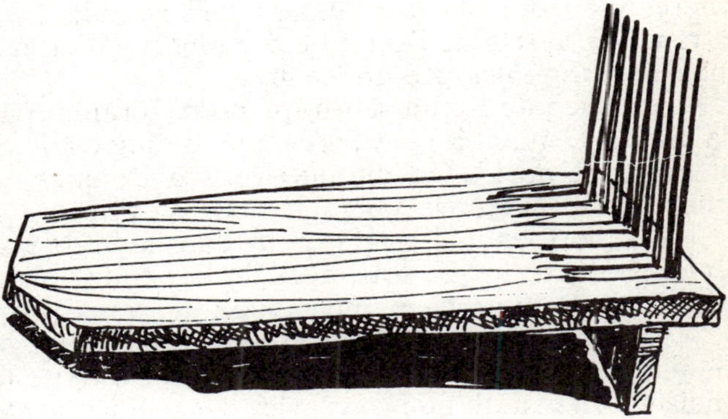

Fig. 25. – *Le peigne à laine.*

Bien que nous employions ces remèdes pour nos élèves, ce sont les habitants du village qui les utilisent le plus.

Bien sûr, il est inévitable que ce village de mille neuf cents âmes n'ait jamais entendu parler de médicaments de première urgence. Les remèdes de leur façon, qu'ils possèdent en abondance, je vous en ai dit un mot : celui qui saigne saupoudre sa plaie avec de la terre pour arrêter le sang; celui qui s'est blessé attache sur son mal un emplâtre de crotte d'animal; celui qui est atteint de tuberculose mange de la viande de chien; celui qui a attrapé froid ou souffre d'une congestion va dans l'étable s'enfouir dans du crottin de cheval ou d'âne, encore chaud et fumant, et y reste couché.

Et voilà qu'ils découvrent où et comment on peut employer les remèdes de l'école. Il y a au moins dix demandes par jour, sans compter ceux qui viennent eux-mêmes et que nous soignons sur place.

– Maître, voulez-vous mettre un peu d'eau oxygénée dans cette petite bouteille? Le soc de la charrue est tombé sur le doigt de mon père; une grosse coupure.

– Efendi, je voudrais un peu de teinture d'iode dans ce petit pot; donnez-moi un peu de coton, pour l'amour que vous portez à votre père et à votre mère. Nos enfants se sont battus dans l'étable. L'un a tapé sur la tête de l'autre, le cochon! il y a un œil poché et une blessure qui saigne.

– Le chien de Kefdje a attrapé notre Ibrahim par la jambe. L'enfant a peur parce que le sang coule et il hurle; il hurle. On dit que vous avez quelque chose pour arrêter le sang... Je vous en prie!

– Mamid Efendi, il y a des poux dans le lit de nos enfants; il paraît que vous avez de la poudre blanche DDT. Donnez-m'en une pincée, s'il vous plaît.

– Notre garçon a attrapé quelque chose qui le démange : rien ne le calme et il l'a passé à toute la maison. On m'a dit que vous aviez des médicaments dans votre placard; si vous nous en donniez un peu, nous pourrions l'essayer.

Les solliciteurs sont nombreux; ma très petite provision est bien vite épuisée. A présent, le cœur navré, je les renvoie les mains vides, boitant, saignant d'ici, saignant de là, aussi malades qu'ils sont venus. Je n'ai plus rien... à la vue de ces misères qui m'environnent et auxquelles je ne peux rien, je suis désespéré.

L'histoire a un autre aspect : quoique je sorte mes bouteilles vides pour les leur montrer, bien des gens disent derrière mon dos : « Mensonges! il en a donné à un tel; quand c'est nous qui venons, il le cache... » Ces gens pensent que je ne voudrais pas offenser mes propres élèves, aussi, beaucoup de ceux que nous avons renvoyés sans rien, glissent une bouteille dans la poche d'un enfant. Soudain, au milieu de la leçon, celui-ci pense à la bouteille, la sort de sa poche et me la tend :

– Un des nôtres s'est blessé à la maison; il lui faudrait un peu d'eau oxygénée et de coton.

Parfois, j'écris ce qu'ils doivent acheter sur un bout de papier et ils l'envoient chercher à la pharmacie de la ville.

Mais ces gens-là ne sont que l'exception. La tête du village est aussi affamée que son estomac et sa poche est aussi malade que son corps. Enfin, il y a un certain progrès; des articles et du matériel dont on ne met pas l'utilité en doute sont achetés et introduits au village par ceux des paysans qui ont quelques piastres en poche : Les poêles et les postes de radio, par exemple. Dans notre village, cette année, plus de dix maisons se sont munies de poêles. Bien entendu, on les achète d'occasion, bon marché; on y brûle de la bouse séchée et de la paille comme dans le *tandir*. Toute la famille se groupe autour et se chauffe.

Parmi les acquéreurs, il y a Djaynal Moustafa, qui a si bien pris goût à son poêle qu'il annonce (comme s'il était une tortue dégoûtée de la carapace dont elle est sortie) :

– C'est à peine humain d'allumer un *tandir*. Tout juste bon pour asphyxier quelqu'un.

Je suis chaque fois rempli de joie à la vue de ces innovations. Je ne cesse de les encourager.

Je rencontre Djaynal dans la boutique du charpentier Alichine. La lampe de Djaynal était cassée et il l'avait apportée pour voir si elle était réparable. Je jette un coup d'œil : c'était une magnifique lampe à pied. Vous n'en auriez pas facilement trouvé de plus belle. Il l'avait vue chez un de ses amis, en ville, en avait été frappé et l'avait achetée.

C'était un jour où mon cœur se sentait à l'étroit, comme pressé dans une coque de noix. J'aspirais à m'éloigner, à franchir les montagnes, à sauter les ruisseaux, à passer comme le vent, et à m'en aller n'importe où. Je suis sorti de la maison sans but, et suivant l'ombre des saules, j'ai longé la rivière.

A l'endroit que nous appelons Tchinarli, j'ai rencontré le *Hafiz, Kadir Hodja*. Il m'a demandé des nouvelles des élections et des partis politiques.

Quelles nouvelles, dans un trou comme celui-ci? Je suis au village comme lui. Lui dire que les élections se feront l'année suivante?

– Est-ce que ça se passera comme la dernière fois?

– Comment ça, comme la dernière fois?

Alors, il m'a raconté les élections de 1946 :

– Le soir, le crieur public a lancé son appel. Le lendemain matin, on avait mis une caisse près du pont. On a dit : tout le monde doit voter. Mais c'était le temps de la moisson et plus de la moitié des villageois travaillaient jour et nuit, aux champs. Il y en avait beaucoup qui dormaient loin d'ici. Ceux qui se sont rassemblés auprès du pont pour voter ne voulaient pas tarder à retourner à leur travail. Qui voudrait lâcher le travail pour un bulletin de vote! L'homme qui s'occupait du vote (c'était le frère de notre ancien député), leur a dit : « Vous avez peur que ça traîne? autorisez-nous à vous remplacer. Allez à votre travail, nous ferons le reste. » Tu sais comme ils sont ces campagnards? des élections, ils ne savent pas même ce que c'est. Il y en a qui ont mis leurs empreintes digitales sur le registre; d'autres sont partis en disant : « Faites ce que vous voulez. » Après ça, l'homme a marqué du doigt toutes les enveloppes. Si bien que tous sans le savoir, avaient voté pour l'ancien parti.

Si les élections n'ont pas permis aux villageois de manger à leur faim, elles leur ont donné une belle occasion de se rassasier de paroles et de commérages.

Une fois les labours terminés, ils se sont trouvés dans l'inaction de l'hiver et se sont rassemblés dans les salles communes du village. Jusqu'à la tombée de la nuit, jusqu'au matin même, quel tapage, quel bruit! Leurs chamailleries et leurs discours sont vides, comme un puits à grain sans fond!

Chacun des trois partis a ses partisans (1). Chacun a l'opinion qui lui convient et prend position. Les membres d'un parti, et surtout les meneurs, sacrifiant leur sommeil et leurs loisirs, se sont dépensés nuit et jour, depuis le mois de février jusqu'au 14 mai, courant de porte en porte, racolant, retournant les gens avec des mensonges. Et ce n'est pas sans profit, vous savez! Que de promesses n'ont-ils pas faites! S'ils arrivaient à rassembler assez de partisans, ils croient avoir des chances de passer.

En avril, à un mois des élections, les esprits se sont terriblement échauffés. Une nuée de candidats, aussi bien fondateurs que membres du parti, gens du district et de la province, ont envahi les villages. Les villageois, histoire de rire, comparent ce village-ci à Paris, celui-là à Londres, et cet autre à Istanbul!

Un taxi ou une jeep n'est-il pas plus tôt parti, que deux autres arrivent, avec des drapeaux sur les ailes. Les visiteurs se hissent sur un bloc de pierre, des rames et des rames de papier dans les mains qu'ils se mettent à lire sans trêve! Nos difficultés sont innombrables! et ils les connaissent mieux que nous! Ces allées et venues sont d'ailleurs une nouveauté pour les villageois, ils s'attroupent immédiatement autour des arrivants.

La plupart des sujets ne leur disent rien, mais nos gens acceptent tout et écoutent avec patience les discours interminables, si pleins d'insultes, si répugnants, qu'on voudrait se boucher les oreilles ou s'en aller. Une fois qu'ils sont partis, naturellement,

(1) Les partis en présence dont les principaux ont été le *parti du Peuple* (fondé par Ataturk mais ayant abandonné ses principes de base), le *parti Démocrate* (dissous par le mouvement du 27 mai 1960) et le *parti National Paysan*, se sont livrés à des luttes sans merci tout en restant d'accord pour le maintien des structures semi-féodales, semi-bourgeoises existantes.

nos villageois expriment leurs critiques à leur manière.

Un jour, arrive une dame, membre du troisième parti, les yeux fardés, les ongles peints et les cheveux bien ondulés. Elle avait d'abord demandé à un rimailleur populaire d'écrire des chansons avec refrains contre les deux partis adverses, quelque chose dans ce genre :

Nous supposions que le Parti était une belle jeune fille;
Elle s'est révelée inconstante – c'était une divorcée... »

Elle en a débité quelques-uns, et puis elle a fait un discours à « ses compatriotes des villages ». Il paraît qu'on parle à la radio d'augmenter le rendement des terres grâce à des tracteurs. Mais ne vaudrait-il pas mieux qu'on donne d'abord la terre aux villageois, etc..., etc... Elle se croit à New York, peut-être. Après son départ, on discute :

– Un tas de sottises! on ne va tout de même pas entrer dans le parti d'une femme! Elle vient mettre son nez dans les affaires des hommes.

– Mais ne vaut-il pas mieux boire dans une cruche neuve que dans une vieille? Buvons dans la neuve : vous en avez assez de la vieille, n'est-ce pas?

La « cruche neuve », voilà bien la comparaison inévitable :

– Imaginez qu'il y a deux pichets devant vous : l'un est devenu vieux et sale, l'autre reluisant de propreté. Qui voudrait boire dans le vieux alors que le neuf est à sa disposition?

Enfin voici le jour des élections. Chaque votant tient à la main des listes de candidats, distribuées un mois plus tôt. On leur donne les listes de chaque parti; ils les acceptent toutes de façon à n'offenser personne. Les hommes reconnaissent, à la marque qui est dessus, à quel parti appartient la liste. Quant aux femmes, on les arrache à leur *tandir* et leur foyer. Toutes couvertes de suie et de poussière, on les pousse vers le bureau de vote, comme si on les menait à la potence. Un homme qui passe leur donne une liste, le suivant leur en donne deux... et déchire les listes qu'elles avaient déjà en main. Dans un village de deux mille habitants, il y a peut-être une femme qui a été jusqu'à la troisième classe à l'école, et qui sait lire et écrire. C'est une femme qui vient d'une autre région et s'est établie ici.

Fig. 26. – *Motif de tapis : la mouche.*

En dépit de toutes les instructions qui leur sont données avant d'entrer, quand les femmes se trouvent seules dans l'isoloir, elles mettent trois ou quatre de leurs listes dans l'enveloppe et la jettent comme cela, bourrée de papiers. Le travail le plus difficile, pour un agent électoral, est d'avoir les empreintes digitales d'un si grand nombre de femmes. Des voitures à chevaux circulent; on y pousse de vieilles femmes et des infirmes, et tout ce monde, cahin caha, arrive devant l'isoloir. Par-dessus le marché, il y a des gens qui se fâchent :

– Sacrés bons à rien! Faites donc quelque chose pour notre parti. Vous pourrez remplacer ces loques que vous avez sur le dos, puisqu'il fera baisser le prix du tissu.

En face de l'école, je surprends la conversation d'un groupe de femmes qui attendent, en faisant la queue, pour aller déposer leurs bulletins de vote. Elles aussi, elles ont écouté les instructions. L'une d'elles explique avec flamme à celles qui l'entourent :

– Oh, ma chère! il est venu un nouveau type qui

s'appelle Démocrate. Nous devons écrire nos bulletins pour lui, qu'on dit! C'est ses papiers à lui que mon mari distribue. On dit qu'il rendra tout meilleur marché. On dit que le monde sera de nouveau musulman, comme au temps du Sultan Hamid!

CHAPITRE III

ONZE ANS ONT PASSÉ... (1)

Ce village est ma première passion. Mon diplôme de l'Institut paysan en poche, c'est là que j'ai enseigné pour la première fois. C'est là que j'ai essayé de semer les grains de ma ferveur.

Un beau jour, un bout de papier nous a séparés. L'administration m'a changé de poste; elle m'en a désigné un autre dans un village lointain.

Onze années ont passé pendant lesquelles je n'ai pas eu l'occasion de retrouver cette petite communauté, ce passé déjà loin. Entre-temps, il y a eu des rumeurs sur la rénovation du village, sur son progrès; je n'y croyais qu'à demi, mais m'en réjouissais. Même le tiers de ce qu'on racontait aurait suffi à Nurguz.

J'ai entendu dire, pour commencer, qu'on avait construit une grande école toute neuve. On m'a dit ensuite qu'une route reliait le village au bourg. Comme tout cela était beau!

Et ce n'est pas tout : on m'a annoncé une nouvelle, la plus extraordinaire. Elle m'emplit le cœur de joie : « L'électricité est arrivée au village de Nurguz. » Alors, le village est enfin sauvé des ténèbres?

(1) Mahmout Makal est retourné au village de Nurguz en 1960.

Avec des amis, nous avons pris la route à six heures du matin, le dernier jour d'avril qui était un dimanche.

La plus grande partie de la route parcourue était asphaltée : c'était la route nationale nº 1. Nous filions d'Ankara en direction d'Adana. Au kilomètre 200, nous avons pris à gauche, vers le Mont Ekedjik, et avons passé la gorge de Tchimèli. Quand nous avons débouché de la gorge, face au Mont Ekedjik, le village de Nurguz est apparu (1); il était là. On aurait dit que jamais je n'avais quitté les lieux, que j'étais simplement allé au bourg et que j'en revenais.

Nous avons arrêté la voiture. Quelle serait la première rencontre? J'ai fait signe de la main à ceux qui travaillaient dans le champ à côté. Un homme s'est dirigé vers nous, et nous vers lui : le caporal Gani!

En grimpant la côte, nous avions dû traverser de profondes ornières et des amas de terre durcie, et nous avions manqué verser.

Les pluies avaient abîmé la route du village. Mêmes dégâts dans la rue principale que nous suivions pour aller à l'école. Nous sommes arrivés devant la fontaine, unique source d'eau.

Dans le temps, cette fontaine était pourtant mieux entretenue. A présent, l'eau déborde des abreuvoirs et s'étale; la boue s'élève au niveau des abreuvoirs; remplir les cruches devient extrêmement pénible. Des femmes venues à dos d'ânes ou chargées de cruches sont là qui font la queue.

– Ici, caporal Gani, ce n'est pas fameux.

– Ici, là, plus loin... Rien n'est fameux. Nous ne faisons plus rien, nous avons tout lâché, nos routes, notre fontaine. D'autres soucis nous accablent.

(1) Il vient d'être décidé, selon des informations récentes, que le nom ancien du village de Nurguz serait modifié en celui de Yeniyouva (le nouveau nid). La raison, d'après M. Makal, serait la suivante : lassée des questions diverses que les lecteurs turcs et étrangers de M. Makal pouvaient poser pour retrouver ce village et constater d'eux-mêmes le témoignage de ce jeune auteur-instituteur, l'Administration aurait préféré changer le nom de cette petite bourgade.

On découpe du pisé près de la fontaine. Nous bavardons un peu avec les gens. Je les reconnais tous, mais qu'est-ce qu'ils ont eu à fondre comme ça? Et sur eux, leurs vêtements en loques, il me semble que ce sont les mêmes qu'il y a dix ans. Enfin, ce sont des sujets dont on ne peut parler; à quoi bon poser des questions?

Des murmures, des paroles entre les dents. Puis le silence. Sans s'expliquer, on me posait une question :

– Mamid Efendi, comment éviter cette catastrophe?

– Mais de quoi s'agit-il, voyons?

– Oh! le caporal Gani t'a parlé...

Je regarde le caporal Gani. D'un signe, il renvoie l'explication à plus tard.

Nous arrivons à l'école qui n'est pas loin de la fontaine. Elle est dans l'état où je l'avais laissée. Il y a dix ans, j'avais fait sortir le tuyau du poêle à l'ouest par le trou d'une plaque de tôle que j'avais mise à la place d'un carreau de la fenêtre. C'est toujours un vieux coude de tuyau qui sort du même trou et ce sont bien les mêmes tuyaux.

L'hiver n'est pas terminé et les préparatifs de l'hiver prochain ont déjà commencé au village... Le fumier est entassé devant les maisons, et les femmes avec leurs mains, font des pièces de bouse. Les *chalvars* (1) retroussés, elles piétinent longuement, collant ensuite les pièces au mur.

Apparemment, rien n'a changé. Seuls, les murs des maisons, les ruelles et les habitants paraissent encore plus décrépits. Mais il y a quelque chose; il y a ce grand malheur qui semble les atteindre, cet air bouleversé.

– Enfin, pour l'Amour de Dieu, caporal Gani, dis-moi ce qui est donc arrivé!

Mais voilà, les paysans ne racontent pas leurs

(1) *Chalvar* : sorte de large pantalon resserré aux chevilles, porté avec quelques modifications par les hommes aussi bien que par les femmes de la campagne.

ennuis comme ça, même à un des leurs. C'est ainsi depuis des siècles et des générations.

Je détourne mon regard de l'image de désolation que m'offre le village et j'entre avec les autres dans la chambre du *Mouhtar*. C'est un nouveau *Mouhtar*, mais il est tout pareil à l'autre. Rien de neuf dans le local. On me fait asseoir avec mes amis et Ali Tchavouche, à la place d'honneur.

– A présent, parlons, dit le *Mouhtar* Mehmet. C'est Dieu qui t'envoie ici. Nous, on pensait aller à Ankara; mais même si on y allait, à quoi bon? Et d'abord, on n'a pas de quoi aller à Ankara. C'est visible à l'œil nu. Nous avons parlé avec un ou deux officiels à Aksaray, aucun d'eux ne nous a donné d'espoir. Ils ont dit comme ça : « On vous fera payer en vous saignant. »

– Voyons, Mehemet *agha*, tu commences par la fin, on ne rase pas la barbe avant la moustache. Ce sacré argent qu'on vous demande, qu'est-ce que c'est? Appelle la chose par son nom!

– Appelons la chose par son nom, disent plusieurs voix.

C'est Kemal Tchitaklar qui prend la parole :

– Cette chose, c'est l'électricité. Mais attention, pas d'erreur, ne crois pas que nous voulons avoir l'électricité et nous en servir. D'ailleurs même ceux qui voulaient l'avoir n'ont pas dit qu'ils s'en serviraient.

– Jamais elle ne s'est allumée, jamais elle ne s'allumera, dit Kiâzim. Et ce n'est pas ça qu'on veut : suffit qu'elle ne nous brûle pas corps et biens sans crier gare. La Banque des Provinces nous réclame des piastres! Comme elle n'a pas perçu les termes, l'exécution ne tardera pas.

– Nous allons brûler vifs! renchérit Gani Tchavouche. Les supplices de l'enfer, on est en train de les subir; si tu veux savoir, c'est tout vivants qu'on nous jette au feu. Un beau jour, le gouverneur s'est amené avec le sous-préfet. Ils se sont installés au milieu d'une prairie au bout du village. Nous autres, on y est tous allés. Le gouverneur a dit : « J'ai une bonne nouvelle à vous annoncer », et le sous-préfet a dit : « Chers compatriotes paysans, j'ai une bonne nouvelle à vous annoncer. Pour la première fois au monde, on mettra l'électricité dans un village, et ce village, c'est le vôtre... »

Le *Mouhtar* intervient à son tour :

– Il a dit : « On va vous installer un moulin qui marchera à l'électricité. » Alors, on a répondu : « Mais nous n'en voulons pas; le moulin à eau, ça nous suffit. » – « Ne jouez pas aux idiots : l'Etat

Fig. 27. – *L'A B C des partis... (Caricature d'Ali Ulvi : les lettres inscrites au tableau sont les initiales des partis politiques turcs.)*

vous fait un cadeau et vous voulez le refuser, quelle drôle d'histoire! » Juste à ce moment-là, Koudoussî, chef de la section du parti Démocrate du village, est arrivé; il s'est empressé d'offrir des cigarettes aux hôtes! Il a parlé au gouverneur et lui a dit : « Mon *pacha,* ces gens-là ne comprennent rien, ils sont d'un autre temps, leur tête est vieille. Un bien sacré comme l'électricité va être installé, le gouvernement va en faire les frais, donner le moteur, le mazout. Et eux, sans réfléchir, disent non! »

Les langues sont déliées, les larmes brillent dans les yeux.

– Ensuite?

– Ensuite, dit le caporal Gani, le gouverneur a dit : « Non, l'électricité, nous allons vous la donner et vous allez la prendre. » Il nous a ordonné de nous rendre dans trois jours avec notre *Mouhtar,* les membres du Conseil et les notables du village, à Aksaray où il allait nous attendre. C'est là que l'acte de donation allait être dressé.

Hussein *agha,* frère du caporal Gani prend la parole :

– Le jour venu, Koudoussî nous a rassemblés et nous a conduits en ville. Il disait : « C'est idiot de repousser cette chance. » On s'est entassé dans la cour de l'Hôtel de Ville, à l'heure de l'ouverture des bureaux. Koudoussî est allé voir le sous-préfet. Le gouverneur, lui, était parti la veille pour Nigdè. Puis nous sommes allés devant le bureau de l'administration. Ils avaient rédigé en notre nom une requête. Le Conseil du village y a mis son sceau, et nous avons été quelques-uns à mettre nos sceaux personnels. Ça voulait dire, paraît-il, que nous acceptions de bon gré et avec joie la donation du gouvernement.

– Et à présent?

Le caporal Ali lâche son chapelet pour s'essuyer les yeux, et il raconte d'une voix lamentable :

– A présent... Pour commencer, celui qui prétend que les malheurs des paysans cesseront un jour dit une bêtise plus grosse que lui. Ensuite, un malheur finit, un autre recommence. Ça n'a pas de fin. En plus, si seulement tu entendais ce qui se dit à notre sujet! Joli cadeau, qu'il a fait, le gouvernement! Ils sont venus nous foutre un mauvais moteur avec quelques poteaux et c'est tout! C'est un moteur détraqué, déjà utilisé je ne sais où. Koudoussî, il nous a roulés! « Et puis après, qu'il nous a dit, s'il n'est pas bon, ce moteur, ce n'est qu'un don du gouvernement! » Et nous, on n'a pas pensé que des rapports avec le gouvernement pouvaient amener des ennuis. Au fond, ce village est comme il y a mille ans et je vous jure qu'il ne changera pas d'ici mille ans! Ceux qui veulent changer les choses, ils ne peuvent qu'amener des malheurs. On n'en voulait pas plus que le peu qu'on avait à manger, nous autres.

C'est le tour du caporal Gani :

– Même si le moteur était bon, l'électricité n'aurait pas fonctionné au village, pas une ampoule n'aurait pu s'allumer. Et la raison, c'est que nous sommes tous sans le sou. On n'a pas de quoi s'acheter des cigarettes. Ce que nous pouvons faire, c'est donner les deux mesures de blé qui nous

Fig. 28. – *Agriculture mécanisée (caricature de Fé).*

restent pour acheter le sel et le pétrole. Si à présent, ce moteur pouvait fonctionner, il lui faudrait un maître; ça s'appelle un mécanicien. A celui-là, il faudrait encore lui payer de cinq cents à mille livres par mois. D'abord, on ne pourrait pas les payer. Et ensuite, quelle maison pourrait avoir l'électricité? il lui faudrait dépenser sept à huit cents livres, paraît-il. Moi, je ne peux pas couper les vivres à ma famille pour cette folie... Alors à quoi ça sert, je vous le demande? Moi, qui suis pourtant dans le village parmi ceux que l'on compte sur les doigts; voyez mes vêtements, voyez ma tête! et enfin voilà les autres!

– Bon, mais ces poteaux, ils n'ont servi à rien?

– Ils ont planté soixante-dix poteaux, dit le *Mouhtar*, et ils ont mis des ampoules. Maudits soient-ils, que leurs yeux soient crevés, qu'ils tombent aussi bas que nous!

Enfin, ces explications de Râsim Tchitaklar :

– Ces soixante-dix poteaux, il paraît que ça coûte des milliers de livres. En y ajoutant le moteur, ça fait vingt-huit mille cinq cents livres. C'est après le 27 mai qu'on nous a appris tout ça (1). Avant le 27 mai, c'était un cadeau. Après c'était une dette, un malheur! Il paraît qu'on s'est endetté à la Banque des Provinces. Cette requête, on avait mis les sceaux

Fig. 29. – « *A l'Est rien de nouveau* » *(caricature de Turhan).*

dessus, c'était pour ça! Sans le savoir, on avait fait une demande de crédit à la banque! Et voilà qu'après le 27 mai, on nous demande de régler nos dettes. Mais comment payer les termes? chaque terme, c'est dix mille livres, et même si c'était cent livres, le village ne s'en sortirait pas!

Le temps passe. Nous sommes arrivés à huit heures et demie au village; il est à présent onze heures et demie. Mais il faut écouter jusqu'au bout cette histoire.

– Mais voyons, mes amis, est-ce que pas une seule fois vous n'avez vu s'allumer cette foutue lumière?

(1) Date du coup d'Etat (1960) ayant mis fin au pouvoir issu du parti Démocrate.

– Mais, qu'est-ce que tu racontes, Mamid Efendi, pour l'Amour de Dieu, on nous a simplement trompés, voyons, c'était de la poudre aux yeux! C'était pour nous éloigner du parti de l'opposition.

– C'est à présent, qu'on commence à se rendre compte! dit Mehmet le *Mouhtar*. Et le gouvernement, il ne veut pas les revendre, ces poteaux et ce moteur. Il ne veut pas nous en débarrasser. Nous, on croyait que le gouvernement, ça aide les populations. On aurait rêvé tout ça qu'on n'y aurait pas cru.

– Est-ce que tu appelles ça vivre, toi? dit le caporal Gani. Quelle catastrophe! Allez y comprendre quelque chose! ma parole! Même si ça ne résout pas les problèmes, ça nous soulage de parler.

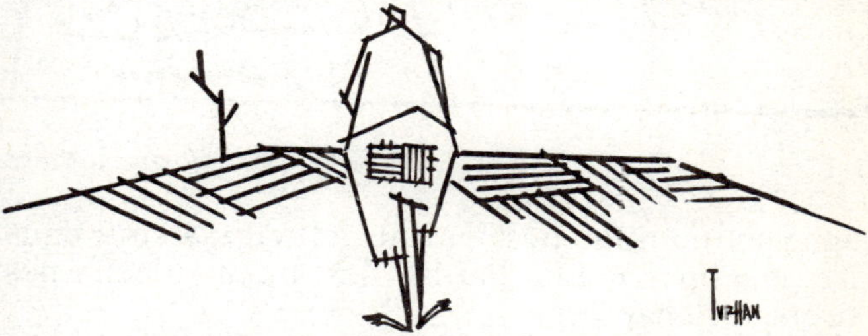

Fig. 30. – *Morcellement des terres (caricature de Turhan).*

Après deux heures de palabres, nous sortons de la chambre du *Mouhtar*. On trouve la clé et on ouvre la mosquée. Elle est parfaitement entretenue. On voit bien que c'est là l'endroit où ils viennent tous oublier les soucis de ce monde. Ensuite, nous grimpons sur la colline qui domine les alentours, et d'où nous voyons bien le village. Les toits, les ruelles, les champs couleur de cendre qui s'allongent; et les gens qui reviennent chargés de paniers d'herbe pour les cuire; d'autres, la cruche au dos s'en reviennent de la fontaine; ceux qui travaillent aux champs. Du haut de la colline, on les voit, on les voit bien.

Il y a là quelques maigres chèvres, quelques moutons, rescapés de l'hiver; à leurs côtés des

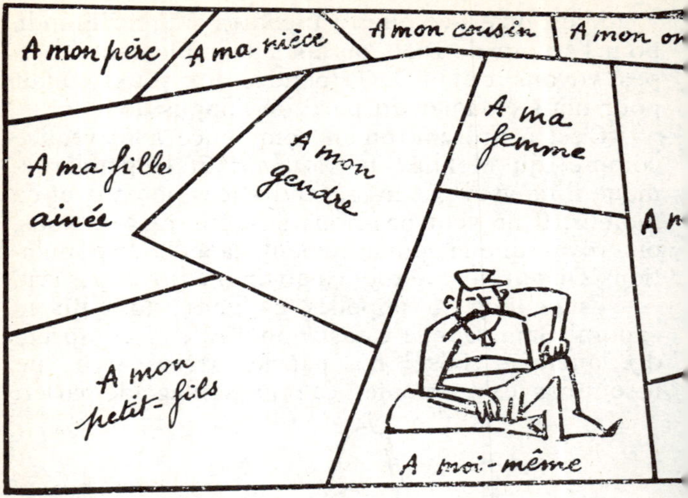

Fig. 31. – *La réforme agraire*

agneaux nouveau-nés; les ânes et leurs ânons; dans les champs, par-ci par-là, des bœufs décharnés tirent les charrues.

Au moment où nous nous apprêtons à partir, mes anciens élèves arrivent en groupe. Les uns font leur service militaire et portent l'uniforme. Les autres sont mariés et ont des enfants. Comme le temps a passé! A cette vue, une plus grande tristesse m'empoigne, car ils n'ont rien, mais rien qui les distingue de leurs pères...

Lentement, nous marchons jusqu'aux frontières du pays, accompagnés des villageois qui n'arrêtent pas de dire leurs ennuis. Des deux côtés de la route, dans les champs, ceux qui travaillent nous font des signes; on s'arrête, on parle. On marche un peu, on s'arrête de nouveau. Avec chacun, on mange du pain et on boit de l'eau. C'est un grand événement, pour moi comme pour eux, que de se retrouver après dix ans!

Mais on ne peut parler de cette joie commune. Il n'y a qu'un mot : *électricité*...

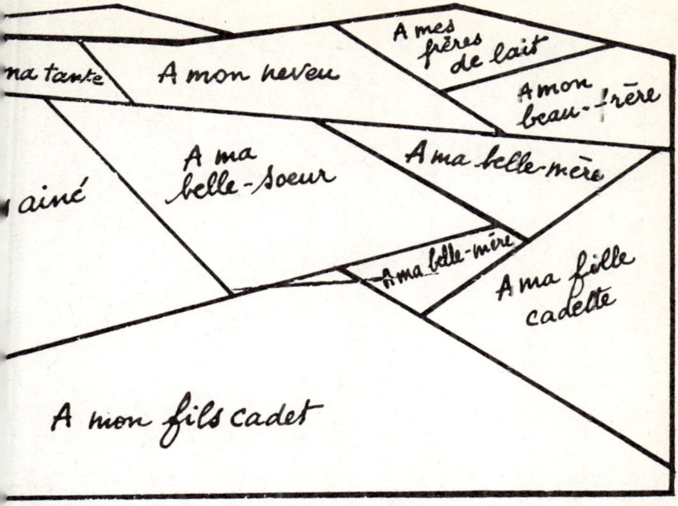

selon l'Agha (caricature d'Ali Ulvi).

Je leur demande s'ils n'ont pas d'autres ennuis que celui de l'électricité :

– Il n'a pas plu ces derniers jours et la moisson commence à se dessécher; pour ça, nous nous en remettons à Dieu. Le seul service qu'on te demande, c'est au sujet de l'électricité. Il y a aussi la question du vote, cet été ou à l'automne. Pour quel parti faut-il voter, d'après toi?

J'ai fait de mon mieux pour leur expliquer la situation, l'activité des partis politiques, le développement général. Je termine sur une plaisanterie amère :

– Votez pour ceux qui résoudront votre problème de l'électricité, ceux qui vous débarrasseront du moteur et effaceront la dette inscrite dans les registres. C'est-à-dire ceux qui vous laisseront tranquillement utiliser la lampe à pétrole et la veilleuse à l'huile de lin.

– Bien parlé; que Dieu bénisse ton père!

1963

POSTFACE

APRÈS QUINZE ANS

Après quinze années, me voici donc de retour dans ces antiques et pauvres villages où j'ai vécu mes premières années d'instituteur. Cette nuit, nous avons bavardé très tard. L'an dernier, le collègue qui m'a succédé, Cheref, a été logé dans ma chambre.

Après avoir brûlé, pour se chauffer, les bouses qui se trouvaient dans un coin de l'étable, Cheref bey n'a pas hésité à mettre le feu à une grande quantité de branches qui couvraient le toit. Il a fallu d'urgence lui trouver des bouses non brassées pour éviter l'incendie... Enfin, Cheref ne fut pas seulement un mal, grâce à lui mes vieux parents ont été bien chauffés : la chaleur montait jusqu'à leur chambre, au grenier!

On a fait mon lit sur le divan. Je me retrouve seul dans ma vieille maison des temps passés, en proie au désordre de mes souvenirs et de mes songes. Je m'assois à ma table pour travailler, mais je n'y parviens pas. Cette table a été fabriquée par le camarade Salim Altinbache après que j'eus écrit de longues années sur mes genoux.

Depuis ma dernière visite au village, il y a un an, le père et la mère s'en sont allés là où nous allons tous, sans avoir connu de meilleurs jours. Dans leur chambre où Ayché a mis de l'ordre, c'est le silence. Dans un coin, le « cabinet de toilette », dont on ne se sert jamais et où l'on a encastré le poêle... Derrière la porte, la vieille cruche au bec cassé. Accrochée au mur, la lampe noire de suie, vieille de vingt-cinq ans, qui attend « en réserve », face à la lampe électrique.

Une pluie fine tombe dehors. Les choses que j'ai vues et vécues ces jours derniers au village repassent devant mes yeux. Je frissonne. Je décide de me coucher sans travailler mais à ce moment on frappe à la porte. J'ouvre. C'est l'épicier Remzi, mon cousin.

– Je ne te dérange pas? J'ai pensé qu'on pourrait bavarder un petit peu...

– Quelle bonne idée! c'est bien plutôt la solitude qui me dérange; sois le bienvenu.

Je lui montre le cabinet de toilette :

– Ça fait des années que ce coin a été aménagé et personne ne l'a jamais utilisé, lui dis-je.

– Qui donc l'utilise au village? Tout ça c'est pour épater les voisins mais chacun continue à faire ses ablutions là où il les a toujours faites,dans la chaleur de l'étable! me répond-il, et il ajoute : J'ai une triste nouvelle à t'apprendre, la bru de Iredjep-le-Boiteux s'est laissé tomber une pierre sur le pied alors qu'elle descendait l'escalier pour aller aux latrines. Ils l'ont emmenée de nuit à Aksaray, mais le médecin a refusé de la soigner tant qu'il n'aurait pas reçu 500 livres. Alors, ils l'ont transportée à Ankara, mais il était trop tard : la gangrène s'était emparée de tout son corps. On n'a pas pu la sauver. Et maintenant il va falloir qu'Iredjep-le-Boiteux dépense à nouveau 25.000 livres pour acheter une nouvelle épouse à son fils...

Nous nous sommes regardés avec tristesse.

LA LOGORRHÉE DE LA POLITIQUE...

Désormais, il n'est guère possible de trouver un verre d'eau à boire sans que la politique s'en mêle. Les élections ont eu lieu (1); dans notre bourg, un membre du Parti Républicain du Peuple (2) a été élu sénateur, un membre du Parti de la Justice (3), député. Depuis, les commentaires et les potins n'ont pas cessé et il ne semble pas qu'ils cesseront de sitôt. Les jours de désœuvrement ont recommencé au village.

(...) Djoumali, du village d'Indjé Sou de la région d'Aksaray, était aux semailles un jour d'automne. Tout le long du jour, alors qu'il ensemençait la terre, il ne cessait de penser qu'il pourrait – et pourquoi pas lui? – devenir gouverneur de Nigdé. Il s'interrogeait, se posant et se reposant la question : « Si j'étais nommé gouverneur,

(1) Il s'agit des élections législatives de 1973.
(2) Parti social-démocrate dirigé par B. Ecevit.
(3) Parti représentant principalement les grands propriétaires, industriels et commerçants.

pourrais-je ou ne pourrais-je pas gouverner? »... Puis il songea à ce qu'il ferait quand il serait gouverneur...

L'hiver vint, puis le printemps, et la moisson commença à onduler sous la brise. Quand les villageois allèrent voir où en était la moisson, ils remarquèrent que rien n'avait poussé sur le champ de Djoumali. De retour au village, ils l'en avertirent. Alors, après avoir réfléchi un moment, Djoumali leur expliqua : « C'est que, voyez-vous, le jour de ces semailles, j'étais gouverneur de Nigdé! »

Si la démocratie, les élections et la politique ne servent à rien, du moins fournissent-elles des sujets de bavardage. Les journaux locaux avaient écrit : « Après avoir fait ses adieux, le député élu, partant pour Ankara, a déclaré : je renouvelle mes sentiments affectueux à tous mes concitoyens, je leur réaffirme qu'à Ankara je ne cesserai de travailler et de m'occuper de leurs problèmes ».

– De s'occuper de nous, rétorque un concitoyen, mais de quelle façon?

Et un autre d'ajouter :

– J'avais beau être tout jeune à l'époque, j'ai entendu dire qu'avant la démocratie, les gens ne connaissaient même pas celui qu'ils élisaient et, passé la période électorale, ne le revoyaient plus. Certes, à présent, c'est différent; le député maintient des rapports avec la population car sinon il n'aurait aucune chance d'être réélu. Mais, à y regarder de près, qu'est-ce que c'est donc que ces rapports avec la population? Ce n'est en tout cas pas d'écouter et de comprendre ses problèmes ni surtout de se battre dans cette Grande Assemblée Nationale pour tenter de leur trouver des solutions.

– Mais alors, comment se fait-il que ces rapports ne soient pas rompus?

– Pour l'amour du ciel, ne fais pas l'idiot, tu sais très bien ce qu'il en est – et dans notre région exactement comme dans les autres : nos « élus » s'occupent des malades de leur circonscription... Ils les accueillent à la gare, les font hospitaliser, soigner, les sortent de l'hôpital, achètent leur billet et les remettent dans le train de retour en leur souhaitant bon voyage, non sans les avoir priés de transmettre leurs salutations à tous...

Le soir, nous nous réunissons à la maison. On n'arrive pas à parler d'autre chose que de politique. La politique, rien que la politique.

Ma sœur Aysel d'un côté avec Aychè; le neveu Remzi, Ahmet Reis et le sergent Hussein de l'autre...

– Quand nous vendons, ça ne vaut rien; quand nous achetons, c'est hors de prix, explique Aychè.

– Il n'y a qu'Ecevit qui peut nous sauver; après, les autres n'auront qu'à continuer... ajoute ma petite sœur Aysel.

Tout ce qu'ils affirment me donne l'impression d'être récité : je n'arrive pas à comprendre comment ils parviennent à dire et surtout à penser de pareilles choses. Pourtant, c'est avec ferveur et véhémence, les poings serrés, que, face aux hommes, ces femmes les prononcent. Elles arrivent même parfois à faire croire qu'elles réfléchissent profondément avant de juger. Est-ce que ce sont les mêmes qui, hier encore, ne pouvaient passer devant les hommes sans se couvrir la bouche et le visage, à qui nous parlions sur n'importe quel ton et dont « la place dans nos foyers venait après celle de nos bœufs » (1).

– Mais dis-moi, qu'est-ce qui te prend? dis-je à Aychè.

– Enfin, n'aurais-je pas le droit de parler? me rétorque-t-elle. N'est-ce pas moi qui attelle le cheval pour aller aux labours... moi qui transporte le blé... moi qui plante les légumes, les arrose, les arrache à la terre et les cueille...

Tout se transforme et se développe dans le village : les outils, le rythme de production, la vie sociale. Ainsi les mariages avec musiques et zourna (2) duraient une semaine en automne; aujourd'hui il n'en est plus question. Mais le prix des filles à marier, d'après les dernières estimations, aurait augmenté; on parle de 23.000 livres à Demirdji, 30.000 à Agaçli. Hussein Tchavouche, qui évalue tout en se basant sur le prix de la viande, a explosé quand il a appris que le fils de Toptchouoglou avait vendu sa fille pour 23.000 livres.

– Je ne comprends pas pourquoi elle vaut 23.000 livres; elle est si maigre que je pourrais la porter sur mon dos jusqu'à Adana!

C'est sans doute parce que la valeur des filles à marier augmente que les mariages se font en catimini sans apparat. Ainsi, ces pièces d'or cousues sur le fez que la mariée arborait superbement sur la tête ont disparu et le fez lui-même a été remplacé par un fichu. La mariée ne porte plus qu'une seule pièce d'or sur un simple collier.

Le village a grossi, grossi, depuis le temps où j'enseignais. Aujourd'hui, il y a six cents maisons et trois mille

(1) Vers célèbre de Nazim Hikmet (1902-1963).
(2) Sorte de clarinette paysanne.

habitants. Les deux tiers des maisons – environ quatre cents – possèdent un poste de radio. Trois cafés et sept particuliers ont la télévision. Les salles de réunion où, dans le temps, les villageois se rassemblaient les nuits d'hiver pour entendre aux veillées des contes héroïques, où l'on recevait les visiteurs, sont entrées dans l'histoire; elles sont remplacées par des cafés. En une année, cinq cafés se sont ouverts (...). L'un, qui a la télévision, appartient à Turkèche. Turkèche, c'est Mehmet, le fils de mon oncle Ismaïl. Il a été surnommé ainsi le 27 mai, à cause de son regard dur (1). Mais ça n'empêche qu'il est partisan d'Ecevit et du Parti Républicain Populaire. Je fréquente par curiosité tous les cafés. Je suis allé un soir dans le plus petit où je pensais qu'on ne parlait pas politique. C'était vrai... mais il n'y avait personne! En revanche, on se bousculait dans les deux autres. L'un de leurs propriétaires, Kalender, a un électrophone; il passe à longueur de temps des disques où il est question d'Ecevit.

(...) Hussein Tchavouche me dit : « La situation est grave : le peuple s'est engagé dans cette lutte sans aucune formation. S'il s'en tire, tant mieux. Chacun confie ses intérêts à un membre d'un parti. Ces politiciens en vivent et en profitent évidemment pour endoctriner leurs clients. Ah! la haine, elle monte! Si ça continue ainsi, les jours ne sont pas loin où personne n'ira plus à l'enterrement de personne. »

Nous sommes au café de Turkèche. Les informations ont commencé depuis un moment, il est 20 heures 15. Tous se taisent; ils écoutent avec ferveur. Dans cette grande salle, Redjep, le boiteux, a eu bien du mal à se faire une petite place dans un coin. Le poste de radio est sur la télévision et la télévision sur le réfrigérateur.

(1) Au sujet des surnoms, je tiens à apporter quelques explications; les villageois se sont toujours donné des surnoms, mais depuis quelque temps ce sont des noms de politiciens – de notre pays ou étrangers. Ainsi Turkèche, colonel à l'origine du putsch en 1960, dirige, depuis, le mouvement fasciste turc. Le chauffeur Remzi est surnommé Timisi (président d'un des partis socialistes) parce qu'il a des idées plus avancées que celles du Parti Républicain du Peuple. Hussein Tchavouche, qui est très rusé, est appelé Makarios. Le vieux Mouhtar, fort riche, a été nommé Djelal Bayar, et cela depuis vingt-cinq ans, parce qu'il a commencé à faire de la politique à la fondation du parti de Djelal Bayar et a réussi avec lui. L'un des membres du Conseil de la mairie qui est un peu sourd, l'oncle Izzet, s'appelle maintenant « Ismet » à cause d'Ismet Pacha dont la surdité était célèbre. L'oncle est si fier de son surnom qu'il a baptisé son propre fils Ismet, ce qui lui a sans doute donné du prestige puisqu'il est parvenu à être secrétaire d'une école secondaire!

Contre le mur de droite, un portrait d'Ecevit. Ce peuple se cramponne à Ecevit. Que ferait-il sans lui? Depuis les Hittites, et jusqu'à ma naissance, ce village n'avait jamais rien connu d'autre que la charrue. Depuis ma naissance jusqu'à la fin de ma jeunesse, il n'y a eu qu'un seul tourne-disques au village. Comme l'a dit Orhan Veli : « Tout est arrivé d'un seul coup. » L'électricité... le téléphone, la télévision, des centaines de postes de radio. Soudain, vingt-cinq abonnés au téléphone, trente à un quotidien. Chaque jour à 14 heures, le courrier est distribué et chacun se plonge dans son journal. Plus de la moitié des maisons ont l'électricité et le gaz butane. Mao nous rend visite sur le petit écran. De notre vivant, on l'aura vu s'effriter, s'effacer, et tout comme lui le spectre de Staline, celui du communisme qui a fait trembler durant tant d'années. Quand la radio et la télévision tiennent des propos sur « la prévention contre les dangers du communisme », les paysans les commentent : « Nous, on ne sait rien... Contre qui parle-t-on? Ne serait-ce pas par hasard contre ceux qui disent la vérité? Contre ceux qui veulent le bien du peuple? » Mais qui croire, ajoutent-ils, comment nous, pauvres gens, pourrions-nous y voir clair?

– On lit chaque matin les journaux : *Cumhuriyet, Milliyet, Günaydin*; avec passion. Beaucoup de particuliers les achètent; on peut aussi les consulter dans les cafés et, à force d'être maniés, ils tombent en lambeaux.

(...) J'ai rencontré un jeune homme du village de Yechilova. Pour lui, il n'existe que la politique et rien d'autre. « Parlons un peu d'autre chose, lui ai-je dit. A Demirdji, c'est pareil, on ne parle que politique. Je commence vraiment à en avoir assez. »

– Comment peux-tu dire ça, vieux frère? C'est pourtant le moment ou jamais d'en parler. C'est l'heure des explications, l'heure de l'honneur où le peuple comprend enfin où est la vérité.

– Mais comment allons-nous faire pour expliquer cette vérité au peuple? Tu la connais, toi, la vérité? Et le peuple, il la connaît? Et votre vérité arriverez-vous à la faire comprendre aux paysans? Et enfin, ce parti que vous soutenez, tient-il compte des réalités?

– Ecoute, vieux frère, commençons si tu veux par le commencement : avant ces élections, nous avons écrit un slogan sur les murs : « A bas les fascistes. » Le sergent de notre village s'est mis à faire pression sur moi en me disant qu'il reconnaissait mon écriture, puis il m'a injurié et menacé. Je l'injuriais aussi. Par contre, il ne disait rien contre les inscriptions des commandos (1) qui couvraient les murs du village, mais il s'en prenait aux nôtres.

– Alors qu'est-ce que vous avez fait? Vous les avez effacées?

– Tu crois ça, vieux frère? Nous lui avons dit seulement : « Si tu es un homme, t'as qu'à les effacer toi-même et alors tu ne perdras rien pour attendre! » Il s'en est bien gardé et les inscriptions sont restées...

– Vous ne les avez pas effacées, même après les élections? Les murs sont donc toujours sales?

– Voyons, vieux frère, c'est un honneur pour les murs! En ont-ils jamais connu de tel depuis leur construction?

LES IMMIGRÉS NOUS FONT VIVRE. L'ARGENT-ROI

L'ancien forgeron du village, Ali-le-chauve, est mort. Il arrachait les dents avec des tenailles brûlantes. Ainsi, il évitait que les villageois perdent autant de sang que chez le coiffeur du bourg. Maintenant, c'est un jeune homme grand et fort, avec de belles moustaches, venu de Gaziantep, qui s'est installé dans le café de Kalender. Un dentiste. Mais ça importe peu : ici, au village, on ne fait pas de plombages, on arrache seulement les dents des mâchoires où elles pourrissent.

J'ai fait la connaissance du nouveau « dentiste » alors que je mangeais au restaurant de Mustafa Ay, un de mes anciens élèves. Il avait bon appétit.

– Il ne faut pas que je m'affaiblisse, m'a-t-il déclaré. Je fais mon métier à la force du poignet!

J'ai aperçu son addition à la fin du repas.

2 saucissons (soudjouk) fabriqués au village	300	piastres
1 œuf	125	»
1/2 kilo de raisin	195	»
1/4 de beurre Sana	75	»
50 g de poivrons verts	50	»
1/4 de pain	50	»

En effet, il ne s'affaiblira pas!

(1) Il s'agit de commandos fascistes organisés par le colonel Turkèche.

Notre restaurateur, Mustafa, organise des projections de films; l'été dans le jardin, l'hiver dans l'étable d'Ali le chauve.

Il met l'affiche du film programmé au bord de la route.

– Est-ce que tu changes les films chaque semaine? lui ai-je demandé.

– Pas du tout, pas du tout, tous les deux jours; parfois même tous les jours.

– Quel est le prix de l'entrée?

– Deux livres.

– Tu fais le plein?

– Quarante personnes par jour en moyenne.

– Tu gagnes de l'argent?

– Grâce à Dieu, oui.

(...) En dehors de celui de Mustafa, il y a encore trois restaurants au village qui assurent chacun trois ou quatre fonctions à la fois. D'un côté, par exemple, c'est l'épicerie, de l'autre les fruits et légumes; chez Mustafa, il y a également un coin où il exerce la fonction d'écrivain public.

– Que demandes-tu pour écrire une requête?

– Deux livres et demie.

Un des restaurants appartient à mon cousin Chakir, qui fait aussi office de boulangerie. Bien que les galettes traditionnelles soient toujours très demandées, on vend aussi beaucoup de pain au four que l'on fait venir du bourg.

A la mairie du village, on ne parle que progrès et l'argent, dont chacun des paysans devient aussi avide que de terre, ronge les rapports. Reis, Timisi, Makarios, Abdullah Demir, Adem... s'affairent au téléphone. Ils appellent la coopérative, les écoles, le café de Turkèche. Ils causent, causent, causent... et pour se donner de l'importance vont même jusqu'à faire semblant de téléphoner à Ankara – avec la complicité du préposé des PTT : « Allô? Ankara... Terminé! » Et nombreux sont ceux qui croient qu'il y a eu effectivement un entretien téléphonique avec Ankara. Paysans masqués et acteurs.

Il ne faut pourtant pas perdre la face devant ceux qui ont travaillé à l'étranger. Aussi Reis appuie-t-il sur le bouton de l'interphone pour parler à ses collègues... qui sont dans la pièce voisine. Abdullah Demir, avec ostentation, tire du tiroir de la table sur laquelle traînent déjà des cigarettes Lord et HB, deux paquets de Kent. Voyant cela, Reis renchérit et une dizaine de cartouches de marques différentes apparaissent à nos yeux éblouis. Aussitôt, Abdullah va chercher une poignée de pointes Bic, et m'en offre une puis, comme si de rien n'était, il sort de sa poche un énorme cigare...

– Et voilà le progrès! dis-je, c'est d'Allemagne qu'on vous envoie tout ça?

– D'Allemagne, ou d'ailleurs. L'essentiel est que ça nous arrive, non?

Il paraît qu'on en trouve tant qu'on en veut chez l'épicier d'Agatchekeuy et qui se vendent même très bien avec les cachets de Panalzine (1). (...) Et lorsqu'on allume enfin toutes ces cigarettes avec des briquets de luxe, alors, c'est vraiment le triomphe du progrès!

– Quand on pense au passé, s'exclame Abdullah, on n'arrive pas à y croire... Y a pas si longtemps, dix maisons faisaient du feu avec la braise de l'une d'entre elles, soigneusement cachée la veille sous la cendre...

Et Makarios d'ajouter :

– Et maintenant des centaines d'allumettes brûlées sont jetées par terre en un seul jour, dans un seul café! Seulement, faut quand même pas oublier que, du travail, y en a pas... pas de soins non plus : ni médicaments, ni médecins; ou alors, c'est 200 livres pour que l'un d'entre eux accepte seulement de vous examiner. 3000 personnes ne peuvent tout de même pas toutes aller faire la queue chez les députés à Ankara!

– T'en fais donc pas, répond le Reis, quand nous sortirons de terre les vases pleins d'or enfouis à Ikitépè, nous ferons venir des médecins au village, et s'ils demandent 7000, nous leur en donnerons 15000. Ils soigneront et guériront les paysans à l'œil. Les médicaments aussi, nous les distribuerons gratis, après les avoir achetés et mis en dépôt avec l'or. Jusqu'à présent, nous avons creusé jusqu'à quarante-huit mètres. La « devineresse » de Kotchhissar a dit qu'il fallait aller jusqu'à soixante-dix-huit. Nous n'en sommes plus loin. Y a que le secrétaire du cadastre qui n'y croit pas. Il prétend qu'Ikitépè est un lieu maudit, que c'est un antre de « péri » (2). Au fond du trou, il dit qu'il y a deux portes, et quand quelqu'un y parvient, deux « péri » surgissent de chaque côté et le

(1) Produit pharmaceutique.
(2) Sorte d'esprit maléfique.

coupent en morceaux. Enfin, on a encore trente mètres vant d'arriver au fond, on verra bien!

(...) Avec des camarades, nous sommes allés nous promener. (...) A la sortie du village, nous avons vu le moulin à eau qui est démoli : un tas de ruines. J'ai pensé à tous ceux qui venaient d'aussi loin que les villages d'Ekedjik avec des voitures chargées de blé et faisaient la queue : le moulin, qui était scintillant jadis, est aujourd'hui tout rouillé, mais il est encore là. L'autre moulin, situé à l'extrémité du village, est dans le même état.

Ceux qui ne sont pas satisfaits du moulin électrique, qui a sonné le glas des moulins à eau, disent : « Est-ce qu'on ne pouvait pas, bon Dieu, laisser travailler ceux-là aussi? Au moulin à eau, chaque grain était moulu en particulier et ils donnaient la farine la plus fine et, bien sûr, un pain autrement meilleur... »

Dès qu'il a été question d'arbres, Hussein Tchavouche a commencé à tonner :

– C'est en 1958 que les peupliers ont été plantés pour protéger le sol contre le vent. En même temps que l'installation de la mairie, on a décidé la protection des arbres. Jadis, on n'en plantait que deux ou trois par-ci par-là; les ânes les cassaient en broutant; il n'en poussait pas d'autres. C'est depuis que je suis devenu président de la Protection qu'il a été décidé que les terres arrosées seraient plantées de peupliers et interdites d'accès, que les bêtes qui y pénétreraient seraient vendues au marché et que si le prix de leur vente ne couvrait pas les dommages causés, on réclamerait des amendes. Les paysans ont été disciplinés et on n'a pas eu à sévir. Voilà comment les peupliers se sont multipliés et ont grandi.

Alors que les peupliers couvrent le côté droit du village, c'est-à-dire celui longé par le ruisseau Gürlek, le grand espace vide qui s'allonge vers Ikitépè commence, lui, à se couvrir de « villas ». Gelek, le fils de Bekir, en a construit une après avoir acheté la vigne de Tat-Ali dont il a arraché tous les pieds. Mes camarades me montrent cette « villa » de deux étages.

– Gelek a dépensé 110000 livres turques pour la construire.

Et, en m'indiquant l'emplacement des autres « villas » qui vont se bâtir, ils me nomment leurs propriétaires.

– Bon, bien, dis-je, la terre se morcelle mais cela n'empêche pas les villas de se construire!

– C'est plus compliqué que ça, dit Hussein Tchavouche.

Ecoute, et tu me donneras raison : même les caravansérails d'Ankara ont dû fermer parce qu'il n'y avait plus d'ânes et de chevaux qui venaient des villages. Pour aller au marché, aujourd'hui, on prend l'autobus ou le minibus. Il y en a plusieurs dans chaque village. Arif risque d'être au chômage... Quoi faire puisque personne ne monte plus dans son camion? Il transporte de la marchandise quand il en trouve. Le bœuf et le buffle sont à présent des animaux historiques. Il n'est plus question de les utiliser au labour et, peu à peu, ils disparaissent. On attelle des chevaux à la charrue pour labourer. Il y a aussi six tracteurs au village; beaucoup les louent. Un tracteur laboure un champ de cinquante *deunum* en un jour. Avec une paire de bœufs, quatre-vingt-dix jours étaient à peine suffisants pour labourer un tel champ.

Mais écoute encore, dit-il : ceux qui ont peu de terre font labourer leur champ de dix *deunum* pour trois cents livres et s'en sortent avec des bénéfices. En été, pour deux cent-cinquante livres, ils moissonnent avec une machine. Pour cinq cents livres, ils obtiennent une récolte qui en vaut mille; ils font ainsi un plus gros bénéfice que d'autres qui ont pourtant plus de terre... Moi je dis : tout ça est parfait, seulement, si ceux d'entre nous qui travaillent en Allemagne n'y allaient plus, où prendrait-on l'argent et qu'adviendrait-il alors? Quelle inquiétude!

– Il n'y a pas de souci à se faire, déclare alors mon oncle Battal. Dans le temps, on croyait que l'on ne pourrait toujours morceler la terre du fait de la croissance de la population et qu'ainsi on irait droit à la famine. Ce n'est pas ce qui est arrivé. Les enfants de ceux qui ne trouvaient pas de pain à manger vivent à présent comme des beys. La terre peut être morcelée à volonté, les enfants des riches comme ceux des pauvres vivent mieux dorénavant. Te souviens-tu de notre oncle Kodja Mevloud, si misérable? Eh bien, vois la situation de ses enfants : Gedek, le fils de Bekir, a la vie aussi douce que Celal Vayar (1).

Un jeune homme intervient alors :

– Et comme les routes sont construites, les transports sont plus faciles. Ceux qui vont à Ankara, en Allemagne ils ont appris à manger, à boire, à vivre. Avant, on plantait très peu de légumes : ce qui n'était pas consommé pourrissait devant la maison. A présent, tout ce qu'un

(1) Ex-président de la République, renversé par le putsch de 1960.

paysan plante – pommes de terre, oignons, haricots – il peut aller le vendre plus loin; aussi plante-t-il davantage et gagne-t-il plus d'argent.

– Que penses-tu de tout cela? dis-je à Hussein Tchavouche.

– Pour être vrai, c'est vrai. Si l'on possède un champ et aussi quelqu'un qui travaille en Allemagne, on est riche... Si dix personnes viennent en permission d'Allemagne, cent cinquante voient leur vie s'améliorer (1). Cela se répercute sur le pouvoir d'achat du paysan, sa façon de vivre, quoiqu'il ne fasse preuve d'aucun esprit d'invention, d'aucune initiative... Mais attention, il ne faut pas oublier quand même les nombreux pauvres qui vivent encore d'aumône!

Je demande à Sedayel, fils de l'oncle Ahmet, qui vient d'arriver d'Allemagne, en congé :

– Comment est-ce, là-bas? Est-ce qu'on y vit vraiment bien?

– Nous ne valons pas plus pour eux que leur eau de vaisselle, répond Sedayel. Eux oui... après avoir travaillé leurs huit heures, ils s'amusent, mangent, boivent et vivent. Mais pour nous, il n'en va pas du tout ainsi : on travaille comme des brutes. Après l'usine, il y a les heures supplémentaires : ménage des bureaux la nuit, nettoyage des rues... pas question d'aller s'amuser, il faut faire des économies à tout prix pour pouvoir rapporter de l'argent au pays. Mon frère Alaettin est mort d'épuisement quand il est arrivé ici en vacances...

(...) On peut lire à la une du quotidien local d'Hasandagi un papier sur « Ceux d'Allemagne ». Sous le texte, il y a une photo, la photo du maire d'Altinkaya, qui a été un de mes élèves. Voici le texte : « Le maire de notre bourgade d'Altinkaya, Bekir Yildiz, a fait travailler cet été en les

(1) Le chiffre des travailleurs turcs immigrés, ayant été officiellement embauchés en Europe occidentale est passé à 767 000 en 1974. Si l'on y ajoute la réunification des familles ainsi que les ouvriers arrivés sans permis, travaillant « au noir », le chiffre réel peut avoir dépassé le million.

Cependant à la suite de l'accentuation de la crise économique occidentale, le nombre des ouvriers turcs à l'étranger et les devises expédiées au pays d'origine marquent depuis 1975 une régression qui pourrait être durable. Ainsi de 1974 à 1976 on a pu noter une diminution de 100 000 ouvriers turcs à l'étranger, avec une baisse correspondante de devises parvenues en Turquie.

Les devises expédiées en Turquie par les travailleurs turcs à l'étranger ont atteint le chiffre impressionnant de 1 milliard 426 millions de dollars dans la seule année de 1974. Depuis, ce chiffre a fortement diminué.

louant à des particuliers les machines-outils qu'il a fait venir d'Allemagne avec l'aide de quelques camarades originaires du village. Ainsi, le prix des machines agricoles a été amorti et en outre le maire s'est assuré 150000 livres de bénéfice.

Le maire a fait la déclaration suivante en ce qui concerne l'utilisation des machines-outils : « Le caterpillar et le bulldozer appartiennent à la municipalité d'Altinkaya et peuvent être loués à des particuliers ou à des organismes publics. Les locations assureront un revenu à la municipalité et faciliteront le travail de nos citoyens... »

DES CROYANCES MUSULMANES TOUJOURS VIVES, LE PÈLERINAGE DE LA MECQUE

Il y a foule au marché et dans les rues de notre bourg. Impossible de se frayer un chemin à travers la cohue. Des groupes bavardent, d'autres font la queue en attendant, d'autres encore courent de-ci de-là. La plupart sont barbus et tiennent à la main des documents.

– Pour l'amour de Dieu, pourquoi cette queue devant le photographe? ai-je demandé.

– Ce sont des pèlerins (1).

– Et cette foule devant les guichets des autobus?

– Encore des pèlerins.

– Et devant le bureau du registre foncier?

– Toujours des pèlerins.

– Bon, je comprends qu'ils se fassent photographier pour le passeport, qu'ils s'inscrivent pour réserver des places dans l'autobus, mais qu'ont-ils à faire au bureau du registre foncier?

– Mais c'est là que se règle la question la plus importante. Si le pèlerin ne vend pas son champ, avec quel argent partira-t-il? La vente se fait sur place, on enregistre aussitôt au nom de l'acheteur le bien du vendeur.

Sur ces entrefaites, je rencontre l'imam principal de notre village, Ali Hodja. Il marche très vite, avec, sous le bras, un rouleau de papier; je cours derrière lui et l'arrête net.

– Qu'est-ce qui te prend, Hodja, pourquoi cette hâte?

– Mais voyons, il y a urgence. Il me faut presser les

(1) Les candidats du pèlerinage à La Mecque.

formalités du passeport : c'est seulement ainsi, si Dieu le veut, que nous partirons le 2 novembre.

– Est-ce qu'il y en a qui partent, parmi nos voisins?

– Oui, plus de trente, mais à condition que ce soit des couples dûment mariés.

Nous nous quittons en décidant de parler de tout cela plus tranquillement chez moi.

Chez le photographe, devant lequel je passe, au premier rang, encore un paysan du village, Dimdim Ali, un parent.

– Qu'est-ce que tu fais là? Tu veux te faire photographier?

– Hé oui! Si Dieu le veut, je ferai l'heureux voyage.

Il a laissé pousser sa barbe et porte un calot sur la tête. Il n'en est pas à son premier pèlerinage.

Je passe baiser la main de l'oncle Sadik.

– Tu es venu au bon moment, mon neveu, dit-il, notre monde est mortel et le jour s'achève par la nuit, dit-on. Avant que j'entreprenne l'heureux voyage, prenons congé l'un de l'autre et pardonnons-nous nos offenses réciproques. J'amène aussi ma femme, la mémé Hayriyè. Nous avons élevé les enfants, l'un est épicier, l'autre est fonctionnaire à la coopérative. Il ne nous reste plus que cela à faire. Si nous accomplissons l'heureux voyage dans le bien, nous pourrons dire alors que nous aurons achevé notre devoir terrestre. J'ai soixante-seize ans. Comme tu le sais, pour le paysan, marier son fils et faire sa prière c'est la première moitié de son devoir en ce monde et s'il fait le pèlerinage, il accomplit alors l'autre moitié...

Il ajoute que, le lendemain, il ira au bourg pour transférer le titre de la propriété de son jardin au nom de son fils Remzi qui est épicier et a gagné beaucoup d'argent.

Tout en s'occupant de leur passeport et de leur moyen de transport, les futurs pèlerins, comme la tradition le veut, offrent des repas aux paysans. En de telles circonstances, il y a deux sortes de repas. Le premier est le petit repas : du pilav, de la soupe, des œufs, des desserts et toutes sortes de mets aux invités. Le second est le grand repas. Là, on ne sert que le pilav mais avec un ragoût de viande et, pour faciliter la digestion, du raisin au sirop. (...)

D'après ce qu'on dit, ceux qui ont un champ dans le village, donc un peu d'argent de côté, souhaitent faire le pèlerinage et s'y décident un jour ou l'autre. La liste de ceux qui partent a été établie en commençant par les bas quartiers du village et en remontant vers les hauts quartiers. Il y a Dourmouche de Savran, Moussâ-le-Fou et Dimdim qui partent pour la cinquième fois peut-être, et aussi le berger Moustafa-le-Manchot... Mais les deux derniers y vont pour mendier et reviendront au village avec avec beaucoup d'argent et de marchandises. Ainsi, une partie des devises sera pour le village. Il y en a aussi qui font le pèlerinage par procuration à la place de certains qui ne peuvent y aller. Ces dernières années, certains sont partis cinq ou six fois avec, chaque fois, la procuration d'une personne différente.

La foule, devant le bureau des autobus qui fait sa publicité en affichant des photos de chauffeurs déguisés en Arabes, est encore plus dense quand je me rends à nouveau au bourg. Et dire qu'il y a vingt-cinq ans, dans un village, une seule personne – et encore pas toujours – pouvait faire le pèlerinage et que, la plupart du temps, « l'heureux voyage » lui était fatal : de retour avec une dysenterie, le choléra ou quelque autre maladie inconnue, elle en mourait non sans avoir auparavant contaminé son entourage.

UN EFFORT SCOLAIRE SANS PRÉCÉDENT, APPRENDRE C'EST CONSTRUIRE L'AVENIR

Le bâtiment de l'école coranique se dresse sur la route d'Alanyourt, assez loin du village. La bâtisse qui s'élève sur une surface étendue est plutôt grande et son plan a été prévu pour le bon fonctionnement des cours coraniques. Les champs voisins dépendent de l'école et leurs revenus lui appartiennent. Il fut un temps où il n'y avait qu'une mosquée au village et non pas trois comme à présent, sans compter le bâtiment spécialement construit pour enseigner la prière ou le Coran par cœur. A cette époque-là, si l'école, mitoyenne de l'unique mosquée, ne pouvait pas recevoir assez d'enfants, ceux qui avaient quelque instruction, comme Hafiz-le-Jaune et le sergent Moussa, trouvaient un banc d'écurie et les sauvaient de l'oisiveté.

Avec les temps nouveaux, la population a augmenté et cette petite école enfantine, même avec quelques bancs d'écurie supplémentaires, ne peut plus suffire. Il a donc été décidé que l'enseignement devait être dispensé dans un local digne de notre temps, clair, confortable et bien organisé.

Un énorme édifice a été construit sur le terrain choisi, entouré de champs et doté d'une basse-cour pour lui assurer des revenus et pouvant recevoir comme pensionnaires les enfants des alentours.

Lors de mon dernier passage, c'était encore la fin du « ramadan », l'école était à nouveau clairsemée. En effet, ceux qui ici suivent les cours de Coran s'éparpillent au mois du ramadan; ceux qui sont moins jeunes et qui ont quelques connaissances vont dans les mosquées prêcher les foules et ramasser du blé ou autres denrées pour les besoins de l'école en hiver.

L'histoire de la fondation de cet établissement et des cours coraniques n'est pas très ancienne. Le bâtiment a été achevé en mai 1974 et une cérémonie d'inauguration avec dîner et lecture du Coran y a été organisée. J'en remercie les organisateurs : puisque j'y ai été moi-même invité. Après le dîner, Siyami bey, enseignant à l'école secondaire, mais qui fait en quelque sorte office de directeur des cours coraniques, logé et nourri dans les lieux, a quêté et nous avons donné chacun cinquante ou cent livres, enfin, ce que nous avions en poche.

On a fait quelques améliorations l'année dernière : les murs intérieurs ont été crépis et le tas de blé qui se trouvait au milieu de la salle a augmenté. Les paysans en ont fourni une partie, l'autre est collectée dans les villages par les élèves... et justement certains d'entre eux ne sont pas encore de retour.

Dans cette école, il y a vingt-huit enfants et *hafiz* (lecteurs du Coran). Le directeur, Ali Haydar, est absent. Il est pris par les préparatifs du pèlerinage à La Mecque. Son fils le remplace. Au dortoir, il y a actuellement huit lits gigogne et un lit tout seul. C'est-à-dire que les dix-sept élèves ne couchent plus par terre.

– Maître, toi aussi tu devrais offrir un lit à l'école, me dit Ahmet Reis.

– Promis : quand je serai à la retraite.

L'école coranique possède trente poules. D'après les *hafiz*, les besoins en œufs sont résolus, et quand l'un d'entre eux vient en visite, on tue une des poules pour lui servir un repas honorable.

Il y a dans cette école des élèves qui viennent de loin, des villages de Kayséri et de Hazershah, dépendant de Bunyan.

Après avoir quitté les apprentis-*hafiz* pour rentrer au village, la conversation que j'ai eue hier, au bourg, avec le directeur de l'enseignement primaire, me revient à l'esprit.

Quand on en est venus à parler des écoles religieuses officielles ou non, le directeur m'a dit ceci :

« Le ministère expédie des circulaires pour que des écoles d'Imam-prêcheurs soient ouvertes dans les bourgs et les villages. On nous demande d'étudier la situation, de déterminer les villages qui souhaitent avoir ce type d'école et de les faire connaître au ministère. Il y avait dans notre village de Démirdji une école illégale. Allait-on y ouvrir aussi une école officielle? J'ai protesté auprès du sous-préfet, en lui disant qu'elle ferait double emploi... A la fin, nous nous en sommes sortis en transformant l'école des Imam-prêcheurs en internat... »

Sur la route du retour, Ahmet Reis, Boykot Bayram affirment que les plats préparés à l'école coranique sont très bons, grâce à la graisse du village qui coule dans cette direction...

– Moi, j'y ai goûté une seule fois, à l'inauguration, ce n'était pas mauvais, dis-je.

Et Boykot Bayram d'ajouter :

– Siyami bey couche et mange là-bas. Son cou a bel et bien épaissi... Quand il est revenu de vacances, il avait, au contraire, beaucoup maigri! Mon oncle Izzet lui a demandé : « Où étais-tu donc, Siyami bey? – A Aydin. – Il n'y a donc pas d'école coranique là-bas? »

***

Nous avons parlé toute la journée avec le directeur de l'enseignement primaire. Registres et dossiers sur table. Je voulais me faire une idée approximative de la situation scolaire dans notre district. Voilà où l'on en est : sur les 123 villages, deux seulement n'ont pas d'école et d'instituteur. L'effectif scolaire y est de 40 personnes pour l'un et de 60 pour l'autre. Dans les villages et sur le plateau, il y a 139 écoles primaires, 385 instituteurs. Le nombre de classes est de 15 à 20 sur les plateaux, de 40 à 50 dans les villages, de 60 à 65 au bourg. Les enfants d'âge scolaire sont au nombre de 30000.

Je demande au directeur :

– Iront-ils tous à l'école?

– L'absentéisme est de 5 %. Sauf dans les villages de la

région d'Ekedjik où l'assiduité des filles est satisfaisante. L'instituteur lui-même n'arrive pas à se maintenir... Alors, comment pourrait-il en être autrement pour l'écolier? Il faudrait ouvrir une école régionale où l'on enseignerait le turc à ceux qui parlent le kurde.

– Il existe donc toujours une certaine réticence à fréquenter l'école?

– Oui, mais là comme partout ailleurs l'influence des travailleurs en Allemagne s'est exercée et continue à s'exercer : il y a une nette amélioration de la fréquentation scolaire, particulièrement en ce qui concerne les écolières.

– Quelle est la situation au bourg?

– L'unique école secondaire ne s'avère pas suffisante; le lycée est surpeuplé mais on ne peut pas dire que la situation dans les écoles primaires soit mauvaise.

(...) Au moment où nous discutons de ce problème, une institutrice arrive avec son beau-père. Elle enseigne sur le plateau de Chabanli, dans un village qui compte 18 familles. Son beau-père veut la faire muter dans un lieu facile d'accès et mieux protégé.

– Pour l'amour de Dieu et du Prophète, sauvez ma belle-fille de cet endroit que Dieu et le Prophète ont abandonné! s'écrie-t-il. Il suffit que deux voyous armés attaquent sa maison... comment pourrait-elle se défendre toute seule ainsi, perdue dans la montagne?

– Puisque tu es le beau-père, où est le fils?

– Mon fils, mon fils il est loin, en exil...

*
**

(...) Nous nous arrêtons devant la petite librairie de l'instituteur Zeki qui a battu depuis vingt-cinq ans le record des tracasseries administratives et continue encore à être persécuté après sa retraite. Ses vitrines sont couvertes de crachats et de morve.

– C'est mon destin, dit-il, le cadeau que m'offrent chaque nuit les jeunes « taureaux » (1). Excusez-nous, le nettoyage matinal n'est pas encore fait.

Les écoliers qui viennent demander des livres scolaires s'en retournent les mains vides. Il n'y a pas un seul livre scolaire chez les libraires. Devant l'autre librairie tenue par Zeki bey, directeur de banque retraité, les villageois

(1) Surnom des commandos fascistes.

et les citadins s'affairent et se bousculent, « Pas de livre! » entend-on crier de l'intérieur... Mais c'est peine perdue, tous veulent entrer pour vérifier s'il n'y en a *vraiment* pas.

J'entre dans la boutique d'Akbache, un de mes amis défunt. Lâchant leur travail, ses fils s'empressent autour de moi :

– Ah! grand frère, aide-nous, viens à notre secours à tous!

– Qu'y a-t-il?

– Pas plus les livres édités par le ministère que les autres n'arrivent... Nous en avons commandé cinq cents et vingt-cinq seulement nous sont parvenus... Tu vois la situation! Ceux qui manquent le plus sont les livres d'enseignement social et de sciences. La grammaire turque des « Editions scolaires » nous fait aussi grand défaut. Nous avons payé d'avance au mois d'août, on est en novembre, toujours pas de livres. Quant à notre bénéfice, il s'est évaporé en frais de transports. Mais, au moins, si les livres arrivaient, nos enfants en profiteraient...

« Harcelée par les “ commandos ” et les “ nationalistes ”, non seulement il semble impossible que des ouvrages scolaires de qualité, correctement imprimés, sans erreurs, et d'une réelle valeur scientifique soient édités, mais nous n'arrivons même pas à mettre des livres entre les mains de tous nos écoliers... Ah, certes, il est de grands ouvrages sur la politique, le commerce extérieur, les problèmes turcs, l'économie, etc. Voilà qui est très bien... mais hélas, si on jette seulement un coup d'œil dans une salle de classe de l'un de nos petits bourgs, on a le cœur serré. »

Cherchant un peu de réconfort, je me dirige vers le centre de Töb-Der (1). Comme le dit le proverbe « Tant qu'il y a de la vie, il y a de l'espoir ».... et, en effet, ici on trouve de quoi espérer. Ce sont d'abord les photographies d'Ataturk et de Tongoutch (2) qui attirent l'œil. Puis les nombreuses affiches : « L'enseignement pour tous! », « Non à l'enseignement impérialiste! », « A bas l'oppression fasciste! », « Choisissons nous-mêmes nos administrateurs! », « En avant dans la voie du 15-16 juin! » (l'Union des Jeunes Travailleurs).

(1) Association d'enseignants de tendance progressiste. Le syndicalisme est interdit pour les enseignants en Turquie.
(2) Fondateur des Instituts paysans.

– Pouvez-vous afficher vos convictions sans crainte de représailles?

Mustafa Ipekdal, diplômé de l'Institut paysan de Pazareuren, président du Töb-Der local, me répond :

– Nous autres, on est des anciens. Mais, bien qu'on ait largement accompli notre tâche, on n'a pas l'intention de l'abandonner. On m'a déplacé quand j'avais quarante ans. Je travaille au village de Yechilova. Que peut-on me faire de plus? Heureusement, l'organisation est puissante et l'on évite, c'est bien connu, de s'attaquer à la puissance. Nous le savons par expérience : quand les loups (1) se pointent, nous les pourchassons, nous les insultons... et ils reculent.

– Vos affiches sont très violentes.

– Les leurs aussi. Il y en a une à côté du parc, immense, vous ne l'avez pas aperçue en passant? On peut y lire : « Je suis un Loup Gris, sus au renard! » Bien sûr, le loup c'est eux et nous le renard.

Arif Kotchak lutte aussi par tous les moyens pour éclairer la population, mettre les paysans au fait des réalités nouvelles. Le centre d'éducation qu'il dirige a la réputation d'être le plus actif de la province de Nigdé.

Il a déjà ouvert des cours populaires de quatre mois et d'alphabétisation de deux mois. A partir du 1er novembre, au bourg et dans vingt villages, ces cours ont lieu de 18 à 20 heures le soir; ils durent quatre mois.

– Sont-ils très suivis?

– Le succès est satisfaisant, me répond-il. Un crédit de 70000 livres vient de nous être accordé. Des cours de couture et de coupe, de projection cinématographique, de cuisine, de restauration, des cours d'enseignement de langues étrangères, de musique, sont inaugurés.

– Et ceux qui les suivent, trouvent-ils des débouchés?

– Quinze d'entre eux qui ont achevé le cycle des cours de comptabilité ont maintenant du travail. Les serveurs de restaurant ont trouvé de bonnes places avec le certificat qu'ils ont obtenu et ils prouvent aisément leurs compétences. Quant à l'utilité pour l'avenir de l'alphabétisation, de l'enseignement de la couture, elle va de soi... Les cours étant donnés le soir ne posent pas de problèmes à ceux qui travaillent dans la journée. Entre-temps, nous projetons aussi des films éducatifs qui attirent beaucoup de monde.

(1) Autre appellation des fascistes.

– Y a-t-il quelque chose qui n'attire pas beaucoup de monde?

– Oui! Et vous ne me croirez pas : les repas du *mevlout* (1) sont moins fréquentés dans le village. Ceux qui invitent à ces repas sont obligés d'amener et de ramener leurs invités en minibus, sans quoi personne ne veut plus se déranger.

– Si les *mevlout* sont dédaignés, c'est peut-être parce qu'heureusement personne n'a plus vraiment faim?

– Interprétez-le comme vous voudrez, mais peut-être est-ce là aussi le signe d'une libération qui s'affirme chaque jour davantage... Que Dieu en soit remercié! Le temps de la lutte contre l'instruction semble être révolu pour le peuple. Seulement, maintenant, prenons bien garde à une autre lutte plus sournoise, plus novice, qui s'appliquera à fausser son jugement, à détruire son esprit de réflexion et jusqu'à son plus élémentaire bon sens...

⁂

Enfin, un nouvel espoir se lève. Mon neveu, qui est administrateur civil, me dit : « Nos villages sont en pleine évolution. En 1948, quand je me trouvais comme *kaymakam* (2) dans une bourgade de l'est, j'avais demandé aux paysans d'un village s'ils voulaient une école; ils m'avaient répondu qu'ils préféraient du sel. Maintenant, tout est vraiment différent : nombreux sont les paysans qui réclament des routes, l'électricité, l'école secondaire. »

Enfin l'école, sous l'influence de ceux d'entre nous qui travaillent en Allemagne, va préparer l'avenir, un avenir imprévisible. La campagne turque commence, en vérité, à vivre à l'heure d'Ankara et du monde.

(1) Cérémonie funéraire musulmane qui a lieu 40 jours après un décès.
(2) Chef administratif d'un district.

GLOSSAIRE

Agha : Maître, patron, frère aîné. Appellation désignant un villageois riche (voir p. 22).

Bey : Titre de respect un peu plus marqué que celui d'*Efendi*.

Boulgour : Blé bouilli, séché et mondé.

Chalvar : Sorte de large pantalon resserré aux chevilles.

Cheik : Membre d'une congrégation religieuse.

Deugène (dögen, en turc) : Batteur; sorte de traîneau en bois dont la partie inférieure est garnie de cailloux; écrase le blé étendu sur l'aire de battage; on y attelle des bêtes de trait.

Deunume (dönüm, en turc) : Mesure de superficie agricole; un deunume égale mille mètres carrés environ.

Efendi : Titre de respect.

Hadji : Pèlerin de La Mecque; s'ajoute en général au prénom de ceux qui ont fait le pèlerinage.

Hafiz :Personne qui récite le Coran par cœur.

Halva : Sucrerie fabriquée avec de la farine de millet.

Hatib : Prédicateur.

Hodja : Prêtre musulman.

Imam : Prêtre musulman.

Kaaba : Lieu saint de pèlerinage à La Mecque.

Kilé : Mesure de capacité exprimée en poids et variant d'une région à l'autre. Dans la région considérée, la mesure est de trente kilos.

Kilim : Tapis paysan tissé et non noué aux motifs variés et aux couleurs vives.

Kourouche : Centième partie de la livre, appelé plus communément par les Levantins : piastre.

Molla : Mollah; clerc religieux.

Mouhtar : Préposé, syndic; dirige l'administration rurale; est désigné par élection.

Pekmèz : Suc de raisin réduit à une consistance sirupeuse.
Piastre : Voir *kourouche.*
Ramazan : Ramadan; mois de jeune pendant lequel on ne mange que la nuit.
Tcharchafe : Voile qui cache la tête et le visage de la femme.
Ousta : Maître-artisan.
Yengè : Femme du frère ou de l'oncle; appellation d'usage courant pour témoigner le respect et l'affection; femmes qui accompagnent la mariée.

TABLES

TABLE DES ILLUSTRATIONS
DANS LE TEXTE

TABLE DES MATIÈRES

OUVRAGES PARUS DANS LA COLLECTION
TERRE HUMAINE — PLON :
OUVRAGES PARUS :

Jean MALAURIE : *Les Derniers Rois de Thulé.*
Avec les Esquimaux Polaires, face à leur destin.

Claude LEVI-STRAUSS : *Tristes tropiques.*

Victor SEGALEN : *Les Immémoriaux.*

Georges BALANDIER : *Afrique ambiguë.*

Don C. TALAYESVA : *Soleil Hopi.*
L'autobiographie d'un Indien Hopi.

Francis HUXLEY : *Aimables sauvages.*
Chronique des Indiens Urubu de la forêt Amazonienne.

René DUMONT : *Terres vivantes.*
Voyages d'un agronome autour du monde.

Margaret MEAD : *Mœurs et sexualité en Océanie.*
I) Trois sociétés primitives de Nouvelle-Guinée.
II) Adolescence à Samoa.

Mahmout MAKAL : *Un village anatolien.*
Récit d'un instituteur paysan.

Georges CONDOMINAS : *L'Exotique est quotidien.*
Sar Luk, Vietnam central.

Robert JAULIN : *La Mort Sara.*
L'ordre de la vie ou de la pensée de la mort au Tchad.

Jacques SOUSTELLE : *Les Quatre Soleils.*
Souvenirs et réflexions d'un ethnologue au Mexique.

Ronald BLYTHE : *Mémoires d'un village anglais.*
Akenfield (Suffolk).

Theodora KRŒBER : *Ishi.*
Testament du dernier Indien sauvage de l'Amérique du Nord.

Ettore BIOCCA : *Yanoama.*
Récit d'une jeune femme brésilienne enlevée par les Indiens.

Mary F. SMITH et Baba GIWA : *Baba de Karo.*
L'autobiographie d'une musulmane haoussa du Nigeria.

Richard LANCASTER : *Piegan.*
Chronique de la mort lente. La réserve indienne des Pieds-Noirs.

William H. HINTON : *Fanshen.*
La révolution communiste dans un village chinois.

James AGEE et Walker EVANS : *Louons maintenant les grands hommes.*
Trois familles de métayers en 1936 en Alabama.

Pierre CLASTRES : *Chronique des Indiens Guayaki.*
Ce que savent les Aché, chasseurs nomades du Paraguay.

Selim ABOU : *Liban déraciné.*
Autobiographies de quatre Argentins d'origine libanaise.

Francis A. J. IANNI : *Des affaires de famille. La Mafia à New York.*
Liens de parenté et contrôle social dans le crime organisé.

Gaston ROUPNEL : *Histoire de la campagne française.*

Tewfik El HAKIM : *Un substitut de campagne en Egypte.*
Journal d'un substitut de procureur égyptien.

Bruce JACKSON : *Leurs prisons.*
Autobiographies de prisonniers et d'ex-détenus américains.

Pierre-Jakez HELIAS : *Le Cheval d'orgueil.*
Mémoires d'un Breton du pays bigouden.

Jacques LACARRIERE : *L'Eté grec.*
Une Grèce quotidienne de quatre mille ans.

Adélaïde BLASQUEZ : *Gaston Lucas, serrurier.*
Chronique de l'anti-héros.

Tahca USHTE et Richard ERDOES : *De mémoire indienne.*
La vie d'un Sioux, voyant et guérisseur.

Luis GONZALEZ : *Les Barrières de la solitude.*
Histoire universelle de San José de Gracia, village mexicain.

Jean RECHER : *Le Grand Métier.*
Journal d'un capitaine de pêche de Fécamp.

Wilfred THESIGER : *Le Désert des Déserts.*
Avec les Bédouins, derniers nomades de l'Arabie du Sud.

Josef ERLICH : *La Flamme du Shabbath.*
Le Shabbath — moment d'éternité — dans une famille juive polonaise.

C.F. RAMUZ : *La Pensée remonte les fleuves.*
Essais et réflexions.

Antoine SYLVERE : *Toinou.*
Le cri d'un enfant auvergnat. Pays d'Ambert.

Eduardo GALEANO : *Les Veines ouvertes de l'Amérique latine.*
Une contre-histoire.

Eric de ROSNY : *Les Yeux de ma chèvre.*
Sur les pas des maîtres de la nuit en pays Douala (Cameroun).

AMICALE D'ORANIENBURG-SACHSENHAUSEN : *Sachso.*
Au cœur du Système concentrationnaire nazi.

Pierre GOUROU : *Terres de bonne espérance.*
Le monde tropical.

Wilfred THESIGER : *Les Arabes des marais.*
Tigre et Euphrate.

Margit GARI : *Le Vinaigre et le Fiel.*
La vie d'une paysanne hongroise.

Alexander ALLAND Jr : *La Danse de l'araignée.*
Un ethnologue américain chez les Abron (Côte d'Ivoire).

Bruce JACKSON et Diane CHRISTIAN : *Le Quartier de la Mort.*
Expier au Texas.

René DUMONT : *Pour l'Afrique, j'accuse.*
Le Journal d'un agronome au Sahel en voie de destruction.

Emile ZOLA : *Carnets d'enquêtes.*
Une ethnographie inédite de la France.

Colin TURNBULL : *Les Iks.*
Survivre par la cruauté. Nord Ouganda.

Bernard ALEXANDRE : *Le Horsain.*
Vivre et survivre en pays de Caux.

IMPRIMÉ EN FRANCE PAR BRODARD ET TAUPIN
Usine de La Flèche (Sarthe), le 22-05-1989.
1140B-5 - N° d'Editeur 2166, janvier 1985.

PRESSES POCKET - 8, rue Garancière - 75006 Paris
Tél. 46.34.12.80